LE DÉDALE

DU MÊME AUTEUR

L'Anthropologie appliquée aux problèmes des pays sous-développés, Paris, Cours de droit, 1955, épuisé.
Sociologie actuelle de l'Afrique noire, Paris, PUF, 1955, 4e éd., 1982.
Sociologie des Brazzavilles noires, Paris, Armand Colin, 1955; nouv. éd. augmentée, Presses de la Fondation nationale des sciences politiques, 1985.
Afrique ambiguë, Paris, Plon, 1957, dern. éd. 1993, et Presses Pocket, dern. éd. 1988.
Les Pays sous-développés : aspects et perspectives, Paris, Cours de droit, 1959, épuisé.
Les Pays en voie de développement : analyse sociologique et politique, Paris, Cours de droit, 1961, épuisé.
La Vie quotidienne au Royaume de Kongo du XVIe au XVIIIe siècle, Paris, Hachette, 1967, nouv. éd., 1992.
Anthropologie politique, Paris, PUF, 4e éd., 1984.
Sens et Puissance. Les dynamiques sociales, Paris, PUF, 1971, 3e éd., 1986.
Georges Gurvitch, sa vie, son œuvre, Paris, PUF, 1972.
Anthropo-logiques, Paris, PUF, 1974; nouv. éd. augmentée, Livre de poche, « Biblio-essais », 1985.
Histoire d'Autres, Paris, Stock, 1977.
Autour de Georges Balandier, Paris, Fondation d'Hautvillers, 1981.
Le Détour. Pouvoir et modernité, Paris, Fayard, 1985.
Le Désordre. Éloge du mouvement, Paris, Fayard, 1988.
Le Pouvoir sur scènes, Paris, Balland, 1992.

Fiction :

Tous comptes faits, Paris, Éd. du Pavois, « Le Chemin de la vie », 1947.

Ouvrages dirigés :

Le Tiers-Monde, sous-développement et développement, Paris, PUF-INED, 1957, 2e éd., 1961.
Dictionnaire des civilisations africaines, Paris, Fernand Hazan, 1968.
Perspectives de la sociologie contemporaine, Paris, PUF, 1968.
Sociologie des mutations, Paris, Anthropos, 1970, 2e éd., 1973.
Cahiers internationaux de sociologie, revue semestrielle, Paris, PUF, depuis 1965.

Ouvrages en collaboration :

Particularisme et Évolution. Les pêcheurs Lébou, Saint-Louis (Sénégal), IFAN, 1952.
Les Villages gabonais, Brazzaville, Institut d'études centrafricaines, 1952.

Georges Balandier

LE DÉDALE

Pour en finir avec le XXe siècle

Fayard

L'obscur

Les mots s'usent vite à tenter de dire ce temps, ce monde en turbulence où le mouvement fait la loi. La référence au passé n'y aide guère, il y a trop d'inédit qui décourage le recours à l'analogie. La désignation d'un commencement est impossible, il y a trop de lieux et de moments où l'aventure humaine se trouve autrement engagée. Les formules et les métaphores font cortège, elles se succèdent selon l'opportunité immédiate ou le cours des engouements. Cette circulation accélérée est, en elle-même, significative; elle débarrasse par brefs épisodes de la difficulté de mieux comprendre. Par retournement vers ce qui n'est plus, ou paraît en voie d'effacement, il est fait le compte des disparitions : la coupure s'exprime dans le langage des « fins de », qui s'applique à tout et prépare au mieux à l'accueil de la transition. Par regard détourné et porté vers l'avant, sans point précis vers lequel s'orienter, se montre la série des « post », dont le postmodernisme fut la figure en vue. La métaphore du « chantier » indique les déconstructions et les reconstructions sans cesse accomplies, l'œuvre jamais achevée dans la surabondance des possibles. Tantôt, un aspect reçoit une valeur générale, comme la communication qui tient les êtres et les choses en ses « réseaux » ; tantôt, le « global » devient la référence, portée à l'extrême de l'extension en invoquant un salut qui sera planétaire ou ne sera pas. C'est la bousculade des mots, à la faveur de laquelle certains d'entre eux occupent périodiquement les premières places : éphémère, vide, simulacre, complexité, crise ; et quelques autres moins vulgarisés.

Toute la difficulté tient à ce que ces formulations ne sont ni fausses ni vraies. Elles mettent en perspective, elles accentuent une caractéristique, elles introduisent du relief, elles placent des repères. Mais ce monde est tel que sa propre mobilité affaiblit la prise des mots et des théories. Il ne se laisse pas appréhender, sinon par fragments et sans la certitude que cette connaissance partielle bénéficie d'une certaine garantie de durée. On le dit éclaté ou, plus métaphoriquement, « en miettes », et ses fractures sont alors vues comme celles où le sens se perd — dans la double acception de signification et d'orientation.

Le paradoxe semble être en ce temps le seul mode de toute chose, la seule condition imposée à tout être. Le savoir scientifique accélère ses avancées dans les domaines de la complexité, en recourant aux technologies de l'intelligence de performance croissante. Il explore plus profond, plus loin, il se conjugue à la technique et leur réussite commune ne cesse de surprendre et de révolutionner le pouvoir-faire humain. Mais cette science qui gagne a moins d'assurance, de certitude, que l'ancienne ; elle n'ose plus affirmer que l'« univers est désormais sans mystère ». Elle admet que ses constructions du réel soient révocables et que ses effets puissent être pervers. Elle incite à interroger son savoir, elle engendre les sciences cognitives, elle n'est plus soumise à la seule évaluation philosophique. Tout se passe comme si l'acte de savoir devenait plus obscur à mesure qu'il progresse en connaissances capitalisées et en capacités d'intervention pratique. A l'opposé, dans ce domaine où ni la raison exploratrice ni la vérification empirique ne sont fondatrices des savoirs, mais la révélation, l'initiation, la mémoire de l'originaire, un autre contraste se repère. L'institution religieuse se déforce, les puissances transcendantes sont condamnées à plus d'éloignement ou à l'oubli, l'individu se trouve plus libre de négocier ses croyances. Mais ce *croire* flou, diffus en raison de sa libération, s'égare à la recherche de ses définitions. Il peut faire croyance de toute chose, multiplier les objets sur lesquels il se fixe, et ainsi *fétichiser le monde* dans un foisonnement de puissances obscures. A moins que, par contre-réaction, il ne conduise sur les chemins du retour à l'ancienne croyance sous la direction de simplificateurs qui, au nom de l'intégrité religieuse, ravivent le sombre attrait de la servitude volontaire.

Le paradoxe est partout, la liste de ses manifestations serait longue. La capacité de produire mieux et plus ne cesse de s'accroître ; ce progrès, longtemps acte de foi séculière, s'accompagne de régrès qui ont pour noms chômage, exclusion, paupérisation, non-développement. Les tristes lieux du mal-vivre, du peu-vivre, composent toujours davantage les îles noires du monde de la puissance, de la production et de la marchandise. Les techniques de la communication, matérielle et immatérielle, rétrécissent l'espace ; les unes parce qu'elles effacent la distance par la vitesse ; les autres parce qu'elles équipent en machines proxémiques qui accomplissent des transferts — de paroles, de textes, d'images, de travail maintenant — sans mouvement des personnes. Les déplacements toujours plus rapides se substituent aux parcours, aux cheminements de naguère, dont la fonction initiatrice ou formatrice est en voie de disparition. Les divers « télés », qui relient à distance et dans l'immédiat, multiplient la rencontre à l'infini en la dématérialisant. L'espace ne fait plus guère obstacle, mais quelque chose disparaît dans ces sortes de trous noirs que deviennent les lieux où l'on ne s'arrête pas et les endroits où les gens n'ont plus à être ensemble. Maintenant que l'ère du visuel est établie, que l'exploration optique peut se dégrader en inquisition panoptique, que les images prolifèrent, tout paraît se trouver progressivement en état de transparence ; pour le meilleur (la connaissance) et pour le pire (la surveillance). Cette puissance accrue du regard entretient cependant l'interrogation quant à la réalité du monde traduit en images, quant à la séduction que celles-ci exercent et aux emportements par lesquels elles entraînent dans les dédales de l'illusion. Le paradoxe suprême se révèle, peut-être, dans les jeux de lumière dont cette époque électrique-électronique est prodigue. Au temps des illuminations et des écritures lumineuses, des écrans et des luminescences, tout menace d'apparaître plus obscur parce que noyé dans la lumière.

Ces contrastes, qui tracent les partages du positif et du négatif, du clair et de l'obscur, des certitudes et des incertitudes, facilitent le passage aux extrêmes. D'un côté, le sentiment qu'il n'y a plus de critères de l'impossible, que les conquêtes s'effectuent désormais dans ces sortes de « nouveaux » nouveaux mondes dont l'homme est devenu le créateur par toutes ses entreprises. La performance se fait culte de cet optimisme. D'un autre côté, le sentiment d'une impuissance en présence des impasses qui se découvrent, des risques qu'il faut affronter, de l'instabilité des repères qui orientent les parcours de vie, de la précarité des acquis. L'opacité de l'avenir semble ne pouvoir être percée. La position d'incertitude résulte de cette oscillation entre enchantement et désenchantement. Il ne suffit pas de vouloir modérer ces deux excès, de tenter de corriger l'un par l'autre. Il faut briser l'enfermement dans cette alternative, entreprendre l'exploration inlassable des « espaces » pratiqués et pourtant méconnus où la surmodernité engage les hommes de ce temps. Des outils intellectuels nouveaux sont nécessaires si l'on refuse de rester dans une situation semblable à celle des navigateurs d'autrefois, équipés de peu d'instruments et de cartes erronées et incomplètes. Ce qui contraint à *cartographier* nos nouveaux univers, peut-on dire, à y tracer des chemins sans se laisser prendre aux pièges des leurres et des merveilles montrées par les futurologues éblouis, sans craindre de s'engager au cœur des incertitudes et des doutes. Et en évitant les chemins déjà connus, mais dont les issues sont fermées. Ces itinéraires que suggèrent les formules, les mots, les idées pourvoyeurs de schémas figés, alors que les univers à reconnaître sont en état de constante transformation.

Au moment où une nouvelle génération d'historiens renoue avec le narratif, retrouve la qualité du *récit* en tant que facteur de compréhension et de connaissance plus profonde, on peut tenter d'entreprendre l'exploration de l'actuel en prenant pour référence inspiratrice une grande narration héritée du passé fondateur. L'un des mythes reçus de la Grèce qui, périodiquement, ont éclairé la façon dont une époque engage l'homme dans l'Histoire et l'éprouve en lui opposant ses propres énigmes et défis. Apollon, Dionysos, Prométhée, Œdipe ont contribué à la découverte des relations nouvelles que l'homme établit avec le monde et avec lui-même, à l'identification de ce qui n'avait pas encore été reconnu et restait innommé. Aujourd'hui, le mythe du Labyrinthe, de Dédale et du Minotaure, est celui qui paraît s'accorder le mieux aux interrogations ; les surréalistes y ont recouru et d'autres écrivains — d'André Gide et Jules Supervielle à Jorge Luis Borges, surtout —, des artistes aussi. Ce ne sont pas seulement les figures, la charge symbolique des acteurs, qui captivent l'attention, mais la mise en œuvre d'une intelligence moins à même de donner des raisons et de légitimer que de travailler par interprétations successives. Une intelligence qui dénoue et permet d'*échapper à l'enfermement dans l'inextricable*.

Ce qui peut fasciner est bien davantage que le souvenir d'une grande et très lointaine civilisation disparue, dont la modernité fut célébrée par ses découvreurs du siècle dernier. C'est un monde politique qui recelait en lui, prisonnière du Labyrinthe, la puissance non domesticable et toujours menaçante qu'il sut figurer. Le mythe *parle* encore. Il désigne les pouvoirs en expansion, leur ambivalence et leur avancée aveugle, leurs pièges ; et la puissance née d'une civilisation jusqu'alors impuissante à en avoir l'entier contrôle. Il éclaire un monde où le désordre paraît dissoudre l'ordre, où la complexité croissante décourage tout emploi d'une droite logique, où les repères sont confus et où l'homme recherche les signes qui pourraient jalonner son trajet. Le héros du mythe, Thésée, a accompli son exploit en disposant de deux solutions pour déjouer les pièges du Labyrinthe et vaincre l'obscur : utiliser le fil d'Ariane et conduire sa progression en se fiant à un indice lumineux, comme le navigateur antique faisait avec les indications du ciel. Aujourd'hui, le « fil » est la raison critique et l'« indice » l'intuition guidant la compréhension.

Ce livre tire la leçon, il se présente sous la forme d'une exploration. Il procède d'entrée à une reconnaissance générale, à un repérage global. Il fait ensuite de chacun des chapitres un itinéraire, un parcours qui gouverne le mouvement du commentaire, du *récit*, cependant qu'un texte parallèle intitulé **PARANOTES** signale et situe les références bibliographiques. Il entraîne : au long des chemins brouillés de la mémoire ; à la rencontre des nouveaux Dédale, maîtres de la puissance technique et organisatrice ; à la découverte des carrefours de l'imaginaire ; à la recherche des détours du sacré ; et il conduit à l'identification d'une démocratie éclatée, enquête par laquelle le texte parvient à une nécessaire conclusion politique.

Il y a quelques décennies, des bons esprits se demandaient comment entrer pleinement dans le XXe siècle, comment se débarrasser des archaïsmes. Ce livre voudrait contribuer à en sortir moins confusément, et moins résigné à l'abandon des responsabilités.

I
Le dédale

Nous vivons maintenant avec des mythes opportunistes. Ceux qui naissent de ce temps ne le sont que peu, ils relèvent de l'illusion — à la façon de celle-ci, ils s'effacent aussitôt que leur effet faiblit. Ils sont trompeurs et précaires, comme nombre des biens que la production de masse et la frénésie marchande livrent et soldent à brefs délais. Ils alimentent un imaginaire à la fois surnourri et fatigué. Les modes les apportent et les emportent, ils sont traités comme des objets de consommation plus que de croyance. Ils ont un usage de circonstance, puis sont abandonnés à l'identique des choses jetables. Pseudo-mythes faits de tout ou mythes de rien, dira-t-on, en outrant la formule. Les médias en sont les principaux distributeurs, ils les diffusent en continu, ils les font exister dans le flux des images et des paroles. A peine apparus, les fragments de mythes possibles sont chassés par d'autres ; ils ne peuvent se lier, prendre corps et s'inscrire dans la durée.

La modernité présente est celle des abandons autant que des passages, des transitions. L'obsolescence, l'oubli, le rejet, la désaffection, l'éphémère la définissent aussi, et non pas seulement le mouvement par lequel elle effectue ses avancées. C'est une période de renoncement tout autant que de conquête et de victoire de l'*inédit*. La fin des Grands Récits — des idéologies et des symboliques génératrices d'événements d'ampleur historique, depuis le XVIIIe siècle jusqu'aux années soixante-dix de ce siècle — a été proclamée. Elle n'apparaît plus désormais que dans les propos des ressasseurs. L'inutilité de l'affirmation est d'autant plus évidente que s'accumulent les ruines de ce dont ces idées avaient provoqué l'édification.

Le deuil des grandes espérances

L'attente révolutionnaire trompée ne suffit plus à maintenir une religion civile substituée à celles, religions historiques, qui se validaient par une promesse de salut. Elle n'a plus d'accomplissements à faire valoir, propres à entretenir la dévotion, le dévouement et l'abnégation ; et ce qui survit, même à l'échelle de l'immense monde chinois, ne *semble* plus être que le reste témoin d'une expérience ratée, prétentieuse, ravageuse, maintenant intolérée et détournée par les spéculateurs. Le *principe espérance* ainsi malmené est abandonné. Il avait perdu une large part de sa crédibilité lorsque les méfaits, puis les incapacités longtemps maquillés des totalitarismes « de gauche » furent connus, et surtout reconnus, sans pouvoir être imputés à la seule présentation déformante des propagandes et des analyses conservatrices. Il ne lui reste aucune vertu efficace à partir des dernières années quatre-vingt, lorsque l'URSS — sa terre d'élection — et l'Est européen entrent dans l'ère des déconstructions. Le socialisme dit réel, ouvertement rejeté et non pas souterrainement contesté par la dissidence et la ruse individuelle, n'est plus vu que comme une déviation néfaste, totalement perverti par le passage à l'édification autocratique du socialisme pensé et désiré. L'idée de révolution est défaite, et dans ses ruines subsistent surtout les idées d'échec désastreux et tragique, de détournement abusif du pouvoir et du produit du travail commun par une hiérarchie séparée du peuple qu'elle prétend servir, avide de puissance et corruptible. Le négatif pèse si lourd qu'il entraîne la dénégation globale de ce qui fut positivement accompli. Le ravage atteint tous les symboles, et il fait basculer la figure érigée en suprême référence. Les statues de Lénine sont brisées, déjà circulent les photographies qui, prises quelques mois avant sa mort, le montrent pitoyable, pathétique, et comme hanté par le pressentiment des désastres où l'espoir d'un monde nouveau allait s'abîmer. Ceux qui, aujourd'hui, acceptent le constat de la « disparition du communisme » sans pour autant abjurer leur foi en sont réduits au pari d'une re-naissance inévitable. Sur le modèle de la résurrection chrétienne du troisième jour est façonnée l'attente du « troisième jour du communisme ». C'est là une certitude messianique à laquelle il reste difficile d'attribuer un ancrage dans l'ordre des raisons, ou une vertu motrice tirée d'un mythe qui n'est pas déjà disponible, mais encore à naître.

Le tiers-mondisme, issu de l'appui aux mouvements de libération qui disloquèrent les empires coloniaux, renforcé à partir de 1960 par la dynamique des indépendances, a également perdu son pouvoir d'attraction. Il fut la doctrine génératrice des solidarités les plus massives, des enthousiasmes les plus jeunes, des espoirs les plus audacieux. Il apparut, à la fois, comme le moyen de servir la cause de la liberté redevenue conquérante, et de contribuer aux transformations du monde, dont les sociétés dominatrices tireraient, ensuite, la capacité d'accomplir leur propre révolution. La vraie, celle qui se constituerait à l'échelle universelle, par tous et pour tous. Les « damnés de la terre » devaient réussir ce que les prolétariats de l'Europe et des confins européens n'avaient pu ou su faire. Leur tâche historique, au-delà des confrontations libératrices, était une mission de salut ; une contribution à l'avènement d'une humanité désaliénée et réconciliée. Les solidarités les plus réalistes — selon le réalisme révolutionnaire — trouvaient dans les pays du tiers-monde autant de champs d'expérimentation, où les applications du marxisme prendraient d'autres formes que celles instituées par les maîtres de l'Union soviétique. En ce dernier sens, le maoïsme, au temps de sa séduction, apparut comme le stade suprême du tiers-mondisme.

Les faits sont plus têtus que les convictions. C'est sous l'effet de cet entêtement que le désamour se forme ; et que le désintérêt s'ensuit. Là encore, le passage à la réalisation des indépendances, au pouvoir nouveau détaché de toute tutelle immédiate sinon de toute contrainte néocoloniale, engendra un double désenchantement en une vingtaine d'années : interne au tiers-monde et externe, dans les limites des domaines d'alliances et d'affinités idéologiques. La logique économique, celle du marché, a rapidement introduit l'inégalité des chances entre pays en essai de développement, en fonction des ressources détenues et actuellement nécessaires aux puissances disposant de la suprématie technique et des positions dominantes dans l'économie mondiale. Les disparités s'élargirent, les intérêts particuliers finirent par prévaloir, et l'idée même d'un tiers-monde ayant une communauté de destin malgré ses différences se vida de la signification reçue à l'origine. Ce dernier devint de moins en moins le signifiant d'une espérance révolutionnaire rajeunie. L'échec du communisme en Europe orientale fut fatal à ce tiers-mondisme déjà affaibli : il ruina ce qui entretenait l'apparence d'un vaste ensemble ou camp des « forces progressistes ».

La démonstration par ce qui aurait dû être exemplaire, et qui se voulait tel au commencement, s'inversa à l'épreuve du pouvoir et de ses perversions. L'autocratisme, le népotisme et les ponctions effectuées sur la richesse nationale par la classe politique et bureaucratique, la confrontation des particularismes, les guerres civiles, et surtout l'apparition d'un totalitarisme tropical, autant d'éléments qui ont contribué à l'effacement des sympathies, des accords et des appuis acquis au-dehors. Le volontarisme politique, au service d'un refaçonnage total de la société et de l'homme, fut progressivement disqualifié par la multiplication de ses formes monstrueuses, dont le Kampuchéa de Pol Pot, l'Éthiopie de Mengistu et désormais la Somalie devinrent les réalisations extrêmes et les plus répulsives. Il avait été trop attendu du nouveau cours de l'Histoire ; le désenchantement entraîna le retournement des espérances initiales. Il permit à une nouvelle variété du révisionnisme de paraître, au service de la réhabilitation du temps des colonies. Il créa les conditions d'un laisser-faire, d'un abandon du Sud le plus démuni à son misérable destin.

Les générations nouvelles, à l'intérieur et hors du tiers-monde, ne sont en rien les héritières d'une idéologie dont elles ont surtout subi, ou connu par la transmission des médias et les relations directes, les échecs et les effets pervers ou en trompe-l'œil. Les premières — nombreuses, largement urbanisées, davantage éduquées, mais sous-occupées — adhèrent de façon croissante à ce que l'idéologie révolutionnaire condamnait radicalement. Elles ont des exigences de consommation modelées sur l'extérieur, l'univers riche les fascine, parfois jusqu'au point d'en produire l'imitation, comme le font les *sapeurs* de Brazzaville et de Kinshasa. Elles sont plus attachées au pragmatisme quotidien, au savoir-faire, à la compétence ou à la réussite qu'aux vertus idéologiques, sans pour autant rejeter la part de leurs cultures propres qui façonne encore une personnalité collective distincte. Elles manifestent leur exigence d'être associées au partage des responsabilités, des décisions, des droits, du travail, et d'accéder aux moyens de rendre la vie quotidienne plus décente. Ainsi, l'échec du tiers-mondisme révolutionnaire et la dégradation, qui n'en faisait plus qu'un alibi de l'accaparement au profit de la classe d'État et de ses alliés, finissent-ils par engendrer le désir de ce qu'il avait présenté sous les aspects du mal : la démocratie pluraliste, la marchandise et l'argent, la culture « aliénante ».

Les jeunes générations *du dehors* ne se situent plus guère dans une relation idéologique au tiers-monde. Leur intérêt paraît en partie culturellement déterminé, il prend la forme d'un retour à l'exotisme : accéder à des ailleurs, trouver dans les autres cultures ce qui remédierait aux carences des sociétés de la surmodernité, rechercher la possibilité d'un accomplissement personnel dans le commerce avec l'Autre et la révélation de soi par la différence ; ou, plus platement, effacer la banalité et l'uniformisation en se livrant au dépaysement et aux expériences de rupture. C'est à un niveau très supérieur que s'établit la relation émotionnelle, charitable, solidaire et génératrice d'engagements à risques. Elle ne fonde pas un choix politique, elle ne prétend pas contribuer au grand changement, elle est moins collective qu'individuelle. Elle a essentiellement une dimension morale ; réaction face à la condition tragique de gens massivement affligés, elle conduit à faire quelque chose dans l'immédiat, à porter remède et soulager à la mesure des compétences investies et des possibilités. Elle organise l'assistance à personnes et peuples menacés de disparition. C'est la solidarité charitable mise en œuvre. Elle a une haute valeur propre, même si les gouvernements des pays riches font de l'action humanitaire le masque de leur incapacité ou de leur inertie quand les intérêts majeurs ne sont pas en jeu. Elle exprime sans l'expliciter le sentiment d'une obligation et, peut-être, celui de contribuer à une restitution.

La force des différences

Ce qui reste de l'ancien engagement tiers-mondiste, ce n'est plus la fascination exercée par une révolution naissante ou en mouvement — maintenant échouée et abîmée —, mais la nécessité de définir le rapport à l'Autre, à sa multitude, à son dénuement et à ses revendications. Un Autre devenu omniprésent, principalement par l'effet d'une double proximité. Des années soixante à maintenant, l'empire communicationnel a pu acquérir la dimension de l'universel, s'imposer en densifiant ses réseaux. La proximité médiatique instaure une nouvelle forme de la présence de l'Autre. Elle révèle non pas seulement ce qui le rend semblable, voire désirable, et ce qui le constitue possible donateur de ressources culturelles, inspirateur de façons d'être dont la surmodernité fait éprouver le manque, mais aussi ce par quoi il inquiète et prend figure menaçante. La pression du nombre, l'événement et les violences qui le dramatisent, les maux et les malheurs dont la contagion est confusément redoutée, l'effet attracteur des espaces de prospérité sur les peuples du dénuement, les mouvements extrêmes qui sacralisent le rejet de la modernisation actuelle et la satanisent, autant d'images qui, médiatisées, placent l'Autre sous l'éclairage de l'ambivalence.

La seconde proximité — celle qui est particulière aux sociétés *plurales* par l'effet d'une présence immigrée nombreuse — accentue cette caractéristique ; elle la transforme en contribuant à surcharger ce qui la constitue négativement. L'Autre établi dans le voisinage, estimé absolument étranger, enfermé dans ses quartiers vus comme autant d'enclaves culturelles, n'est pas reconnu à l'identique de celui qui reste au loin, résident de sa propre société et de sa propre culture. C'est dans la proximité que la différence peut se convertir en écart maximal, propice à l'engendrement des stéréotypes dépréciatifs, des rumeurs néfastes et des passions porteuses d'exclusions et de violences.

Dans un monde où toutes les sociétés sont désormais communicantes, où tout circule — les personnes, les compétences, les idées, les modèles culturels et les choses — et où les coexistences dans la diversité se multiplient, le problème du rapport avec l'Autre se pose à une tout autre échelle. Il n'est plus d'abord une affaire individuelle. Il prend davantage une dimension collective, massive, et il est plus étroitement lié à la définition des identités : celle des personnes et celle des collectivités. C'est sur le terrain de l'incertitude identitaire, aggravée par les aléas du trajet de vie de chacun en ce temps de longue transition, que poussent et repoussent des idéologies, que reparaissent d'anciens mythes à fonction défensive ou agressive. Les justifications de la xénophobie, du racisme et de l'exclusion, la désignation de coupables accapareurs et corrupteurs de l'intégrité du peuple, l'exaltation des sociétés fermées — celles de l'« entre-soi » —, la réactivation de traditions prétendues rétablies dans leur pureté originelle, autant de manifestations de ces reprises de thèmes et configurations symboliques de caractère régressif-offensif. C'est la réponse par la clôture, qui ne peut évidemment proposer que des fausses ou fatales issues. L'*intégrisme* dans toutes ses expressions, politiques et révolutionnaires, culturelles et religieuses, et en tout lieu, en est la forme la plus passionnelle, la plus menaçante. Il tente de détourner à son profit ce qui a donné jusqu'alors sa vigueur au mouvement social. Mais il fonctionne selon le mode des idéologies totalitaires, il fabrique une façon de transcendance qui permet d'entraver la contestation. Sa menace obscurcit encore davantage les dernières années de ce siècle, car il se nourrit des peurs et des révoltes qu'elles font renaître.

Le modèle de la relation coloniale et la problématique de l'identité, conjointement, sont utilisés à partir des années soixante, lors des affrontements qui résultent du jeu des différences dans nos propres sociétés. Leur transfert dans les espaces où s'inscrivent les nouveaux mouvements sociaux leur attribue un usage interne. C'est le cas, notamment, avec les actions libératrices conduites par les femmes. Elles dénoncent un pouvoir et son ordre qui subordonnent et *colonisent* la moitié féminine de la société, un emprisonnement dans le genre que légitime l'exaltation de la virilité et des capacités propres au masculin, un partage inégal, un système de comportement (le *machisme*), et, clôturant le tout, l'instrumentalisation du corps féminin. L'objectif est double : le démantèlement des dispositifs de subordination, la *décolonisation*, est-il dit par analogie, et la claire reconnaissance d'une identité féminine, de sa différence dans l'égalité des relations et des chances. Comme toutes les sorties de colonisation, celle-ci reste inachevée et a déjà des effets imprévus ou contraires. Le gain identitaire au profit des femmes a pour conséquences l'incertitude des hommes quant à leur statut actuel et un déficit identitaire ; le dominant affaibli se définit mal et le masculin devient un genre flou. Les relations entre les femmes et les hommes en sont affectées. Elles comportent une certaine tenue à distance juridiquement sanctionnée en cas de manquement, exprimée par les précautions de langage et de conduite ; elles prennent un caractère compétitif plus aigu ; elles séparent autant qu'elles relient, en entretenant un état de conflit larvé que les circonstances actualisent. C'est non pas seulement un autre rapport de forces, mais aussi une autre économie de la culture, jusque dans ses manifestations quotidiennes, qui en résultent.

A cette brève illustration du recours au modèle : libération → affirmation identitaire → recomposition aléatoire des relations, d'autres devraient être adjointes. Toutes celles qui manifestent la contestation de systèmes où les différences, de quelque ordre qu'elles soient, agissent en tant que puissants facteurs de dépréciation et de préjudice, d'inégalité et de subordination, en tant que générateurs de tensions et de conflits. La situation américaine reste la plus révélatrice. Elle résulte historiquement de la coexistence d'apports de population continuellement renouvelés, multipliés et diversifiés, rapprochés physiquement par la concentration urbaine accélérée, et séparés à l'inverse par l'effet d'une modernité génératrice d'écarts croissants entre les individus et entre les communautés originelles. L'histoire récente des États-Unis est, pour une part, celle des jeux de position changeants auxquels ces composantes ont été astreintes ou dont elles ont eu l'initiative. Le mythe de la fusion des diversités dans le creuset américain agit peu, à supposer qu'il ait jamais eu plus qu'une fonction d'auto-illusion pour les dominants. Le radicalisme des Noirs, au cours des dernières décennies, s'est situé au-delà de la dénonciation du racisme et de la revendication civique de droits égaux. Il a signifié à l'extrême la rupture du lien avec la société et la culture américaines, la *décolonisation*. Il a défini l'identité selon cette affirmation par référence à un extérieur, l'Afrique mythifiée. Ce mouvement se situe en pointe dans une dynamique plus générale, où toutes les positions exprimant les différences sont soumises à l'assaut de la contestation, aux effets de la contagion. Ethnies, groupements culturels, classes de sexe et d'âge, classes sociales et minorités sont engagés dans cette grande recomposition, entraînés ensemble dans la recherche encore aveugle des moyens de fixer autrement leur relation, de réduire les risques d'engendrer des nouvelles coupures sociales irrémédiables. Dans le présent, l'*accident* peut actualiser les antagonismes latents, libérer la violence, multiplier les procédures de harcèlement juridique ; cependant que, plus ordinairement, le langage leur substitue une guerre par les mots — comme le fait le rap californien en la théâtralisant — ou un formalisme ostentatoire qui marque le respect de l'Autre et l'évitement de ce qui le déprécie — comme y incite l'exigence de paroles et d'attitudes dites « politiquement correctes ». Bref, la violence verbale en substitution provisoire au conflit ouvert ou le respect mutuel par feinte langagière en tant que procédé d'apaisement, de conservation d'équilibres très fragiles.

Les différences ont longtemps été ordonnées selon un nombre réduit de distinctions, agencées en fonction d'un critère dominant : la race, la caste, la condition ou état, la religion, la localité ; elles ont par la suite été « concentrées », regroupées en laissant prévaloir l'appartenance de classe et la conscience qui l'exprime. Elles déterminaient alors des identités plus clairement constituées, soutenues par des mythes et des symboles, des idéologies et des manières d'être, des valeurs particulières et des revendications. Aujourd'hui, tout se brouille, les frontières se déplacent, les catégories deviennent confuses. Les différences perdent leur encadrement ; elles se démultiplient, elles se trouvent presque à l'état libre, disponibles pour la composition de nouvelles configurations, mouvantes, combinables et manipulables. L'événement commande la succession des systèmes de différences placés sur le devant de la scène sociale : la classe d'âge avec la révolte Jeune des années soixante ; la classe sexuelle, le genre, avec le féminisme combattant des dernières décennies ; les minorités et l'étranger, avec les réactions négatives engendrées par les flux de l'immigration ; la religion, avec l'irruption récente des intégrismes et le retour de l'intolérance ; l'ethnie et le lieu, avec le déforcement de l'État centralisé et dominateur. L'Autre se révèle *multiple*, localisable partout, changeant selon les circonstances, le jeu des forces sociales et des passions conjuguées. L'individualisme généralisé, l'affaiblissement des relations d'appartenance, l'incertitude identitaire contribuent ensemble à cette instabilité.

Les incertitudes et la nouvelle certitude

Dans les décombres de ce qui pourvoyait d'instruments les acteurs du changement, de ce qui entretenait le volontarisme historique par la vigueur des références doctrinales et idéologiques, des symboliques et des accomplissements estimés exemplaires, les alternatives opposables à la violence sociale semblent rares. Pour les uns, c'est le *vide* ou, pis encore, l'avènement d'une *barbarie* dont les succès de la technoscience et les réalisations purement matérielles masquent l'active présence. Pour les autres, depuis l'effondrement du communisme, c'est le désencombrement par la mort d'une illusion et la disparition de l'ennemi — un empire longtemps puissant et offensif. C'est la victoire d'un autre monde, celui de l'individu protégé par ses droits, libre de faire prévaloir son intérêt à proportion de ses capacités et de son mérite propre, celui de la régulation par le marché, de la dynamique positive du profit et du développement personnel grâce à une consommation toujours diversifiée et davantage accessible à tous, celui du pluralisme des idées, des opinions, des croyances, et de l'exercice démocratique en politique : en principe, un monde ainsi constitué.

En fait, un univers où les *puissances* qui pèsent sur la destinée individuelle sont mal identifiables, parce que moins localisables et plus insidieuses, mieux équipées en moyens d'influence à distance. Elles enveloppent dans leurs réseaux, comme le font les firmes à assise multinationale, et les grandes organisations internationales qui associent sous le couvert de la technique des pouvoirs politiques, bureaucratiques et économiques, et les systèmes de communication de large extension, qui ont acquis une totale capacité de pénétration au sein de l'espace privé. En fait, un univers où l'œuvre des forces de transformation reste mal maîtrisable, à commencer par celles qui résultent du dynamisme de la technoscience, à finir par celles qui naissent du mouvement des intérêts, des désirs et des passions, lorsque les valeurs, les normes, les règles s'affaiblissent, deviennent plus confuses et laissent le champ libre au calcul égoïste, à la versatilité et aux modes.

Un univers mouvant, empli de machines, de choses, de signes, d'images en rapide renouvellement, qui peut illusionner sur sa créativité au service d'un imaginaire où se nourriraient les mythes nouveaux. Ceux dont le recensement a semblé possible jusque dans le cours des années cinquante et soixante, lorsque l'identification des nouvelles *mytho-logiques* était tentée. Depuis, l'imaginaire que l'on doit dire ordinaire, massivement approvisionné et stimulé par l'efficacité du marché, est relié à deux sources principales. L'une le pourvoit en marchandise — au sens le plus extensif du mot —, l'autre en spectacle. Toutes deux n'agissent qu'en surface, elles irriguent mais n'ont guère de force de pénétration.

Dans le premier cas, apparaît tout ce qui contribue à transfigurer l'univers de l'argent, des choses, des services, des divers moyens d'échapper à l'existence statistique ou banalisée, par l'accès aux signes qui distinguent et désignent le degré de réussite. Les figures du performant, du gagneur, de l'ostentateur, et les scènes sur lesquelles ils agissent et entreprennent, produisent ces effets de mythification faible. Dans le second cas, s'effectue la traduction du réel en formes spectaculaires qui alimentent de façon continue un imaginaire affaibli d'être ainsi sollicité. Il en supporte l'impression, mais ne la fixe pas. Les industriels de la communication et des médias, les communicateurs et les publicitaires, effectuent la mise en images et la mise en scène de ce qui constitue le monde présent. Ils le donnent à consommer par le regard et à vivre dans un rapport émotionnel de courte durée. Ils font de ses représentations des produits de faible valeur, homologues des objets facilement remplaçables. Et dans ce *monde-spectacle*, la vedette est la figure semblable du gagneur, davantage parée des artifices de la séduction et de ce fait plus vulnérable. Les images se substituent les unes aux autres, l'imaginaire trouve peu à retenir afin d'effectuer son propre travail.

Cet univers-là est dans une large mesure celui de la *satisfaction immédiate* ; il réduit, en dehors des périodes critiques, l'importance accordée au différé et l'acceptation des sacrifices que celui-ci impose. L'investissement décline face à la spéculation financière, l'épargne face à la jouissance proche. Le salut à échéance très lointaine et incertaine gouverne moins le cours des vies individuelles, qu'il résulte des mérites acquis en ce monde ou des actions conduites dans le présent afin de faire naître une société meilleure et plus juste.

Mais la satisfaction portée à son point suprême, idéologisée et validée par le recours à l'argumentation philosophique, c'est la certitude que la démocratie conjuguée au libéralisme et au marché a définitivement triomphé. Celle-ci bénéficierait d'une sorte de consensus mondial, alors que sa réalisation reste inaccomplie ou seulement désirée en de nombreux pays. Ainsi, commencerait à se vérifier la prophétie de Hegel : « L'Histoire, en principe, est terminée » ; ainsi, se manifesterait l'incapacité de Marx et de sa descendance, de Weber chargé du péché de socio-économisme et des sciences sociales à sa suite, de parvenir à comprendre le cheminement du devenir historique. Seule cette prophétie permettrait de mesurer la portée universelle des conquêtes accomplies par la démocratie libérale. Celle-ci s'imposerait sans alternative maintenant concevable, après que les autres formes politiques postérieures à la Révolution française, et jusqu'en ces dernières années, n'ont pu la surpasser. La reconnaissance de la démocratie libérale, avec les droits qui la fondent, comme le régime offrant le plus de possibilités au citoyen et à l'acteur social est désormais largement partagée. C'est un événement majeur de la fin de ce siècle, celui pour lequel on doit ardemment souhaiter une confirmation par la généralisation et la durée.

Le *démocratisme* est une autre chose, il relève d'une autre appréciation. Il peut faire écran ; derrière l'affirmation de l'universalisation du modèle démocratique se cachent le marché mondial et ses foyers de puissance techno-économique, derrière la proclamation des victoires de la rationalité se cachent l'instrument et le pouvoir premier de la technicité, les intérêts particuliers et la raison calculatrice, derrière la liquidation des idéologies estimées en phase terminale se cache le congé donné au politique au profit de l'économique et de la compétition qui le dynamise. Le démocratisme, c'est encore une façon de donner un avenir à l'illusion. Une sorte de foi laïque reposant sur une « bonne nouvelle », que les événements des récentes années paraissent confirmer : tout est accompli, ou presque. Mais, le réel est plus têtu que la conviction la mieux assise. Les évolutions démocratiques en cours, pour nombreuses et convergentes qu'elles soient, restent loin de l'accomplissement ou très fragiles. Elles cherchent leur progression dans le dédale des obstacles et sous l'attaque des forces contraires et régressives ; rien ne permet d'affirmer — sauf à postuler notre propre perfection et la nécessité où se trouvent les autres de nous imiter — que ces évolutions se réaliseront dans la forme démocratique qui est la nôtre.

Au-delà, parce qu'ils mettent en jeu des illusions longuement entretenues, ce sont deux contresens qu'il faut dénoncer avec vigueur. L'un porte sur la nature même de la société : elle n'est ni un ensemble à forte cohésion interne — son unité tient autant aux apparences (notamment à celles que le politique produit) qu'aux forces de liaison à l'œuvre en son sein —, ni un Grand Système trouvant en lui tous les mécanismes propices à sa conservation. La fragmentation, la décomposition, est la menace constante qui pèse sur toute société et la tentation d'imposer la *totalité*, l'unité forcée de quelque ordre qu'elle soit, apparaît alors comme l'autre face d'une même menace. Ainsi, la société ne peut-elle être vue, à aucun moment, comme presque achevée et astreinte à sa seule reproduction « en mieux ». Elle est constamment en voie de se faire, de se produire, sa *réalisation complète* devient alors un horizon, vers lequel on tend sans jamais l'atteindre. En conséquence, et c'est le lieu du deuxième contresens, l'Histoire se rencontre d'abord sous les aspects de la lutte contre l'*inachèvement*, et ensuite sous la forme des réponses opposées à l'événement, à l'inattendu, à l'inédit et aux risques qu'ils portent. C'est ce qui rend impossible, et donc peu pensable, la fin de l'Histoire, sauf à en faire une espérance eschatologique. Le démocratisme triomphaliste tient à la fois de l'idéologie et du mythe. Il proclame un accomplissement : celui des sociétés parvenues à l'état de moindre imperfection, jamais atteint en dehors d'elles et maintenant désiré par la plupart des autres. Il annonce un monde apaisé par l'unification, par la reconnaissance mutuelle, universelle, d'où l'Histoire et ses combats pourront être exclus. Le mythe des « lendemains qui chantent », tel le phénix, renaît des ruines du marxisme politique, mais ailleurs et contre lui.

Le mythe au présent

A s'en tenir aux impressions communes, il semblerait que les sociétés de ce temps — d'abord celles de la surmodernité, les autres à leur suite et avec retard — aient abandonné, en perdant le rapport à la transcendance, l'usage des Grands Récits, des mythes et de leurs traductions en idéologies directrices de l'action. Il n'en resterait qu'une pratique appauvrie et opportuniste, l'aboutissement d'un processus né de la scission entre pensée mythique et pensée logique, purement rationnelle et pratiquement instrumentale. Déjà Valéry, au début des années trente, annonçait la mort des mythes à mesure des progrès de la rigueur et de la précision, la disparition des « choses vagues ». La science actuelle a moins de certitudes, elle admet l'existence de deux cheminements parallèles ; elle crédite le sien de la capacité d'accéder aux vérités par la discussion critique et la vérification, et de produire des effets calculés ; elle se légitime par la preuve éclatante de sa réussite. Elle concède à l'Autre, celui du mythe et de ce qui lui est apparenté, le recours à un mode d'intelligibilité particulier, la possibilité de produire du sens, des visions du monde, et de proposer des justifications éthiques. Elle laisse encore libres, ouverts aux tentatives différentes, les espaces dont elle ne saurait légitimement revendiquer l'exploration.

Il faut néanmoins poser une triple question : quel est aujourd'hui le statut du mythe dans les sociétés de la surmodernité, y est-il encore nécessaire, peut-il y être présent autrement que dégradé, fragmenté, d'emploi circonstanciel et donc éphémère ? Ce qui conduit à se demander s'il peut désormais exister sans être autre chose qu'un *pseudo*. Dans les sociétés de la tradition, le mythe dit l'ordre primordial, évoque et invoque le temps originel où le chaos fut ordonné, le temps des commencements et des puissances qui ont assumé la charge de la création. Il exprime le pouvoir de l'originaire et, pour cette raison, il n'a pas à être justifié. Il fonde et instaure une continuité capable de résister à l'événement ou de se l'approprier. Il est la référence dont procède le savoir collectif qui donne du sens à l'univers humain, celle aussi selon laquelle se règlent les conduites collectives, selon laquelle les hommes se lient, communiquent entre eux et avec ce qui leur reste extérieur. Il opère dans des sociétés où la *personne* — qualifiée selon la position sociale et le statut culturel — a la prédominance sur l'*individu* et sa singularité, où la totalité — ordre du monde et ordre des hommes — prévaut sur l'élément et l'être singulier. C'est par l'accent porté sur ces aspects que les sociétés de la tradition ont pu être dites *holistes*, en surestimant souvent leur cohésion et en sous-estimant les moyens qu'elles doivent utiliser pour remédier à un double péril, celui du désordre non maîtrisé et celui de l'excès d'immobilisme par l'effet déforçant d'une tradition figée.

Sur cet arrière-plan composé par le monde de la tradition, l'œuvre de la surmodernité prend un plus grand relief. Appparaît d'abord la figure de l'individu, dont toutes les exaltations récentes de l'individualisme, de quelque ordre qu'elles soient, ont encore rehaussé la présence. C'est une création proprement occidentale, dont les origines sont lointaines, religieuses et philosophiques, qui a reçu une nouvelle forme lors de l'entrée dans la modernité, qui a trouvé les conditions d'expansion les plus propices dans la société américaine. Elle s'y accorde au libéralisme économique, à la valorisation de la réussite individuelle, à un univers où les relations sociales volontaires et électives prévalent — en principe — sur celles que la naissance impose, où la mobilité des hommes réduit l'emprise de l'enracinement et où l'identification à la nation a davantage un caractère sacré — l'Amérique « comme religion » — qu'un caractère politique. Le renversement de perspective, c'est le primat accordé à l'individu sur le social, à l'élément sur l'ensemble. Le mouvement général, qui engendre le dépassement de la modernité et déconstruit nombre des structures et références maintenues jusque dans un passé récent provoque dans les autres sociétés libérales le même avènement de l'individu dé-lié, davantage livré à lui-même, et la promotion des performances individuelles fondées sur les resssources et les capacités de chacun. C'est cependant moins une société ordonnée selon la reconnaissance des mérites qu'une société de compétition et d'incertitude qui se façonne ainsi. La solitude et la crise identitaire, l'emprise fluctuante des effets de masse et des dispositifs de télécommande des esprits et des conduites sont autant de révélateurs des difficultés qu'éprouve l'individu à se définir, à se situer, à préserver son autonomie. Il doit devenir son propre producteur de significations, l'artisan-bricoleur des représentations du monde où il se trouve présent. Il les façonne en quelque sorte sous l'impulsion des circonstances, des besoins immédiats, et aussi au hasard des influences subies. De l'extérieur, il reçoit à la fois trop — surabondance de l'information, de la communication marchandisée, de la production culturelle programmée — et trop peu — déficit de ce qui pourrait le lier fortement, de manière moins éphémère, à une vision du monde partagée et génératrice de passions moins privées. C'est le temps des crédules dans la banalité de l'instant, incrédules dans la plus longue durée où se font les dépassements qui entraînent l'individu au-delà de lui-même.

L'imaginaire social et individuel maintient sa demande ; il doit être pourvu. Il l'est effectivement, avec excès, confusion et contradiction. Les mythes nouveaux, porteurs de croyance et générateurs d'action, n'existent qu'à l'état diffus et précaire ; ce sont des mythes d'ambiance, d'imprégnation et à fonction immédiate, plus que des mythes fondateurs de liens sociaux vigoureux. La culture de la marchandise, des choses, de la publicité omniprésente et des spectacles commerciaux transfigure d'une certaine façon le consommateur, mais afin de mieux en faire un client au désir d'achat toujours ravivé. La société de la communication, avec ses médias qui donnent une toute-puissance à l'oralité et à l'image, qui entretiennent l'impression d'accéder à la diversité du monde et à la vision de l'Histoire en train de se faire, surcharge l'imaginaire, banalise par l'inflation et la répétition ce dont celui-ci pourrait se nourrir, brouille les distinctions entre le réel et la simulation ou l'apparence, entre la connaissance vraie et la connaissance superficielle ou trompée, entre l'événement et la fiction. Tout peut y être mis en narration ou récit illustré, toute figure peut y être convertie en héros ou en semi-dieu à la vie aussi fugace que celle de l'imagerie qui la porte à l'existence. Les nouvelles images, calculées, de synthèse, ouvrent bien l'accès aux mondes virtuels imaginables en principe infiniment, mais la porte reste étroite, ouverte aux seuls grands initiés lorsqu'il est tenté d'y pénétrer afin de les explorer et d'enrichir l'imagination par leur découverte. C'est le domaine du *techno-imaginaire*, son territoire le plus fécond et le plus réservé. Les territoires les plus communs restent ceux des divertissements par la vidéo, où l'intérêt du jeu et la passion du résultat l'emportent sur la provocation à imaginer.

La dynamique de la surmodernité introduit une forte tension entre le désenchantement — trop de complexité, de problèmes irrésolus, de croyances et d'illusions perdues, d'événements tragiques ou incertains quant à leur issue, trop d'instabilité paraissant abolir le temps — et le réenchantement par le recours aux petits et grands moyens. Ceux-ci dépendent de la technoscience qui en est la principale pourvoyeuse, elle alimente un imaginaire du fantastique, de la réalisation de l'impossible, des combats remportés contre le mal et la mort. Ceux-là dépendent de circonstances ordinaires, quotidiennes, changeantes au gré des modes et des engouements. Ils aident à rendre la banalité et la difficulté mieux supportables ; ils contribuent aux transfigurations mineures de la vie privée, notamment par l'identification aux figures popularisées, aux vedettes de tous ordres et aux personnages fictifs que la société du spectacle généralisé exhibe. C'est le recours aux nombreuses possibilités de simulation, de mimétisme ; une sorte de vie composée par métaphores successives revêt la vie réelle des individus. Dans ce jeu de représentations et d'identifications faibles, les images des vedettes — les posters — deviennent des icônes au rabais et la dévotion portée à certaines d'entre elles, après leur mort, un succédané du culte des saints qui alimente les pèlerinages commerciaux.

D'un côté, l'individu peu encadré, bien que soumis à des contraintes pesantes et par lui mal identifiables, de l'autre côté, le foisonnement résultant d'une modernité marchande à la capacité productive suractivée, sous tension de créativité continue. Il se compose une sorte de stock commun renouvelable, fournisseur des matériaux à partir desquels sont élaborés des significations partagées, des croyances, des mythes élémentaires et précaires, des rêves portés et emportés par les modes. A la limite, tout peut servir à ces élaborations fragiles, à l'entretien d'un espace mythologique mouvant qui offre à l'individu des attachements provisoires, des repères à sélectionner en fonction des situations. Tout, depuis les choses habillées de publicité, les machines intelligentes animées par les nouvelles techniques, les manifestations spectaculaires introduites dans la quotidienneté, les commerces à fonction ludique ou vendeurs de dépaysement, jusqu'aux démonstrations façonnant la présentation de soi — la gestion du corps et l'apparence personnelle, jusqu'aux fabriques « psy » proposant des paysages de l'âme. C'est apparemment l'embarras du choix, mais d'un choix inconstant régi par les engouements et les fluctuations du marché.

Le retour aux lieux anciens de l'imaginaire

Le réenchantement de la vie reste cependant recherché ailleurs, dans des domaines moins vulnérables : ceux dont l'histoire des civilisations a révélé la vigueur formatrice, la capacité d'engendrer de la signification et de mettre en œuvre l'imaginaire ; ceux où la parole reste forte et où s'apaise la peur du vide, où l'incroyance et le scepticisme essaient de recevoir leur remède, où tentent de se former des liens sociaux moins distendus et des rapports plus harmoniques. Dans la proximité, se trouvent les *lieux* qui ont résulté du travail passé, qui en portent toujours les inscriptions et donnent à la mémoire collective ses assises matérielles. Ils sont propices à l'activité symbolique et imaginante, ils enracinent et ils associent, ils expriment une relative continuité et maintiennent des repères identitaires. Ils ont été pleinement le cadre des communautés dites autrefois naturelles. Ils sont maintenant ravivés, afin de pourvoir le nouvel attachement à la localité en justifications non exclusivement économistes ou techno-bureaucratiques, de renforcer les relations de voisinage, afin de restituer, au-delà, la part d'histoire et de culture particulières qui rend crédibles et mobilisatrices les revendications exprimées au nom des petites patries. Mais les lieux ont changé ; l'urbanisation conquérante les bouleverse ; la mobilité des activités et des hommes entraîne l'abandon de certains d'entre eux, elle les réduit à l'état de support plus neutre ou d'espace d'évasion reconquis par des citadins qui en font leur milieu secondaire. Ils sont repris par la réhabilitation, ils deviennent des « lieux de mémoire » où tout peut être patrimoine, musée témoignant de ce qui a été aboli, spectacle de monuments. Ils jalonnent les itinéraires du tourisme en présentant ce qui doit être vu ou consommé. Dans ces usages-là, ils ne sont plus guère des territoires où l'imaginaire se fixe et allie, mais ceux d'un imaginaire programmé, souvent commercialisé, qui alimente la curiosité et les rêves des gens de passage. Les lieux de nature, eux aussi, ont engendré un régime du symbolique différent. Ils sont moins ouverts aux transpositions fantastiques, davantage reconnus comme des milieux autres — où les servitudes urbaines incitent à la recherche de compensations et de remèdes —, ou comme des milieux agressés par les effets de l'expansion industrielle et de la poussée continue des villes. L'imaginaire qui leur est lié se forme, de plus en plus, dans les essais d'instaurer ou de rétablir des relations estimées naturelles. La valeur accordée aux choses de la nature, si ambiguë soit-elle, et la conversion des affirmations écologistes en une façon de *mythécologie* en procèdent. C'est le rapport à un ailleurs, où sont notamment projetées des attentes que les sociétés de la surmodernité ne peuvent maintenant satisfaire.

Le grand ailleurs reste le domaine du *sacré*, de ce qui s'impose à l'homme en tant que porteur d'un sens qui le dépasse et requiert son entière croyance, de ce par quoi il vise l'accord avec lui-même et les autres, et avec un monde ainsi transfiguré. En période de mutations, de mouvement et d'incertitude, d'individualisme croissant, les redécouvertes du sacré obéissent d'abord à une nécessité compensatrice. Elles deviennent une affaire individuelle, plus qu'une adhésion nombreuse à la foi informée par les Églises historiques. Les choix dans l'ordre du sacré sont une expression forte des tentatives d'engagement personnel — plus fondamental en raison des symboliques, des ressources imaginaires et des valeurs mises en œuvre — dans une société « brisée » où les institutions sont affaiblies et la culture commune massifiée. Ces choix s'effectuent par essais et révèlent un pragmatisme religieux, homologue du pragmatisme social qui prédomine généralement. Le sacré, désormais présent à l'état diffus, associable à nombre de choses et de pratiques actuelles, donne à vivre dans un rapport religieux ce qui ne l'est pas essentiellement. Il en résulte une religiosité mouvante, capable de s'investir dans les objets les plus divers, qui contraste avec l'indifférence largement partagée à l'égard des religions révélées et gardiennes d'une longue tradition. Ce qui est désigné par certains comme avènement d'un paganisme moderne exprime surtout la connaissance superficielle de ce nouvel état des choses sacrées. Il faudrait plutôt y voir les effets de l'individualisation, de la contrainte à produire du sens *pour soi*, de la distance prise face aux puissances symboliques unitaires et instituées. Avec outrance, on dira qu'il s'agit alors d'une forme du libéralisme sauvage, étendu au domaine des symboles et de l'imaginaire, introduit là où naissent les croyances, où se recherchent les repères orientant le parcours de vie et les moyens de réduire l'angoisse née de l'inconnu.

Les nouvelles formes de la religiosité révèlent avec netteté ce qui vient d'être signalé : une *pratique opportuniste* et peu propice à la longue fidélité. Elles intègrent des apports très divers, les trouvant surtout au-dehors et les valorisant d'autant plus qu'ils ne sont pas transmis par la tradition des Églises nationales dominantes. Les réponses à la difficulté d'être sont découvertes ailleurs, fortes de leur différence ; elles se prêtent à un *syncrétisme* où chacun entrevoit la chance d'une croyance et d'une règle de vie accordées à son attente, à ses besoins spirituels particuliers. Au moins provisoirement. L'ésotérique adopté se convertit en ésotérique attendu, qu'il soit reçu des mystiques de l'Asie — les plus sollicitées —, ou des Amériques, ou d'autres espaces non encore conquis par la modernité. Dans un monde où les civilisations, les cultures, communiquent et se donnent à voir les unes aux autres, où la mobilité se généralise, tous les emprunts deviennent possibles par l'accès à un marché mondial du sacré, des croyances, des formes du religieux et des ressources de l'imaginaire. Cette économie religieuse libre, et par certains aspects braconnière, provoque la contre-réaction des orthodoxies. Celle des hiérarchies ecclésiales, qui limitent les concessions faites à la modernité, ravivent les obligations et les interdits. Celle des « fondamentalistes », qui veulent effacer les effets de l'Histoire sur la religion, éliminer les apports et les perversions qui la dénaturent ; ils s'attachent à lui restituer sa vérité intemporelle et sa pureté en la réduisant à ce qui la constitue au commencement. Celle des « intégristes » qui conduisent une offensive antimoderniste, réactionnaire, qui réaffirment l'autorité entière de la Loi, rendent leur vigueur à toutes ses sanctions et définissent une société de forme théocratique. C'est le volontarisme totalitaire repris par la tradition.

Le terrain où pourraient s'enraciner des mythes en convenance avec la surmodernité paraît, de façon paradoxale, trop fertile — avec une luxuriance d'éléments fréquemment renouvelés — et infertile — puisque peu de ces éléments y trouvent les conditions propices à un développement durable. Depuis le XIXe siècle, le mythe a été engagé dans un processus de *dégradation* et de *dissimulation*. Les idéologies, qui sont essentiellement sa traduction politique, en ont été le substitut, en assignant surtout aux hommes une fonction dans le devenir historique et peu une façon d'être au monde. Elles-mêmes se brouillent ou s'effacent. Il n'y a cependant pas de disparition totale, plutôt un enfouissement et une sédimentation. Des thèmes mythiques et idéologiques anciens restent tenus en mémoire, réservés et réutilisables ou programmables selon les circonstances. Des thèmes nouveaux les actualisent, s'y agrègent et entrent en combinaison dans des formes à durée de vie incertaine. Ils contribuent ensemble à la production de significations et de repères, ils servent un temps de *médium* aux affects, aux passions, aux croyances.

Ces éléments neufs et ravivés se lient entre eux à un degré faible, ils ont une « liberté » qui leur permet de s'associer, de se dissocier, puis d'entrer encore dans de nouvelles configurations. On peut, par métaphore, les concevoir en position dans un champ de forces ayant un pôle positif et un pôle négatif. Le premier produit une agrégation propice à une thématique génératrice d'optimisme. La certitude déjà affirmée durant la Renaissance d'un recul des frontières de l'impossible, la croyance en un progrès se poursuivant malgré ses cassures et ses effets indésirés, la confiance faite à la technoscience estimée capable de corriger ses excès, la promotion de l'individu à l'état d'acteur créant *seul* le monde social par son initiative et ses choix, autant de thèmes qui entrent dans l'alliage des représentations motrices qui accordent l'homme actuel à son époque. Le second pôle attire ce qui façonne la vision pessimiste où les chemins du futur restent obscurs, où la crise est devenue une manière d'être présent à l'Histoire plutôt qu'une conjoncture dépassable, où le mouvement même de la modernité s'identifie à la décadence et à la déperdition de sens. On comprend alors que des historiens, traitant des crises et mutations depuis 1973 (année de bouleversement économique) jusqu'à nos jours, considèrent la période comme celle où s'effectue dans l'ambiguïté une errance entre la *peur* et l'*ordre*. Celle-là, plus que celui-ci, se prête à une traduction forte par le mythe. Elle réveille, en cette fin du XXe siècle, des frayeurs semblables à celles de l'an mil, dont on sait cependant qu'elles furent plus construites après coup que réellement vécues. Elle se nourrit de la fascination et des craintes engendrées par la catastrophe, où la nature rappelle sa puissance et où l'homme se révèle responsable des hauts risques qui le menacent. Elle exprime, avec un effet de contagion qui agrège en les renforçant tous les facteurs de peur, le désir sécuritaire qui entretient une demande d'ordre plus ou moins exaspérée selon les circonstances.

Les figures du dédale

L'imaginaire, aujourd'hui, pris dans la profusion de ce qui est proposé à son travail, emporté dans le flux ininterrompu des images et des figures qui le manifestent, se nourrit encore des thèmes anciens : ceux qui le rétablissent dans une durée et l'allient aux mythes dont les significations restent vives, ceux qui resurgissent dans les vides que l'homme imaginant de ce temps ne parvient pas à combler. Toutes les périodes de transition révèlent ce retournement vers les sources premières, vers les mythes du commencement, vers les savoirs cachés et protégés par l'ésotérisme. Le ressourcement, cette remontée en direction des questions ultimes et de leur résolution imaginaire et émotionnelle, s'effectue en suivant des chemins dont certains ne mènent nulle part. Ce sont, en ce cas, les voies occupées par les négociants de choses occultes, de pseudo-traditions adaptées aux attentes et de révélations où l'avenir est prétendument manifesté.

La force du mouvement de retour se mesure ailleurs; là où s'accomplissent notamment la reprise et la mise en œuvre de ce qui fut à l'origine de notre longue histoire culturelle — en recherchant de façon significative les réponses à cette interrogation ravivée : « L'Antiquité est-elle moderne ? » Les grands mythes reçus de la Grèce ancienne n'ont pas été longtemps absents du parcours historique; Marcel Détienne observe justement que nous avons encore besoin du Minotaure, des yeux crevés d'Œdipe et des Amazones de Penthésilée. Chaque époque choisit les figures, les récits et les pratiques ritualisées qui les actualisent, en fonction de sa propre façon d'engager l'homme dans l'Histoire et de l'éprouver. Au XIXe siècle, Dionysos reparaît. Il accompagne le romantisme allemand. Le débat entre le christianisme et le paganisme dionysien est alors engagé, entre autres par Heinrich Heine. Mais c'est Nietzsche qui fait du dieu antique, auquel il finit par s'identifier, l'initiateur de la tragédie, la figure qui subvertit la philosophie et libère l'individu rendu capable d'accéder au « vouloir-vivre » et de découvrir la joie du devenir. A partir de là, une autre anthropologie peut se constituer, être l'inspiratrice d'œuvres et de savoirs qui bouleversent la relation à la modernité.

Avec Dionysos, passeur de limites, modèle de l'ambivalence, agent de la transgression et du paroxysme, les connivences restent fortes. Il peut être le patron de tout ce qui pousse au dépassement et à l'excès, à l'individualisme désentravé et à certaines façons actuelles de vivre le rapport au sacré. Cependant, un autre mythe s'accorde mieux à l'état présent de surmodernité : celui du Minotaure et de Dédale. Dans le récit transmis par la tradition grecque, le Labyrinthe lie ces deux figures, il est le royaume solitaire de la première, il permet à la seconde d'accéder par la technique et le génie inventif à une maîtrise secrète. Le Minotaure symbolise le pouvoir souverain dans ce qui le tire hors de l'ordre humain, dans ce qui l'associe ou l'apparente aux dieux, dans ce qui le sépare et l'isole jusqu'au point de le transformer en monstre. C'est aussi le pouvoir caché, que la folie et la violence pervertissent, néfaste et mortifère, qui échappe au contrôle des hommes ; seul le héros — Thésée — a la capacité d'accomplir l'exploit qui abat le pouvoir monstrueux, de trouver la voie qui lui permet d'être lui-même qualifié et d'humaniser la souveraineté. Le Minotaure a resurgi au temps des pouvoirs totalitaires, eux aussi enfermés, qui instaurent le gouvernement de la peur ; il reste présent sous l'aspect des puissances mal identifiables, mal localisables, qui s'imposent alors que les hommes n'ont pu les reconnaître et encore moins les apprivoiser.

C'est cependant Dédale qui livre les significations les mieux appropriées à ce temps. Il dispose du savoir et du savoir-faire, il a le génie des arts matériels, l'intelligence que ceux-ci requièrent. Il est l'inventeur du Labyrinthe où la violence du pouvoir est celée, il en fait un autre royaume — le sien — dont il garde le secret, dont il a seul la connaissance. Et Thésée, le héros libérateur, doit affronter une double épreuve, encourir un double péril : ceux que la technique de l'artisan maître des savoirs et la puissance du pouvoir « sauvage » lui opposent. Ce qui importe surtout, c'est ce que le Labyrinthe signifie. Il est l'image d'un espace sans repères visibles, où toute direction se révèle illusoire, où chaque issue se découvre fausse ; un espace clos qui ne porte aucune information permettant d'en sortir. Dans le mythe, le héros a besoin du secours d'Ariane qui lui offre alternativement deux solutions, celle du fil guidant son cheminement, celle de la couronne lumineuse lui donnant un point de repère, non pas la lumière mais un *indice* semblable à celui qui permet au navigateur antique d'orienter sa course jusqu'au terme. Le Labyrinthe de Dédale figure bien plus qu'une prouesse technique : une supériorité acquise sur le pouvoir ; il manifeste un fonctionnement de l'intelligence ; il s'inscrit comme un défi dans le champ des concepts et de la logique prise aux pièges de l'aporie et de l'insoluble. C'est le voyage initiatique qui donne au mythe sa solution, qui noue la fin et le commencement, et fait de « l'intelligence qui lie » l'inspiratrice révélant l'issue et permettant d'échapper à l'inextricable.

Sans outrer l'analogie, il est possible de montrer comment le mythe *parle* aujourd'hui, avec une force peut-être aussi grande qu'au temps de sa création. Il désigne les pouvoirs en expansion, leur ambivalence et leur avancée encore aveugle, leurs pièges : les pouvoirs de la technoscience et ceux de la technobureaucratie, alliés et concurrents. Il évoque un monde où le désordre semble dissoudre l'ordre, où la complexité croissante décourage tout recours à une droite logique, où les repères deviennent confus et où l'homme recherche les signes nouveaux qui pourraient éclairer son parcours. Il manifeste une intelligence moins à même de donner des raisons et de légitimer que de travailler par interprétations successives, sans s'imposer la contrainte de les lier par une cohésion d'ensemble ; une intelligence qui tire sa force de son apparente faiblesse, qui privilégie — comme le fait une partie de la pensée dite postmoderne — la raison interprétative et sa tâche, toujours fragmentée, inachevée. Si Nietzsche accompagne Dionysos en tous ses excès et jubilations, c'est Kafka qui fait face au Labyrinthe, puis s'y engage sans jamais avoir reçu le fil rouge conduisant à l'issue.

PARANOTES

Les thèmes de l'effacement, de la déconstruction, du vide, de la simulation sont portés par la pensée qualifiée de postmoderne. Le philosophe et sociologue Jürgen Habermas a jalonné l'exploration de ce qu'il désigne, dans un entretien, comme « la clairière anarchiste de la postmodernité » ; espace où tout se défait, où s'affirme le refus des représentations univoques du monde, des visions totalisantes, des dogmes et des imputations de sens ; chantier où sont mis en pièces la hiérarchie des connaissances et des valeurs, les systèmes de signification, les paradigmes et les modèles. Au terme, se trouve l'impossibilité de choisir entre des expériences humaines qui finissent par être toutes acceptables. Voir, notamment : *Le Discours philosophique de la modernité. Douze conférences* (1985), trad. franç., Paris, Gallimard, 1988.

Jean-François Lyotard a proclamé, avec un large retentissement, « la fin des grands récits », le rejet des idéologies et — au-delà — des narrations qui fondent, unifient, légitiment et valident l'expérience humaine. Le monde de la culture occidentale n'a plus d'unité propre et doit abandonner sa prétention à l'universalité. Jean-François Lyotard a ensuite réfuté l'idée d'une rupture complète. Il ne considère plus la postmodernité comme une période nouvelle, mais comme une « dynamique ». C'est l'invitation à un travail permanent ayant pour objectif de découvrir « ce qui se cache » dans ce qui se passe aujourd'hui, de comprendre ce qui advient jusque dans ses contradictions apparemment insolubles. Se reporter à : *La Condition postmoderne*, Paris, Éd. de Minuit, 1979, puis : *Le Postmoderne expliqué aux enfants*, Paris, Galilée, 1988.

Ernst Bloch, dans *L'Esprit de l'utopie* (trad. franç., Paris, Gallimard, 1977), ouvrage écrit durant les années de guerre, de 1915 à 1917, exprime à la fois la révolte — contre un monde qui a perdu le sens du Nous, de la communauté, qui a généralisé la réification — et l'espérance. Il veut montrer les chemins encore ouverts à celle-ci par la culture et faire apparaître l'enracinement métaphysique de toute espérance révolutionnaire. Avec cette affirmation finale : « Rien n'est terminé, rien n'est déjà clos, rien n'est foncièrement établi [...] il importe de rassembler les éléments inférieurs dispersés, de continuer à progresser à partir et au-delà de l'Histoire. » Beaucoup plus tard, dans *Le Principe espérance* publié en RDA (1954-1959), ces thèses sont reprises, amplifiées, à la suite de la rupture idéologique de Bloch avec le marxisme officiel. Bloch oppose la subjectivité active, la « conscience anticipante », au matérialisme dogmatique, à tout système de pensée qui impose une clôture. Mais il reste la certitude que « le travail grâce auquel l'Histoire progresse [...] ouvre la voie de la bonne issue possible » (dernières phrases du t. 1, trad. franç., Paris, Gallimard, 1976).

L'événement — l'effondrement en chaîne des régimes de démocratie « populaire » à partir de 1989 — a ruiné cette certitude. Il a allongé la liste des disparitions : après celle des idéologies et des utopies, celle du marxisme, celle du communisme dit « réel ». L'effacement des repères, des lignes d'affrontement qui définissaient l'ordre totalitaire, le désordre contagieux qui le remplace engendrent des incertitudes nouvelles. C'est ce qui fut qualifié de « désenchantement post-totalitaire » (Pascal Bruckner, *La Mélancolie démocratique*, Paris, Seuil, 1990). Le maintien, malgré tout, de l'espérance révolutionnaire a peu d'ancrages actuels dans la théorie. Il faut en conséquence noter la ferme prise de position d'Emmanuel Terray, le refus de l'immobilité dans une Histoire arrêtée : « L'édifice capitaliste est donc moins solide qu'il ne semble, et cette fragilité crée la possibilité objective d'une résurrection du communisme » (*Le Troisième Jour du communisme*, Actes Sud, 1992). Issu de l'entourage de Louis Althusser, lui aussi, Alain Badiou traite de la relation philosophie/politique et donne une réponse — à partir des « courtes traces de vérité politique dont notre situation peut encore témoigner » — à cette question : « La politique — du moins celle qui importe à la pensée, la politique d'émancipation, longtemps nommée politique révolutionnaire — ne vient-elle pas d'attester sa catastrophe ? » (voir : « Philosophie et politique », *in Conditions*, Paris, Seuil, 1992).

L'expression « tiers-monde » apparaît (en français, et c'est sa première occurrence) à la fin des années cinquante ; elle fait allusion, comme l'avait suggéré Alfred Sauvy, au tiers-état de la France de l'Ancien Régime (*cf.* Georges Balandier [dir.], *Le Tiers-Monde, sous-développement et développement*, Paris, PUF-INED, 1re éd., 1957). Il devient difficile d'évaluer l'importance de l'engagement, à la fois intellectuel, politique et passionnel, dans ce qui fut par la suite qualifié de tiers-mondisme. Dans un excellent ouvrage, dont le contenu outrepasse la thématique suggérée par le titre, Jean-Marc Moura consacre sa première partie à « l'idée de tiers-monde », aux courants et aux mouvements qui l'expriment et la traduisent en actions, depuis son apparition jusqu'à son déclin. Voir : *L'Image du tiers-monde dans le roman français contemporain*, Paris, PUF, 1992 (pp. 7-141). Le reflux peut être jalonné par deux dates : 1961 (Frantz Fanon, *Les Damnés de la terre*, Paris, Maspero, avec une préface — provocatrice et violente — de Jean-Paul Sartre) ; 1983, la polémique est inversée à risques réduits (avec l'essai de Pascal Bruckner, *Le Sanglot de l'homme blanc*, Paris, Seuil).

Du tiers-mondisme et du volontarisme appliqué à faire naître un monde et un homme nouveaux, le passage s'est effectué vers la considération du rapport à l'Autre, vers sa reconnaissance dans la différence, dans la recherche des conditions nécessaires à une relation sans exclusion et moins inégalitaire. Les figures de l'altérité, et les problèmes que celle-ci impose avec sa part irréductible, se substituent aux figures de la révolution dont « les autres » — ressortissants des cultures différentes, des pays du dénuement et de la dépendance — seraient les acteurs et les instruments. L'altérité, dans ses multiples manifestations et dans sa relation aux définitions identitaires, oriente de façon croissante la recherche théorique, l'étude empirique, notamment celle des situations critiques (exclusion, xénophobie, racisme, etc.), ainsi que les options politiques. On le note : « Le thème de l'altérité est devenu une obsession en Europe aujourd'hui », *in* Jean Baudrillard et Marc Guillaume, *Figures de l'altérité*, Paris, Descartes, 1992. La bibliographie est abondante ; retenons quelques titres : Julia Kristeva, *Étrangers à nous-mêmes*, Paris, Fayard, 1988 ; Tzvetan Todorov, *Nous et les Autres*, Paris, Seuil, 1988 ; Paul Ricœur, *Soi-même comme un autre*, Paris, Seuil, 1990 ; Jean-René Ladmiral et Edmond-Marc Lipianski, *La Communication interculturelle*, Paris, Armand Colin, 1990 ; Michel Wieviorka, *L'Espace du racisme*, Paris, Seuil, 1991 ; Pierre-André Taguieff, *La Force du préjugé. Essai sur le racisme et son double*, Paris, La Découverte, 1988, rééd. Gallimard, 1990. Le point de vue anthropologique est « actualisé » par Marc Augé, *Le Sens des autres*, Fayard, 1994. Et, comme révélateur de l'intensité des débats, le livre controversé de Dinesh D'Souza, *L'Éducation contre les libertés. Politiques de la race et du sexe sur les campus américains*, trad. franç., Paris, Gallimard, 1992.

Sur un autre terrain, celui de la philosophie, le « pragmatisme » théorique peut se transformer en « réalisme » politique opposé à toute attitude critique. Le philosophe américain Richard Rorty l'a clairement manifesté, dans un entretien qui prescrit aux intellectuels de ne plus « refuser les réalités », de ne plus attendre des « lendemains imaginaires », et de reconnaître qu'« il n'y a pas désormais d'alternative au capitalisme ». (*Cf.* « Un entretien avec Richard Rorty », *Le Monde*, 3 mars 1992, et *Science et Solidarité. La vérité sans le pouvoir*, trad. franç., Éd. de l'Éclat, 1990.) La position extrême est tenue par Francis Fukuyama, « spécialiste des prévisions politiques », lorsqu'il publie dans la revue américaine *The National Interest* (1989) un article au titre interrogatif et provocant : « La fin de l'Histoire ? », suivi d'un livre intitulé : *La Fin de l'Histoire et le dernier homme*, trad. franç., Paris, Flammarion, 1992. Il y affirme la victoire définitive de la démocratie libérale, de la forme économique qui lui est associée, du processus d'universalisation dont la dynamique du marché mondial est le moteur. Même s'il est finalement admis qu'un brutal retour en arrière ne peut être exclu.

Le désarroi idéologique conduit à poser la question du statut du mythe et de l'imaginaire dans les sociétés de la surmodernité. Roland Barthes a consacré, durant les années cinquante, une part de sa recherche et de sa réflexion aux mythologies en formation (*Mythologies*, Paris, Seuil, 1957). A plus de trente ans de distance, un groupe de chercheurs — deux politologues et un anthropologue — dénonce comme une illusion le prétendu « désenchantement du monde » et réaffirme la nécessité des croyances pour assurer au social une relative cohésion ; il identifie ce qu'il qualifie de

« mythologie programmée » et en montre les diverses figures. (*Cf.* Marie-Dominique Perrot, Gilbert Rist et Fabrizio Sabelli, *La Mythologie programmée*, Paris, PUF, 1992.) Auparavant, André Reszler avait traité des mythes politiques et de leur rapport à la modernité : *Mythes politiques modernes*, Paris, PUF, 1981. Au moment où le populisme devient une force politique ascendante, Alain Pessin situe la place du peuple, « figure majeure de l'espérance socio-politique », dans le cours du XIXe siècle, à l'âge des révolutions ; il montre les enjeux et conclut que « le retour du peuple, c'est le retour du mythe » (*Le Mythe du peuple et la société française du XIXe siècle*, Paris, PUF, 1992).

Les grands mythes du passé accompagnent l'histoire des civilisations. Celui de Dionysos/Bacchus a imposé sa marque à la culture européenne durant le XIXe siècle ; Nathalie Mahé étudie le long parcours qui conduit à cette « réhabilitation » dans *Le Mythe de Bacchus*, Paris, Fayard, 1992. Aujourd'hui, le mythe du Minotaure, de Dédale et du Labyrinthe paraît le mieux s'accorder à notre période surmoderne ; il est porteur des métaphores, des figures, des modèles interprétatifs capables de contribuer à son décryptage, de l'orienter. Voir : les études de Marcel Détienne et autres collaborateurs consacrées à la mythologie grecque dans le *Dictionnaire des mythologies* (sous la direction d'Yves Bonnefoy), Paris, Flammarion, 1981 ; Françoise Frontisi-Ducroux, *Dédale. Mythologie de l'artisan en Grèce ancienne*, Paris, Maspero, 1975 ; Pierre Santarcangelli, *Le Livre des labyrinthes. Histoire d'un mythe et d'un symbole*, trad. franç., Paris, Gallimard, 1974. André Siganos analyse le mythe sous l'aspect de la transgression dans *Le Minotaure et son mythe*, Paris, PUF, 1993. Cornelius Castoriadis a montré la pertinence de la figure du labyrinthe dans l'interrogation philosophique actuelle (*cf. Les Carrefours du labyrinthe*, Paris, Seuil, 1978). Pénélope Doob retrace le cheminement de l'« idée du Labyrinthe », depuis l'Antiquité jusqu'au Moyen Age : *The Idea of the Labyrinth from Classical Antiquity through the Middle Ages*, Cornell University Press (Ithaca), 1990.

II

Les chemins brouillés

Les mémoires fortes

Sous la pression du présent, l'oubli accomplit son travail d'effacement. Il le poursuit avec une vigueur accrue lorsque l'enjeu est pleinement politique, servi par des passions ravageuses de la mémoire. Mais celle-ci ne se laisse pas abolir, elle se ravive, elle fait surgir ses gardiens : ceux qui veillent et luttent contre l'amnésie collective, et aussi ceux qui la font renaître des décombres d'un ordre qui l'emprisonnait. Les premiers entretiennent le culte des lieux de mémoire, ils les opposent aux activistes de la dénégation qui ne veulent pas que le souvenir se maintienne et soit transmis aux nouvelles générations. Ce qui est ainsi en cause, au-delà de la volonté de savoir ou de ne pas savoir, c'est une conception de l'homme, une anthropologie — et, donc, une politique.

Au cours de ce demi-siècle finissant, la mémoire de la Résistance et de la déportation est, en France, tirée hors de l'espace sacré des mémoriaux et des rites commémoratifs. Elle est moins associée à la figure des héros, et davantage à la manifestation des relations entre les victimes et leurs bourreaux, d'un système et d'un temps où une théorie de l'homme, idéologie habillée de science, légitimait l'asservissement, la dégradation et l'anéantissement à la fois barbare et technicisé de ceux qu'elle excluait de son ordre et de ceux qui la combattaient. Il faut faire de la mémoire le recours d'une nouvelle résistance, celle qui s'oppose à l'oubli et arme la vigilance de ces images horribles, insupportables, reçues du passé. C'est d'autant plus nécessaire que l'anthropologie sinistre, à nouveau, nourrit des projets politiques et inspire des actions violentes d'exclusion, en attente de futures — ou déjà présentes — éliminations de masse. La mémoire collective ne peut pas ne pas être un enjeu majeur ; elle est toujours *programmable*, et dramatisable lors même que son contenu n'est pas de nature tragique.

Son actualisation résulte à la fois des circonstances, des exigences exprimées sous l'effet de l'événement, des interprétations qui la placent sous un nouvel éclairage et des conditions culturelles et techniques qui informent sa présence. Elle est un révélateur du temps de son émergence autant qu'un témoignage reçu du passé. On l'a encore constaté avec l'ouverture à Lyon, en 1992, du Centre d'histoire de la Résistance et de la déportation. Le besoin de mémoire s'est montré vigoureux, non pas une simple et ambiguë curiosité, mais une volonté de connaître et d'éprouver soi-même ce que l'homme pouvait faire de l'homme dans l'enclos totalitaire. De retrouver par l'émotion ce qui est difficilement pensable, et avec une intensité d'autant plus grande que les signes se multiplient, annonciateurs du possible retour des forces néfastes. La mémoire collective est liée aux lieux, elle en reçoit son support et ses moyens de conservation. Le Centre lyonnais leur est doublement attaché, par la ville même, qui a été une capitale du refus, par la localisation surtout, l'ancienne école de santé militaire où siégea la Gestapo et où sévit Klaus Barbie. La mémoire y est traitée selon l'esprit et avec le concours des techniques d'aujourd'hui ; elle est vive plus que conservée, bien qu'elle soit aussi entretenue par les procédés habituels de l'exposition et de la documentation. La conception d'ensemble contribue à transformer le visiteur en participant ; il entre dans un autre monde restitué par l'endroit et son « décor », il est tiré hors de son temps et placé dans celui de la mémoire à l'aide d'images, de paroles, de bruits et de musiques qui l'immergent dans l'époque. Les technologies employées ordinairement au service de l'instant, de l'éphémère, permettent ainsi de rendre le passé vivant, objet d'une connaissance et de sentiments immédiats qui portent remède à l'ignorance et à l'oubli.

Ce travail est nécessaire, il nous apprend combien sont fragiles les frontières qui protègent de l'inhumanité et confus les chemins qui les font franchir, il aide à se trouver moins désarmé devant l'événement. Mais il n'est jamais achevé. Les hommes éprouvent aussi le besoin d'oublier, ce qui les pousse à considérer que l'Histoire comporte des clôtures, qu'elle doit laisser la liberté de répondre aux urgences du présent sans l'encombrer. Ce qui peut conduire à une manière d'indifférence, en pensant qu'elle ne se répète jamais et ne délivre pas des leçons claires et opportunes. L'oubli n'a pas d'autre serviteur que lui-même dans sa fonction défensive contre le retour du passé à la conscience, en particulier lorsque celui-ci a été collectivement refoulé. Surtout, la mémoire collective ne se constitue pas dans une seule forme, elle est plurielle, divisée, enracinée dans des classes, groupes ou milieux sociaux différents et affrontés. La lutte politique s'effectue aussi mémoire contre mémoire. Celle qui entretient le souvenir des résistances au totalitarisme et des sacrifices subis est confrontée à celle qui nie, dévalue, et se construit en opposition à ce qui fait de la première une mémoire du refus total, du « jamais plus ». L'une approuve ce que l'autre réfute, rejette, condamne catégoriquement — ce dont elle constitue un négatif, l'inverse de l'image qu'elle a de l'homme en relation à la société, à la culture et au pouvoir. C'est dans cet affrontement que naissent ou se refaçonnent des mythes politiques accordés aux luttes du moment.

Dans les pays du communisme défait où la levée des contraintes relâche des forces longtemps contenues, où tout est remis en mouvement et où les logiques de la reconstruction s'opposent, la mémoire au service d'une histoire contradictoirement réinterprétée et des combats pour le pouvoir devient une arme. Les passions et les calculs d'opportunité règlent son emploi, lorsqu'elle n'est pas simplement définie par l'astreinte à un strict devoir : celui de la libérer. Le système totalitaire l'avait à la fois effacée et manipulée. Il ne s'est pas seulement attaqué aux sources d'information qui alimentent la conscience historique, mais aussi aux lieux gardiens d'une *mauvaise tradition* — espaces consacrés aux célébrations d'un passé rejeté — et à leurs dénominations. Il a donné à la mémoire collective un contenu et une forme officiels, il a instauré la clôture des mémoires individuelles et en conséquence la règle du silence. Il a, élargissant la coupure, créé ses propres lieux saints, entretenu l'omniprésence de ses figures-icônes, imposé une religion civile avec dogmes et liturgie, d'autant plus nécessaire que sa légitimité restait déficitaire et que son enracinement historique était faible.

Les événements de 1989 ont transformé en un puissant mouvement libérateur ce que les années soixante-dix avaient préparé, au centre même du système, dans l'ex-Union soviétique. Des écrivains, des créateurs, et non plus les seuls dissidents, commençaient alors à faire de l'exploration de la mémoire l'objet de leur travail. Ils voulaient restituer leur contenu aux « taches blanches » de leur histoire. Le passé revient par apports successifs, par fragments qui entrent dans des recompositions changeantes. Ce qui est tenté, c'est de provoquer la *catharsis* par laquelle la société pourrait annuler le temps de la soumission et de l'amnésie programmée. C'est de reconstituer une généalogie, de se réapproprier l'acquis propice au refaçonnage des identités collectives et des liens sociaux non assujettis au pouvoir central et total. Mais les chemins de la mémoire sont divers, mêlés et jalonnés de pièges. Celle-ci, à peine redécouverte, devient l'enjeu de disputes.

La renaissance apparaît aussitôt comme celle de mémoires conflictuelles, engagées dans de véritables batailles, vendettistes peut-on dire, parce qu'elles surgissent dans un monde en déconstruction et soudain possédé par le passé. En Russie, deux mouvements se sont définis par leur relation à la mémoire et par la fonction qu'ils lui attribuent : *Memorial* et *Pamiat*. Le premier lutte contre l'oubli des victimes de la période stalinienne ; il maintient le souvenir d'un temps tragique, des sacrifices individuellement et massivement subis ; il dénonce un système, son arbitraire et ses violences, afin de donner une vigueur neuve au civisme et de contribuer à la transition démocratique. Le but est double, faire obstacle à l'œuvre de la nostalgie — celle des notables du régime aboli, et celle des angoissés face aux incertitudes et aux maux résultant de l'instabilité —, et fortifier ainsi le désir d'une démocratisation accomplie. *Pamiat*, le second et le plus offensif des deux mouvements, mobilise au service de l'héritage et de la reprise des symboles du passé ; il réactive les traditions combattues par le pouvoir soviétique ; il fait resurgir les différents courants du nationalisme russe, avec les excès et les discriminations dont plusieurs sont porteurs. D'une part, une mémoire anti-totalitaire, d'autre part, une mémoire nationale mise à vif, qui obéissent à deux logiques distinctes. Dans les turbulences et les ambiguïtés du présent, les recompositions auxquelles elles procèdent exaspèrent d'abord les divisions et les confrontations. Les particularismes se reforment, s'exacerbent, se multiplient, et les passions néfastes s'en nourrissent. A l'image d'un « peuple soviétique », encore invoquée par les anciens dignitaires, s'oppose l'affirmation des identités nationales, auxquelles le putsch manqué de l'été 1991 donne l'occasion de s'actualiser complètement et d'accomplir l'éclatement de l'empire.

En Russie, les combats de la mémoire deviennent ceux où s'affrontent, au-delà de leur commun rejet du soviétisme, les partisans d'un retour réactionnaire au passé et les partisans d'une construction démocratique progressive, ouverte et novatrice. C'est la reprise d'un débat bien connu en d'autres lieux et en d'autres périodes — celui du romantisme et des Lumières — où la liberté se trouve assujettie à la tradition, d'un côté, où elle se définit comme création inscrite dans une dynamique de l'avenir, d'un autre côté. Ces luttes sont aussi celles qui résultent des rivalités entretenues par la précarité du pouvoir suprême ; elles se situent dans l'espace des guerres personnelles et des règlements de comptes. Boris Eltsine ouvre quelques dossiers secrets — archives détentrices d'une vérité tragique cachée par la falsification officielle des événements — afin de mieux disqualifier Mikhaïl Gorbatchev, son adversaire irréductible. La mémoire n'est alors libérée que pour être convertie en moyen d'un combat politique singulier, et la révélation se dégrade en cet emploi médiocre.

La *mémoire forte* qui immerge le présent apparaît, se forme et agit durant les périodes où l'Histoire s'emballe, notamment lorsqu'elle surgit des déchirements qui contraignent à une recomposition de la société et du pouvoir, de la culture et des systèmes symboliques. Elle épouse les turbulences de la transition, puis elle accompagne progressivement la consolidation des nouveaux commencements. Elle est organisée afin de s'accorder aux formes institutionnelles mises en place, apaisée en devenant archive et patrimoine, fixée dans le cadre des mythes et des symboles sélectionnés au service du régime alors établi, réactivée périodiquement dans les pratiques cérémonielles et les célébrations. C'est là ce qui donne leur signification et leur efficace aux *commémorations* et aux anniversaires collectifs, à ce culte qui a déprivatisé la mémoire et pris son essor en Europe à la fin du XVIIIe siècle. Il maintient l'adhésion fervente aux événements fondateurs, il donne une valeur exemplaire aux figures célébrées. Il s'inscrit alors dans le mouvement général de laïcisation et surimpose un calendrier civique au calendrier religieux ; avec le temps, il substitue des rythmes laïcs aux rythmes religieux défaillants.

Rousseau donne un statut philosophique au concept de *religion civile*. La Révolution française le réalise afin de supplanter le christianisme et de marquer l'entrée dans une ère nouvelle, elle apporte une vigueur neuve à l'usage politique des anniversaires. Les célébrations et les illustrations par la gloire des grands personnages contribuent à former l'identité nationale, à en assurer le partage et à l'entretenir. Les intellectuels et les artistes sont conviés à devenir des inventeurs de la tradition, à façonner une mémoire permettant de détourner vers le jeune État-nation les valeurs les plus révérées. Au long du XIXe siècle, les commémorations aident la bourgeoisie nouvellement promue à s'approprier l'héritage de l'aristocratie déchue, à mieux s'orienter dans l'univers des œuvres culturelles, à faire de celles-ci un acquis et non plus une possession garantie par un droit en quelque sorte naturel. Le culte du progrès, par quoi s'illustrent les conquêtes de cette classe, a pour complément et ornement celui de la culture, par quoi se conjuguent la continuité et le mouvement. Le XXe siècle finissant, caractérisé par les déconstructions du postmodernisme, banalise les anniversaires en les multipliant ; il en fait les substituts des idéologies mortes ou déforcées ; il en abandonne la gestion à une véritable « industrie de la commémoration ». Mais la convocation du passé, les appels à la mémoire collective manifestent encore la recherche de réponses au besoin d'identification et d'enracinement — au besoin de se situer dans un monde où les repères sont instables.

Les dédales de la mémoire

Compagne plus banale des moments ordinaires de la vie individuelle et de la vie collective, la mémoire contribue à construire la réalité présente. Bergson en a formulé une théorie redevenue actuelle, en la considérant dans la première de ces deux manifestations. Il l'identifie sous une double forme. Celle de la mémoire qui « enregistre » les événements de notre existence quotidienne, les transforme en « images-souvenirs » et emmagasine ainsi du passé « par le seul effet d'une nécessité naturelle ». Elle est en quelque sorte une *réserve* à laquelle nous accédons chaque fois que « nous remontons, pour y chercher une certaine image, la pente de notre vie passée ». Celle de la mémoire qui relève d'une « expérience d'un tout autre ordre », qui « se dépose dans le corps » par « une série de mécanismes tout montés ». Elle nous fournit « des répliques toutes prêtes à un nombre sans cesse croissant d'interpellations possibles », elle est « tendue vers l'action, assise dans le présent et ne regardant que l'avenir ». Cette mémoire ne représente plus le passé, elle en *joue*, elle en « prolonge l'effet utile jusqu'au moment présent ». Elle met en œuvre, à l'aide des montages qu'elle a composés et dont le corps est le lieu, les souvenirs transformés en images que la première mémoire a conservés. C'est la « reconnaissance » qui fait fonction d'opérateur et permet ce travail, elle choisit et rend possible l'exploitation de ce qui a été ainsi sélectionné. Avec le risque de recourir à une métaphore techniciste, on peut dire qu'une mémoire conservatrice du passé, programmée par le moyen de la « reconnaissance », rendue active par l'effet des mécanismes qui lui sont appropriés, est mise au service de l'action présente. C'est l'*utilité* qui régit ce fonctionnement.

La mémoire est appréhendée dans la relation établie entre le *passé* et l'*actuel*, dans la façon dont ils « arrivent au contact l'un de l'autre ». « C'est du présent que part l'appel auquel le souvenir répond », c'est à « l'action présente que le souvenir emprunte la chaleur qui donne la vie ». De deux manières. Tantôt le rapport (la reconnaissance) s'effectue passivement, sans être pensé ; il est alors « plutôt joué » et relève des « appareils moteurs que l'habitude a montés dans le corps ». Tantôt il s'établit activement. Les images-souvenirs « se portent au-devant de la perception présente », elles aident à répondre à ce qui, dans le moment actuel, « agit sur nous et nous fait agir » ; elles contribuent à façonner l'attitude vis-à-vis de l'avenir immédiat. Bergson considère ces deux extrêmes : l'être humain qui « *rêverait* son existence au lieu de la vivre », il serait continuellement attaché à « la multitude infinie des détails de son histoire passée » ; et celui qui « *jouerait* son existence au lieu de se la représenter véritablement », il serait coupé de sa mémoire et transformé, en quelque sorte, en un « automate conscient ». L'enlisement dans la mémoire, qui fait du présent un rêve, ou la coupure, qui transforme l'existence en un jeu continuel. Ce passage aux extrêmes peut s'effectuer, les périodes de crise ou de changement accéléré y poussent.

Construire une théorie de la mémoire rapportée au sujet individuel, ce n'est pas seulement théoriser en considérant la perception, le souvenir et l'image, la représentation utile à l'action, c'est aussi produire une théorie du lieu — le corps — où se situent les mécanismes qui permettent à la mémoire d'opérer, et une théorie des temporalités et de la durée vécue. Ce qui conduit à poser la question de la liberté. Bergson, au terme de son étude, affirme la fonction libératrice et créatrice de la mémoire. Grâce à celle-ci, la « conscience retient de mieux en mieux le passé pour l'organiser avec le présent dans une décision plus riche et plus neuve », et surtout, vivant d'une vie plus intense, « elle devient plus capable de créer des actes dont l'indétermination interne » ouvre la possibilité de passer « plus facilement à travers les mailles de la nécessité ». La mémoire desserre l'étreinte à laquelle celle-ci soumet.

La théorie bergsonienne s'impose comme une référence nécessaire lorsque les sociologues, notamment ceux de l'école durkheimienne, veulent définir, situer et explorer les *représentations* et la *mémoire collective* ; montrer en quoi la mémoire collective se différencie de la mémoire individuelle. Cette préoccupation gagne en intensité non pas seulement sous l'effet de la logique des recherches, mais aussi sous le choc des ruptures provoquées par la Première Guerre mondiale. Les cassures de la continuité séparent du passé tel qu'il était jusqu'alors reconnu, elles font surgir les interprétations de l'histoire des nations et du nationalisme orientées par la vision qu'engendre le nouvel état du monde, elles concourent à donner une assise plus fragile à la conscience identitaire. Maurice Halbwachs, qui dit pratiquer l'« intrépidité intellectuelle » comme une vertu, en tire tôt la conséquence afin de délimiter son nouveau champ de recherche. Il prend le risque pionnier de s'engager dans une découverte multiple : celle des formes diverses de la mémoire collective et de leur rapport aux « cadres sociaux ». Dès 1925, une première publication propose des résultats et jalonne le prochain parcours, qui conduira finalement à une application de la méthode : l'étude des traditions en Terre sainte, de leur formation et de leur sédimentation, en laissant de côté la critique de leurs vraisemblance et authenticité. Il s'agit de savoir comment elles se sont fixées à des lieux, attachées à des monuments, faites narrations en s'inscrivant dans les textes et les témoignages. Il s'agit de les suivre « dans le temps », dans les dédales de leurs variations, et de parvenir à « apercevoir quelques-unes des lois auxquelles obéit la mémoire collective ».

L'élaboration théorique restée inachevée n'est connue que par une publication posthume. Incomplète, elle n'en délivre pas moins l'essentiel. Premier point : « La mémoire collective tire sa force et sa durée de ce qu'elle a pour support un ensemble d'hommes », d'individus qui « se souviennent en tant que membres du groupe » ; et pour qui « chaque mémoire individuelle est un point de vue sur la mémoire collective ». De celle-ci, bien qu'elle soit partagée, tous ne tirent pas le même parti. Chacun en fait un usage propre, sélectif et stratégique, il effectue une reconstruction non complètement étrangère aux souvenirs communs, mais résultant de son histoire personnelle, des effets de situation et des enjeux. Ce qui mène Halbwachs à distinguer, plutôt qu'une mémoire « intérieure » (ou personnelle) et une mémoire « extérieure » (ou sociale), une « mémoire autobiographique » et une « mémoire historique » mal dissociables. A peine la formulation proposée, il en mesure aussitôt les risques. Il différencie alors le rapport au passé, que la narration historienne établit, de celui que maintient la mémoire collective, moyen de la lutte contre l'événement, de la continuité opposée aux changements, de l'illusion par laquelle le groupe peut « s'enfermer dans une forme relativement immobile ».

Deuxième point : la relation à l'espace et les images spatiales, l'entourage matériel aussi, entrent dans la composition et contribuent au fonctionnement de la mémoire collective. Toutes les traces, les inscriptions et les œuvres dont les lieux restent les supports, tout ce qui est incorporé à ceux-ci par la symbolisation et l'imaginaire, sont autant d'éléments nécessaires au maintien et à la différenciation des mémoires collectives, particulières aux groupes qui en assurent la conservation. L'incorporation, qui allie la mémorisation aux « arrangements matériels » et aux choses, permet aux traditions de durer et à ceux qui les entretiennent d'imiter collectivement « la passivité de la matière inerte ». Halbwachs admet cependant l'insuffisance d'une interprétation trop strictement localiste. Il constate que les « groupements en apparence sans base spatiale », qu'ils soient économiques, juridiques ou religieux, ne peuvent être décrits « en écartant toute image spatiale ». La topographie dont ils relèvent — une sorte de figuratif mixte — associe des lieux réellement connus et des lieux imaginés. Ces espaces-là n'en sont pas moins, comme les autres, des supports de mémoires collectives.

Troisième point : ces mémoires ne se comprennent que dans leur relation aux temporalités, aux temps sociaux et à la durée. La question est clairement posée : « Comment une société quelle qu'elle soit pourrait-elle exister, subsister, prendre conscience d'elle-même si elle n'embrassait point d'un regard un ensemble d'événements présents et passés, si elle n'avait pas la faculté de remonter le cours du temps, et de repasser sans cesse sur les traces qu'elle a laissées d'elle-même ? » Mais les temporalités communes, les conventions qui les définissent, validées par une tradition qui les rend en quelque sorte naturelles, ne permettent pas d'affirmer qu'il y ait « un temps social unique ». Les groupes sont liés différemment au « temps collectif », il n'a pour chacun d'eux ni le même contenu ni la même extension. Et chaque individu, « membre de plusieurs groupes », « plonge successivement dans plusieurs temps collectifs ». La remontée de la mémoire dans ce qu'on est convenu d'appeler le passé s'effectue par des chemins multiples, où l'accès aux souvenirs n'est ni direct ni protégé des contradictions. Ce que Georges Gurvitch, continuateur critique du travail d'Halbwachs, a manifesté dans son étude exploratrice de la « multiplicité des temps sociaux » — minutieuse et poussée jusqu'à l'extrême des différenciations.

Pendant longtemps, la mémoire collective a peu retenu l'attention des spécialistes des sciences sociales. Ce n'était pas un bon objet. Les courants théoriques et idéologiques dominants ne pouvaient pas le porter au centre des recherches, ils le contournaient. Maintenant, en période de surmodernité, c'est l'inverse. La mémoire est réapparue. Elle devient omniprésente, dans la matière, l'organisme vivant, les machines dites intelligentes ; et les organisations sociales la réactivent afin de se donner une identité et une culture propres moins confuses. Elle est l'objet de toutes les préoccupations : des intellectuels, engagés dans une nouvelle découverte des lieux de mémoire ; des pouvoirs, gardiens plus attentifs des archives et du patrimoine, ordonnateurs de célébrations sans cesse multipliées ; des individus, soucieux de remédier à la fragmentation de leur trajet de vie et de s'inscrire dans une *généalogie*, d'échapper à l'emprise d'un temps générateur de crises inachevées.

Tout montre un besoin de mémoire collective redevenu vif, presque obsessionnel. Un manque qui entretient une quête jamais entièrement satisfaite, et qui a une fonction révélatrice. Plus inquiète, parce que trop peu ou mal orientée par la tradition et ses répétitions, cette quête est davantage exploratrice et lancée à la recherche de tout ce qui pourrait être support de mémoire. Elle en multiplie les manifestations. Elle prépare à voir autrement — sous l'aspect d'un héritage ayant une signification et une utilité présentes — les paysages, les espaces urbains façonnés par les générations successives, les œuvres conservées, les manières de faire et les instruments évocateurs des métiers anciens, les choses ordinaires et pourtant investies de valeur par leur appartenance au passé. Elle mène à reconnaître qu'un large ensemble de dispositifs mentaux, de montages symboliques et d'images, de modèles d'action et d'affection — transmis, mais masqués par les apports incessants et mobiles de l'actuel — continue cependant à informer les options et les comportements.

Les mémoires collectives ont une étonnante capacité de résistance aux assauts de l'Histoire ; durant les pires périodes, elles se protègent par le repli dans une vie en quelque sorte souterraine. Elles ont survécu à l'attaque et aux manipulations des totalitarismes : lorsque ceux-ci s'effondrent, elles surgissent et accèdent à une existence d'autant plus explosive qu'elles ont longtemps été refoulées. Elles résistent, ailleurs, au travail de déconstruction de la surmodernité. En effet, dans des situations où le lien social est affaibli, le rapport au passé tient lieu de remède à cette carence ; il lui est demandé de re-lier par le moyen d'une continuité valorisée, de donner un patrimoine en partage, même lorsque celui-ci reste générateur d'artifices d'interprétation, de disputes et d'affrontements. Sous l'éclairage de l'actuel, la mémoire collective en ses fonctions est envisageable sous deux aspects. L'un, plus objectif et techniciste : elle s'appréhende alors d'après le schème informatique ; par elle, une part des apports du passé est traitée, conservée, actualisable (ou programmable) selon les circonstances et les buts visés. L'autre, plus subjectif : alors, elle attribue au passé collectif, dans sa relation au présent, une place homologue à celle de l'inconscient individuel dans son rapport à la conscience. Dans les deux cas, le champ est doublement occupé et soumis à des effets mêlés.

Les figures du temps présent

Les ensembles sociaux, les temporalités et les espaces marqués par l'Histoire sont les trois références. Dans l'exploration des cultures et des mentalités, le temps apparaît, en raison des traitements dont il est l'objet et des fonctions qu'il accomplit, comme une composante et un révélateur. Il n'a pas d'existence propre, il est une création, il naît de la vie sociale dont il n'est pas séparable, il en épouse les dynamismes et les mouvements. Il se constitue d'abord à l'intérieur des limites du sacré, sous la forme du cycle des rites et des coupures qu'ils instaurent avec la vie profane. Il s'impose ensuite aux autres champs de l'activité collective, ceux de l'économique et du marché, du politique et du culturel, du public et du privé. Ses figures se multiplient et leurs relations en deviennent plus complexes. Selon les types de formation sociale et les périodes, l'une d'entre elles semble prévaloir, associée à la position dominante d'un groupe, d'un « ordre » ou d'une classe. Il est des formules laissant entendre que l'une des temporalités se subordonne toutes les autres et permet — selon l'expression de Durkheim — l'émergence d'une sorte de *temps total.* Temps de l'Église, du Prince, des marchands, des bourgeois et de l'intimité, des industriels et du travail. C'est la façon de signaler une accentuation, variable au cours des transformations de la société. C'est aussi une simplification. Les temps sociaux se présentent tôt sous la forme de la multiplicité, ils se diversifient à mesure que la complexité sociale s'accroît, ils sont soumis à l'épreuve des changements rapides et des bouleversements révolutionnaires. Les chemins qu'ils ouvrent, dès lors que leur tracé n'est plus d'abord régi par la nature et ses contraintes, le sacré et sa discipline, sont mêlés, plus confus, et les individus en règlent de moins en moins la pratique par la routine. Aujourd'hui, en phase de surmodernité, malaise dans la société et « malaise temporel » font couple. Le temps semble coupable, dévoreur à la façon du dieu antique ; il se situerait aux premiers rangs des préoccupations des Français selon une étude récente. Gaston Bachelard lui a conféré naguère la qualité de lien social majeur, le philosophe serait aujourd'hui moins assuré de vérifier son assertion par l'examen des situations actuelles.

C'est, globalement, la relation avec l'Histoire qui se brouille. Elle ne s'accorde plus à une double imputation de sens : manifestation d'une *direction* et d'une *signification* qui se donnent à découvrir et se découvrent au long du devenir des sociétés et des civilisations. Elle ne se vit plus comme un mouvement de progrès continu, d'unification, d'avancée vers la réalisation de mondes sociaux davantage propices au desserrement des contraintes et à l'accomplissement de la personne. L'Histoire paraît réduite au silence — elle ne dit plus, elle ne montre plus ce qui est à venir. Ce silence abandonne les individus à eux-mêmes, à l'obligation de produire continuellement leurs rapports sociaux et leurs significations, de remédier de façon constante et sans répit à l'*inachèvement* de toutes leurs œuvres.

Les historiens évaluent autrement l'utilité de leur discipline et l'accueil de leurs textes. L'histoire historienne ne croit plus à sa capacité de délivrer des leçons, parce que rien ne se répète jamais et que les analogies sont trompeuses. Mais sa tâche est d'identifier et d'évaluer les *déterminations* inscrites dans le passé, entretenues sur une longue durée, et par lesquelles des permanences souterraines se maintiennent sous la surface agitée des changements. Elle met au jour des systèmes de contraintes toujours là, des continuités que le volontarisme le plus radical ne peut dénier, sauf à construire des sociétés « contre l'homme » — ce que firent les régimes totalitaires de toutes les époques. L'histoire historienne définit cependant de façon plus actuelle son application au décryptage de ce temps. Elle présente son apport comme une contribution au travail de compréhension du mouvant, du complexe et de l'inédit par quoi se caractérise la surmodernité. Elle propose un éclairage du présent, elle veut être l'un des guides de l'interprétation dans les dédales que celui-ci lui oppose. C'est lorsqu'elle donne des clefs supplémentaires pour la lecture de l'événement et des moments cruciaux, des mises en mouvement par quoi les dynamismes d'ensemble de la société sont suractivés, des tournants et des périodes de transition qu'elle y parvient le mieux.

L'histoire historienne est productrice de *récits*, de narrations qui introduisent des principes d'ordre et du sens. Cet aspect de narrativité est d'autant plus accentué que les recherches dites *narratologiques* se sont développées au cours des dernières décennies ; non pas seulement en historiographie, mais aussi et surtout en philosophie et en critique littéraire, jusqu'au point où elles définissent un autre régime de la connaissance. C'est toute l'expérience humaine qui se trouve alors postulée intelligible dans le contexte des *histoires*. Selon un concept du phénoménologue Wilhelm Schapp, l'*empêtrement* dans des histoires, reliées entre elles par des liens d'une complexité déconcertante, s'étend de celles qui sont particulières à celle qui, universelle, les englobe toutes. L'histoire historienne propose les récits possibles, les « intrigues narratives » recevables et éclairantes. Pour ceux qui ne l'écrivent pas, mais y accèdent par le commerce des œuvres, elle est en raison de cette capacité une nourriture de l'imaginaire. Elle peut fonctionner à la façon des grands mythes abolis, restituer des certitudes, raviver des convictions et des attachements. Elle est sollicitable afin d'aider à un réenchantement, même illusoire ou ambigu, du présent ; elle entraîne au-delà de la pure nostalgie, parce qu'elle lui apporte un contenu plus riche. Elle permet aussi, non sans risque, le repli sur le passé ou la rétromanie, dans un mouvement qui fait de ce retrait l'homologue vécu collectivement de celui qui isole l'individu à l'intérieur des clôtures de la vie privée. Avec les tensions et les dangers qui naissent de tout enfermement.

Dans nos cultures où la technique, la marchandise et le spectacle prédominent, la relation avec l'Histoire se trouve aussi par ceux-ci mise en forme, traduite et révélée à l'usage des contemporains. La *commémoration* devenue passion européenne, notamment française au cours des deux dernières décennies, s'appréhende sous ces aspects. Elle marque l'entrée dans l'âge des anniversaires et des célébrations. Elle se substitue à des institutions de transmission culturelle en perte d'autorité ; c'est grâce à elle que les richesses du passé se trouvent exposées en de multiples lieux, comme jamais auparavant. Commémorer, ce n'est pas seulement prendre prétexte du passé pour débattre de problèmes contemporains, c'est aussi se donner les moyens de promouvoir les identités nationales et locales, affaiblies par l'incertitude, se doter des possibilités d'entretenir un minimum de solidarité alors que l'accord sur les valeurs fondamentales reste faible. William Johnston, historien de la culture, affirme sans aucune restriction que le culte commémoratif comble le vide laissé par la « mort des idéologies », par la déconstruction actuelle des savoirs, des doctrines et des styles. Il le montre servi par le concours des nouvelles techniques, puis concédé aux « entrepreneurs culturels ». Les traditions deviennent alors des marchandises, et la pratique des anniversaires un procédé de vente. Ce qui importe davantage en cette affaire, c'est la transformation subie par la narration historienne. Elle est d'abord donnée à voir et à entendre, spectaculaire, génératrice d'émotions immédiates et vécues en masse ; elle se situe en conséquence entre glorification et divertissement. Les événements du passé se découvrent par le moyen d'une multi-imagerie que l'on peut qualifier de *postmodernisée* ; elle entretient cependant le besoin dérivé de consommer les écrits des historiens s'y accordant, la fringale de littérature historienne le révèle.

La passion commémorative se double d'une passion *patrimoniale*. Alors que l'effacement, la banalisation et l'éphémère progressent, elle pousse à la multiplication des sauvegardes. Les moyens techniques en donnent la possibilité ; ils sont plus propices à la conservation matérielle des œuvres reconnues et des produits culturels plus ordinaires qui témoignent d'usages maintenant disparus ; ils permettent le stockage élargi et systématique d'archives, d'images, de paroles et d'informations. Ce que le passé a transmis se trouve repris par l'effet d'un processus d'accumulation conservatrice, exposé en des lieux de mémoire toujours plus nombreux, rassemblé en des « thèques » de plus en plus spécialisées. Le culte du patrimoine conduit progressivement à faire musée de toute chose et de toute pratique ancienne, d'autrefois et d'hier. Ce qui entraîne une vulgarisation, sinon déjà une dépréciation par inflation, des valeurs du passé. Les critiques de la muséomanie le constatent, et ils dénoncent les illusions du patrimonialisme ubiquiste. Les plus radicaux d'entre eux y voient une substitution à la mémoire vivante défaillante de mémoires artificielles ou, pis encore, un signe de la déroute d'une mémoire entraînée à sa perte dans les turbulences actuelles. L'héritage du passé importerait alors moins par son contenu — ce qu'il enseigne, signifie et valorise — que par ce qu'il donne à voir et à consommer. Les chemins brouillés de la mémoire ne conduiraient plus ainsi qu'à des simulations spectaculaires où les œuvres se dissolvent dans des apparences, dans des relations inconstantes que les modes régissent. En ce cas, la glorification s'effectuerait sans forte conviction, presque réduite à l'état de divertissement culturel, de système producteur des signes par lesquels se marquent les distinctions sociales, et de moyen ornemental à l'usage des pouvoirs en déficit de symbolisme propre à les transfigurer.

Ce double empêtrement de l'Histoire, dans la commémoration et le culte patrimonial, ne rend évidemment pas compte du projet qui tend à la faire disparaître par le cantonnement de l'homme dans un monde de nature, un univers cosmique où il ne serait plus que l'une des parties constituantes. Le refus radical de la modernité, l'hostilité au temps présent s'expriment dans le cadre d'un *écologisme philosophique* allié à une *eschatologie politique*. L'un et l'autre délogent l'homme de cette position où il se tient « comme maître et possesseur de la nature », selon la formule cartésienne ; l'un et l'autre marquent la rupture avec la vision anthropocentrique, et avec l'humanisme qui accomplit sa progression par le mouvement historique. Ils dénoncent la démesure (l'*ubris*) qui fait de celui-ci un générateur de désordre, un destructeur des harmonies de la nature. Ils visent à remettre l'homme à sa place, peut-on dire, élément *parmi d'autres* du grand système naturel nommé aujourd'hui biosphère ou écosphère. Dans un langage emprunté au mythe classique, ils entendent être les annonciateurs de la fin du règne de Prométhée ; la référence des sociétés qui se veulent libérées des puissances extérieures — celles du monde divin comme du monde naturel — et se font créatrices d'elles-mêmes, entreprenantes et accumulatrices. Ils rompent avec les modèles de pensée par lesquels l'Occident a accompli son accession à la modernité, notamment ceux des philosophes des Lumières, selon lesquels la culture et l'Histoire sont le propre de l'homme. La première est conçue dans cette perspective comme un *arrachement* à l'ordre de la naturalité, la seconde comme un effet de la *liberté* en lutte contre les déterminations et engendreuse de nouveaux possibles. Toutes deux conduisent à exalter la capacité humaine à créer, à innover en perfectionnant et faisant prévaloir une dynamique de l'avenir. L'écologie radicale, ou profonde, rejette cette position de conquête qui a réalisé une possession du monde dont les conséquences néfastes sont maintenant recensées. En termes philosophiques, elle déconstruit l'anthropocentrisme. Elle ne lie plus le bien humain à la soumission de la nature, mais au contraire à la reconnaissance de ses droits, à l'extension des « fins en soi » au-delà de la sphère de l'homme — selon la formule de Hans Jonas. Cette limitation de la liberté humaine, par une sorte de contrat de *responsabilité* passé avec la nature, a pour conséquence une inversion de l'Histoire et non pas son apaisement. Elle a pour visée, à sa façon, une fin de l'Histoire telle que plusieurs siècles de modernité l'ont produite. Avec cet objectif, la révolution projetée trouve son appui à l'intérieur d'une autre cosmologie, sur un grand mythe qui replace l'homme au sein d'un ordre du monde à nouveau découvert et respecté ; un monde où le flux de la vie ne serait plus menacé de tarissement.

C'est l'opposé de la *vision prospective* jugée nécessaire à la conquête du futur, celle qui s'est imposée durant les années soixante, puis a régressé. Un état d'esprit, disait-on, par lequel l'homme apprend à devenir davantage maître de son avenir ; il accède à la capacité d'identifier des *futuribles*, c'est-à-dire des événements dont la probabilité de réalisation est élevée. Il en résulte non pas une autre critique de la surmodernité, mais au contraire l'emploi des moyens qu'elle offre afin de parvenir à mieux anticiper et à mieux contrôler son cours. C'est une recherche, à la fois aventureuse et systématique, qui utilise toutes les techniques intellectuelles disponibles, qui identifie des faits, des indicateurs et des signes, des tendances et des dynamismes annonciateurs de *possibles*. Ses résultats s'expriment par la mise en forme de *scénarios du futur*, évalués et confrontés, à partir desquels les choix peuvent s'effectuer. Ce n'est pas une théorie, et moins encore une science de l'Histoire, qui gouverne ce travail à fonction anticipatrice, mais un art pratique qui allie la haute compétence techniciste à l'intuition et à l'imagination ; il relève du *techno-imaginaire* récemment apparu, et maintenant engagé dans une expansion colonisatrice des nouveaux espaces du savoir et de la culture.

Les décrypteurs du futur ont tôt découvert que celui-ci leur échappait alors qu'ils croyaient pouvoir le saisir. L'imprévisible, l'inattendu, le caractère erratique de nombreux événements, le désordre et le tragique ont trop imposé leur présence au cours des dernières années. Les prospectivistes ne renoncent pas pour autant mais ils se diversifient selon trois options dominantes. Les plus optimistes estiment que l'avenir proche reste malgré tout identifiable : une tendance puissante préfigure ses formes ; un ordre progresse, il s'accomplira à des niveaux supérieurs au-delà des bouleversements actuellement mal maîtrisés. C'est la double affirmation, dans les langages d'aujourd'hui, d'une confiance en ce travail que la raison effectue à l'intérieur du mouvement historique, et du refus d'appréhender le progrès comme un effet largement trompeur. La deuxième option introduit une dimension plus dramatique. L'avancée vers l'avenir s'effectue avec un accroissement de désordre qui multiplie les discontinuités, elle se fait en traversant des ruptures et des crises. Elle ouvre les alternatives, les possibilités de concevoir des formes différentes du rapport social, de la production culturelle et du pouvoir. La transition critique se vit comme éprouvante dans le présent et comme créatrice dans le futur ; elle est appréhendée sous l'aspect des morphogenèses et des déconstructions dont celles-ci procèdent. La troisième option accorde une plus large part à la liberté vigilante, au choix et au pragmatisme. Elle associe l'avenir à plusieurs états possibles, qui manifestent la complexité du monde actuel et le jeu de l'incertitude, entre lesquels les préférences et la volonté collectives peuvent trancher. Une formule définit cette façon de voir : *société de bifurcations*. Ni une seule ligne déterminant le sens du parcours historique, ni un seul choix décisif durant les temps de crise. La sélection des possibles s'effectue successivement et sans répit — en montrant que le social est soumis à la nécessité de se produire continuellement. Une image exprime ce mouvement, celle du trajet qui se déroule de croisement en croisement tout en visant un terme lointain, encore imprécis et dont l'atteinte n'est pas entièrement sûre. Derrière cette figure, une autre se cache : le dédale et, avec lui, la séquence des décisions auxquelles il contraint afin d'éviter les pièges et de parvenir au but.

Le brouillage des horizons temporels, ceux du passé et ceux du futur, se retrouve dans les temporalités vécues. Les repères deviennent plus confus et la pression du présent plus forte, l'instant, l'actuel immédiat prévalent, et ils induisent la dé-historicisation des temps sociaux fragmentés. C'est, là encore, la multiplication des incertitudes qui se révèle au premier abord. Et d'abord celle dont l'individu a l'expérience. Son parcours de vie s'accomplit selon une chronologie fluctuante : la jeunesse se prolonge dans une sorte de post-adolescence, la vieillesse est repoussée et se divise elle-même en plusieurs âges, la période de maturité associée à l'activité ne permet plus d'accorder au temps du travail une position centrale et une fonction structurante dominante. Un ensemble de facteurs aux effets cumulés éloigne toujours davantage des époques — dont l'âge industriel — où le temps de vie se diluait dans le temps de travail, où celui-ci imposait aux autres temporalités son cycle annuel et ses régularités quotidiennes. Il régresse à proportion des gains de productivité, il cède une place croissante au temps libéré. Il ne se légitime plus par des valeurs fortes et largement partagées, jusqu'au point du déclin où la morale du travail s'efface au profit de l'exigence de libre réalisation personnelle. Cette dévalorisation accompagne les mutations du travail : le capital et les automates le remplacent progressivement, la compétence qu'il requiert se déprécie par le jeu de l'obsolescence rapide, les emplois qu'il offre deviennent moins accessibles parce qu'il est traité comme une marchandise se raréfiant et soumise à la loi de la concurrence. Le chômage est de nouveau son horizon dramatique. Rien n'est sûrement acquis ; la gestion du cycle de la vie individuelle est plus aléatoire, celui-ci se segmente et prend l'aspect d'une avancée par étapes rapprochées et en partie aveugle. Le présent l'emporte sur la durée, la soumission à l'immédiat sur l'anticipation qui définit des objectifs personnels probablement accessibles.

Cet effacement manifeste aussi le changement des façons de se représenter le temps, de le produire et de l'utiliser. Les sciences et les techniques font paraître ses figures les plus fantastiques, les moins accessibles à la connaissance ordinaire. Il se découvre illimité dans les vulgarisations relatives au cosmos et aux explorations de l'espace, rétracté jusqu'au moment le plus bref dans le savoir vulgarisé reçu de la physique expérimentale des nouveaux éléments, des particules et, banalement, dans la pratique des machines informatiques à traitement instantané d'informations nombreuses et complexes. Il semble s'abolir dans la considération de ces deux extrêmes, l'infiniment grand et l'infiniment petit. L'économie fait du temps le premier de ses instruments, elle lui attribue une valeur croissante alors que les pratiques sociales, culturelles, religieuses disposent moins de cette capacité de le valoriser. Elle lui donne le statut d'objet de rentabilité, de marchandise. Elle le traite comme un moyen technique d'importance primordiale dans les processus d'innovation et de production. Elle le crédite d'autant plus que la vitesse et la performance sont les deux conditions de la survie dans un univers économique où la concurrence s'exaspère. En ce sens, le gagneur est le *type idéal* des acteurs de l'économie les mieux à même d'associer le savoir-faire, le sens de l'opportunité et la soudaineté de l'action décisive. Le court terme et le pragmatisme importent davantage que les engagements de moyenne et surtout de longue durées, la rapidité de l'information et la vitesse de la décision servent les manœuvres du capital financier et de la spéculation.

La culture de masse, dominée par le visuel, les images, transformée par l'entrée dans l'âge de la « vidéosphère », exerce une influence dont l'effet est quotidien, régulièrement répété. Cette relation transforme l'expérience de la temporalité. Elle bouleverse la conjugaison du temps et de l'espace : les médias placent dans une situation d'ubiquité, ils font apparaître immédiatement ce qui se passe ailleurs, quel qu'en soit l'éloignement. L'information télévisuelle traite chacun des événements comme un moment dramatique. Ceux-ci se succèdent en se chassant les uns les autres, ils donnent la conscience de l'instant, ils s'inscrivent peu à l'intérieur d'une chronologie, tout au plus d'une répétition. Lorsque la télévision, comme aux États-Unis avec certaines chaînes de large audience, s'attache à la diffusion en continu des reportages qui fixent immédiatement les événements du monde, elle ouvre peu l'accès à l'Histoire en voie de se faire. Elle introduit dans une séquence ininterrompue d'images et de messages où le temps se dissout, elle ne lie guère par du sens, mais par un enchaînement de caractère spectaculaire. Les images de création et de fiction anticipatrice, bien que plus rares, rendent confus les repères temporels. Les premières, essentiellement celles qui sont dites de synthèse, engagent dans un univers simulé, capable de métamorphoses infinies, où se manifeste une autre expérience du temps. Celui-ci est perçu comme « ouvert sans fin ni commencement », comme une succession de moments déliés de tout passé et de tout futur inéluctable ; seuls comptent l'instant et sa genèse de formes, d'images. Avec les œuvres de fiction scientifique, le temps devient en quelque sorte paradoxal, il illustre les paradoxes de la physique théorique en les grossissant. Son écoulement peut être arrêté et entretenir l'illusion d'un perpétuel présent, être inversé et permettre de retrouver le passé ou de venir du futur. Parfois, il se découvre sous la forme d'un labyrinthe dont il faut apprendre les détours et déjouer les pièges. Cette figuration par le dédale est la plus révélatrice, elle exprime le rapport problématique aux temporalités actuelles, celles que la surmodernité produit. Alors s'accomplit pleinement l'éclatement du temps unifié, la dispersion ruinant la conception entretenue selon une longue tradition.

Plus ordinairement, ce sont le flash, le spot, le clip qui traduisent maintenant en images et en rythmes la relation vécue au temps. Ils le concentrent, ils convertissent la brièveté en intensité, ils font de l'instant émotionnel un moment qui se suffit et n'a pas à être situé dans la durée. C'est l'illustration outrée d'une temporalité qui se vit d'abord sous le régime de l'éphémère. Elle sépare des lenteurs et des régularités que les cycles naturels ont imposées, du temps des processus qui se répètent et sont peu modifiables. Elle les brouille aussi, et d'autant plus aisément que les artifices, la capacité technicienne, savent de mieux en mieux les infléchir, les commander : les saisons de la nature et celles de l'homme, selon la vieille métaphore, ne sont plus clairement distinctes.

L'univers à trois composantes — ville, technique, communication — gouverne toujours davantage les temps sociaux. Il les artificialise de façon croissante. Il fait apparaître un écart entre les générations arrivées lors de son expansion et les autres ; le malentendu entre celles-ci et celles-là exprime pour une part un rapport différent à la temporalité, si bien que le temps commence à devenir un *enjeu conflictuel.* Pour les plus jeunes, l'éphémère, le nouveau et ses modes, le changement et la précarité, la vitesse et l'intensité, le discontinu et l'immédiat participent de la nature des choses. Leur culture et leurs pratiques en sont informées et elles en tirent leur mouvement propre. Elles s'accommodent mal du temps répétitif, routinier, du temps vécu au ralenti et à effet trop différé, elles livrent aussi le désir, l'affectivité, les relations électives, les passions à l'emprise d'une mobilité exigeante. L'attente s'efface devant l'*urgence.*

Cette dernière manifeste de façon plus générale un mode d'être du temps, indépendamment de ce qui s'appréhende comme accident, crise soudaine ou catastrophe. L'urgence est révélatrice d'une époque où l'imprévisible pèse davantage par sa fréquence, d'un environnement technique à évolution rapide où s'accélère le rythme des adaptations, d'un gouvernement des hommes qui se sait plus assujetti aux circonstances, aux fluctuations et à l'incertitude. Elle est aussi révélatrice de rapports sociaux où l'individu prévaut sur les collectifs, et devient plus opportuniste parce qu'il voit le présent sous l'aspect d'une conquête jamais entièrement acquise. Au temps du salut des cultures à transcendance, au temps du devoir des cultures à morale laïcisée, paraît avoir succédé le *temps de l'opportunité.*

La temporalité de la surmodernité marque l'entrée dans une ère culturelle nouvelle, tout autant que le bouleversement des relations établies avec l'espace. Les temps sociaux se divisent, se diversifient selon les situations mouvantes où ils opèrent, se constituent dans la fluidité parce qu'aucun d'entre eux n'impose sa dominance et une relative continuité. Ils entrent dans des conjugaisons peu stables, ce qui contribue à renforcer la conscience d'un envahissement par l'immédiat. Une conscience avivée par le fait que les temps structurants de naguère — ceux du travail, du sacré, des liturgies civiles — ne le sont plus de façon absolue. L'homme surmoderne, dès lors qu'il échappe aux contraintes purement chronologiques, pourrait à la limite se découvrir en condition d'étranger au temps, dépossédé ou en état d'a-temporalité. Ses horizons sont confus ; collectivement, il ne se saisit plus situé dans le cours d'une Histoire relativement unifiée et d'orientation positive ou plus hasardeuse, néanmoins capable d'ouvrir des alternatives déjà identifiables et souhaitables ; individuellement, il n'a plus la vision claire d'un trajet de vie brisé par les aléas répétés et dépourvu du sens que lui donnait naguère une relation avec la mort aujourd'hui escamotée. Il accorde davantage de prix à l'instant et aux jouissances que celui-ci rend accessibles. Ce temps-là nourrit un individualisme opportuniste et hédoniste, mais le manque de perspectives est éprouvé. La recherche des lieux de mémoire, de ce qui contribue à un rattachement historique, montre que ce dernier est considéré comme nécessaire à la formation de l'identité et de liens d'appartenance moins fragiles. La revendication d'un temps plus libéré s'interprète comme la recherche de conditions propices à des activités plus autonomes, mais aussi comme le désir d'un temps « à façonner » et à charger de significations, ouvert à la créativité personnelle et à l'innovation, capable d'accorder à l'individu une part d'initiative dans la construction du devenir commun. En ce sens, le temps acquiert une valeur politique, il se convertit en une visée qui peut contribuer à desserrer les contraintes de l'immédiat, et qui tente d'ouvrir les espaces privés incitant au repli et à la clôture.

Les vrais et les faux génies des lieux

L'espace s'appréhende en tant que catégorie et réalité matérielle. Les philosophes, Kant principalement, en traitent comme d'un principe de l'entendement, d'une des formes de la connaissance, d'un outil de la production théorique au même titre que le temps, auquel il est lié. Les sociologues le considèrent sous le double aspect d'un produit de la société et d'un producteur du social : cadre à l'intérieur duquel les hommes se répartissent et organisent leur mobilité, support de leurs œuvres matérielles, de leurs pratiques et de leurs représentations, registre conservant les inscriptions du passé et nécessaire à la formation de la mémoire collective. Dans sa relation à l'espace, par son travail présent et celui des générations antérieures, l'homme crée des *lieux*. Ils résultent de cette socialisation continue, de l'accumulation qui s'effectue au cours du temps et de l'usage qui en est fait dans le présent. Ils sont l'objet d'une connaissance immédiate, sensuelle, émotionnelle et imaginaire, d'un rapport qui se constitue en attachement, et avec la durée en enracinement. Par eux, l'espace révèle les alliances dont il est le moyen et aussi l'effet, dès lors qu'il porte la marque sociale. Il allie la nature, l'Histoire transformatrice, l'œuvre actuelle des hommes, inscrite dans l'ordre de la matérialité, dans celui du symbolique et des configurations mentales. C'est cet ensemble de produits et de relations qui le qualifie, et en fait, selon la formulation de Merleau-Ponty, un « espace existentiel », où s'effectue dans le « rapport avec un milieu » une « expérience de relation au monde ».

Les anthropologues, parce qu'ils traitent surtout des sociétés à forte emprise de la tradition, ont centré leur attention sur les espaces les plus qualifiés, ceux que Marc Augé désigne sous l'expression « lieux anthropologiques », en leur conférant une triple fonction : identitaire, relationnelle et historique. Il les envisage aussi sous l'aspect de l'idée « partiellement matérialisée » que se font ceux qui les habitent « de leur rapport au territoire, à leurs proches et aux autres ». Soit, puisque l'anthropologie aide ainsi à mieux définir les *non-lieux* dont la surmodernité est une force multiplicatrice. La simple opposition ne suffit cependant pas, tant la considération spatiale est indissociable de l'interprétation des sociétés et des cultures dans leur complexité et dans leurs transformations historiques. Toute sociologie est aussi, par nécessité, une *topo-logie.* La richesse et les variations des vocabulaires en témoignent. Les toponymes donnent une identité aux lieux, même à ceux que la banalité ne différencie guère. Les lexiques scientifiques et techniques ont un mouvement propre qui accompagne, par ajustement et accumulation des termes, les changements affectant les territoires, les terroirs, les pays et les paysages, les régions, les villes et les agglomérations, les domaines publics et privés. Les emplois métaphoriques de la référence spatiale s'additionnent en se diversifiant, en s'appliquant à tous les secteurs d'activité — économiques, sociaux, judiciaires, politiques, culturels. Désormais, l'espace est en quelque sorte présent par excès, au point de figurer dans les identifications les plus ordinaires. L'inventaire des expressions où il entre en combinaison semble relever d'un jeu sans fin : depuis espace vert, espace-loisirs, espace-cuisine... jusqu'à espace aérien, maritime, espace publicitaire, espace judiciaire, espace humanitaire... Cette prolifération lexicale est révélatrice, au-delà de son propre degré de pertinence. Elle rend manifeste l'accent porté sur la *fonction instrumentale* de l'espace, au détriment de ce qui le constitue en tant que lieu. Elle montre aussi ce qui le lie aux organisations, ce qui régit son *aménagement* en conformité avec ces dernières, avec l'expansion bureaucratique et réglementaire. Elle désigne, peut-être davantage, une forme de société et de culture où le *mouvement* prévaut ; alors, les lieux importent moins que l'espace où s'effectuent la circulation, les parcours, les déplacements, les voyages et où toute évaluation se fait selon le temps nécessaire à leur accomplissement. Une preuve en est donnée par les réactions face aux encombrements, aux événements et aux accidents qui détraquent l'ordre circulatoire. Le chaos et l'insupportable deviennent les figures d'une société littéralement bloquée. Dans un univers véhiculaire, l'arrêt de mobilité acquiert une valeur totalement négative, critique.

Le terme *local*, malgré l'indication étymologique, ne désigne pas nécessairement des lieux fortement qualifiés selon l'acception donnée par l'anthropologie. C'est possible, à condition que le temps, l'histoire localisée aient permis à la vie collective organisée à l'intérieur d'un espace délimité, d'un territoire, de se différencier et d'acquérir une individualité propre. En ce sens, le village ancien, dont tous les repères et marquages sont maintenus, est par excellence la forme du local. Les usages actuels du terme écartent de cette interprétation ; lorsque les pouvoirs locaux sont d'une certaine façon opposés à ceux du centre, valorisés par ce qui est justement qualifié de « décentralisation », c'est la répartition des capacités et des responsabilités, la distribution spatiale des pouvoirs qui se trouvent ainsi désignées ; lorsque les grandes entreprises, par calcul économique, accomplissent une « délocalisation » partielle du travail et des services, c'est à une autre répartition spatiale des fonctions et des charges qu'elles procèdent — alors, la structure de *réseau* se renforce par rapport à celle qui définit le site, le lieu d'établissement de la firme.

Il est un autre aspect, plus significatif. La promotion du local, a-t-on dit, a pour raison principale l'incertitude quant à « la pertinence analytique de la catégorie Ville » ; moins celle-ci paraît définissable, plus il est fait appel à celles d'espace (urbain), de localité et de localisation (activité), de secteur ou zone, et de réseau (circulation et communication). L'idée de la *bonne ville*, telle qu'elle apparut à partir du XIIIe siècle et se formula au XIVe, ne pourrait renaître ; elle mettait en valeur le caractère organique et la cohésion de la cité, les conditions propices aux progrès de l'urbanité. Maintenant, la ville, lorsqu'elle n'est pas le produit d'une longue histoire génératrice de lieux de mémoire nombreux et de foyers symboliques multiples, apparaît à la fois peu et trop définie. Elle devient une agglomération aux frontières souvent confuses. Elle n'est plus identifiable d'un seul regard et se montre dans le morcellement. Elle subit une sorte d'évanescence en raison de son extension continue — même lorsque se maintient la différenciation multiséculaire d'un intérieur (le centre), d'un extérieur (les quartiers) et d'une périphérie progressivement repoussée. Elle engendre des banlieues qui sont ses confins, parfois qualifiées de façon toute négative comme des « non-villes », des espaces où les « cités » ne semblent ainsi nommées que par antiphrase. A l'inverse, la ville est trop définie lorsqu'elle résulte de la vision d'un monde ordonné et normalisé, lorsque l'espace y est soumis à une forte volonté de rationalité. Elle devient alors une « ville nouvelle », détachée de tout passé, la réalisation approchée de ce dont rêvait Le Corbusier : un « urbanisme lisse » capable d'abolir le temps historique. Même les villes dressées comme une anticipation, une proclamation matérialisée du pouvoir de conquérir le futur — ce qui est le cas de Brasília — parviennent mal à entretenir une véritable vie urbaine. Cette ville de tous les artifices est moins faite pour résider que pour illustrer, et rassembler avec apparat les organismes nécessaires au fonctionnement d'une grande et ambitieuse capitale politique.

Tous les lieux qualifiés ne sont pas convertis en lieux de mémoire au sens où l'entendent les historiens. Il faut qu'intervienne cette double opération bien désignée par Pierre Nora : la recherche des « signes visibles de ce qui fut », et donc l'accord entre ceux-ci et l'attente qu'ils doivent satisfaire ; le désir non pas de se situer dans le cours d'une histoire, de déterminer une position dans l'espace et le temps, mais de *déchiffrer* « ce que nous sommes à la lumière de ce que nous ne sommes plus ». Les lieux de mémoire, selon cette acception, sont ceux qui permettent — par la différence dont le passé nous livre les éléments, et qui nous est propre, alors que la différence exotique nous est par définition étrangère — d'éclairer une identité incertaine d'elle-même. Ce qui fait mémoire dans cette interprétation, c'est ce qui produit de l'identité individuellement et collectivement, même au prix d'une auto-illusion. Il s'agit moins de se réapproprier une part de l'histoire commune, un héritage, que de *se définir* à partir de ce qui lui est emprunté ; ou de le tenter.

La surmodernité, dans sa relation active avec l'espace, doit être envisagée sous trois aspects quant à ses effets les plus significatifs : la *déqualification*, la *déréalisation* et la *virtualisation*. Le premier est désigné, désignable, par une formule de Georges Perec : « espèces d'espaces », qui évoque ainsi ceux d'entre eux qui sont pauvrement spécifiables. Ils ne le sont en fait que d'une façon surtout fonctionnelle, par ce à quoi servent les constructions qu'ils supportent. Ce sont les quartiers où se dressent les tours qui abritent par agrégats les bureaux, les sièges d'entreprises et les administrations, les services, où les résidences n'occupent que les interstices, où sont tracés — selon l'expression de Richard Sennett — des « espaces neutres » jouant le rôle d'écrans peu propices au contact social, et qui nécessitent la présence d'une œuvre monumentale comme signe distinctif. Ce sont les périphéries et banlieues où s'accumulent les « logements » par corps de bâtiments élevés, alignés, répétés, dont les dénomination plaisantes ne sont que des leurres grossiers, où l'addition des espaces d'habitation engendre plus des servitudes de coexistence que des moyens d'existence collective et de socialisation. De ces espaces-là, les génies des liens paraissent absents ou néfastes. Ces réalisations peuvent être vues comme les homologues en urbanisme de ce que sont les *multiples*, reproductibles et reproduits en grand nombre par l'art moderne pop. Et aussi, en portant l'attention sur la fonction et la rationalité appliquée à la servir, comme des équivalents d'instruments mécaniques : des « machines à habiter », disait Le Corbusier, qui a d'ailleurs reconnu en Manhattan, lors de son premier voyage à New York, « un merveilleux jouet mécanique ».

Les *non-lieux*, présentés avec une minutie descriptive et une subtilité interprétative par Marc Augé, illustrent d'une certaine façon le contre-type du « lieu anthropologique ». Ce sont notamment ceux qui contribuent à la circulation et au transport (autoroutes, installations des compagnies aériennes et des services ferroviaires à grande vitesse), ceux qui permettent le transit des personnes, les passages, et ceux qui réalisent la grande distribution d'un nombre croissant de produits. Ils ont, eux aussi, pour caractéristique d'être d'abord fonctionnels, et de plus, d'être banalisés par une standardisation quasiment internationale. La modernité ostentatoire y est normalisée, elle multiplie les semblables. Les aérogares, les hôtels des chaînes spécialisées dans les séjours courts, les complexes commerciaux se retrouvent à l'identique — à quelques variantes près — en toute région et en tout pays. C'est si apparent que l'étranger de passage, dépaysé par les *vrais lieux* de l'endroit, se trouve en familiarité avec ces *lieux standards* ; il les reconnaît, il en a assez aisément l'usage. Ils sont, ainsi considérés, des *espaces sociaux basiques*, à la façon d'une langue basique qui rend possible, en raison de sa vaste extension et de son étroit registre de significations, une intercommunication minimale.

Les non-lieux relèvent aussi de la comparaison machinique, et d'autant mieux qu'ils incorporent des dispositifs automatiques, qu'ils sont pour la plupart des serviteurs de la mobilité et de la vitesse. Les autoroutes en apportent la preuve, en quelque sorte par destination. Elles sont des machines à circuler, plus librement et plus rapidement. Elles donnent des paysages une vision animée, accélérée et panoramique, elles détournent de ce qui contredirait leur emploi — les lieux d'intérêt qu'elles évitent et signalent par des indications sommaires. Elles ne font place qu'aux lieux fonctionnels normalisés, postes de service et aires de repos, et aux quasi-automates, péages, stations d'approvisionnement et de dépannage, points de restauration rapide. Elles permettent, comme les engins et les instruments, d'utiliser le design industriel à la parure de leur fonction. Les non-lieux cumulent la caractéristique d'être ceux où l'on passe (ce qui leur donne la possibilité d'être faiblement qualifiés, mis en conformité banalisante) et celle de requérir de leurs usagers des conduites que l'on peut dire machiniques, d'en faire des opérateurs et peu des individus singularisés. C'est pour cette double raison que les grands centres commerciaux relèvent de la catégorie, bien qu'ils présentent un *spectacle des choses* et qu'ils soient propices aux brèves rencontres : on ne fait finalement qu'y passer, réduit à l'état de l'acheteur livré à la tentation des produits, à ses propres calculs et engagé dans un processus quasi machinal où l'identité personnelle s'efface. On a justement évoqué à ce propos les gestes du « commerce à la muette », cette forme archaïque de l'échange.

Sous l'effet du temps, les non-lieux ne le restent pas entièrement. Ils s'inscrivent dans un paysage social ancien et plus large. Ils finissent par façonner des habitudes. Ils sont soumis, eux aussi, à ce travail que Michel de Certeau a qualifié d'« invention du quotidien » ; et par cela, ils acquièrent quelque qualité. Ce qui conduit à reconnaître deux des formes de la réappropriation de l'espace, actuelle mais en relative continuité avec les pratiques passées : la constitution progressive, lente, des non-lieux en lieux davantage qualifiés, la revalorisation des lieux banals par une meilleure intégration de ceux qui, plus anciens, chargés de significations et répertoriés, sont institués lieux de mémoire.

La surmodernité multiplie les modes de la relation à l'espace qui la spécifient encore davantage. Et tout d'abord, ceux qui mettent l'homme d'aujourd'hui en rapport — et sous effets de dépendance — avec l'univers des *réseaux*. Un monde à la fois constitué de matérialité, de dispositifs techniques complexes et d'« immatériaux », comme on a pu le dire. Un monde où la fonction de communication prévaut, où l'information et la vitesse donnent aux opérations effectuées leur valeur, déterminent leur niveau de performance. L'espace s'y trouve à des degrés variables *déréalisé* ; il devient celui des mouvements, des déplacements, des transferts, de la circulation des hommes, des choses, des services et des messages. Il se réduit par contraction, il s'efface à proportion des gains de rapidité, à l'image de ce qui se découvre dans le voyage supersonique où les paysages particuliers échappent au regard et où la distance semble presque annulée. Le réseau relie, connecte, en se constituant *contre l'espace*. C'est facilement observable dans le cas des systèmes de transports aériens et terrestres à « très grande vitesse ». L'évaluation kilométrique disparaît derrière celle qui est la mesure de la durée du parcours ; cette dernière détermine désormais les tarifs différentiels, elle donne au temps une pleine valeur marchande.

Les pays des grands espaces « sauvages », dépourvus de communications matérielles, relient désormais les groupements dispersés par les systèmes de télécommunication. La situation d'une capitale isolée géographiquement par choix, perdue dans une étendue non encore conquise comme l'est Brasília, ne parvient à être viable que dans la mesure où l'espace est aboli. La conjugaison de réseaux — ceux par lesquels circulent rapidement les personnes et les produits, ceux qui associent les divers médias, ceux qui ont la charge des opérations effectuables *à distance* — permet d'effacer l'éloignement. Brasília n'est, ne se maintient, qu'en état de communication généralisée, en substituant celle-ci à un vaste espace qui sépare et impose l'obstacle de l'enfermement.

Les réseaux contribuent à la formation d'un espace composite, à la fois présent (encore lieu) et absent (remplacé par les mises en relation invisibles). On le vérifie avec la réactivation actuelle du télétravail, cette activité hybride qui allie la tâche à domicile et les ressources de l'informatique et des « télécom ». Les entreprises y recourent pour des raisons économiques, en faisant accomplir *à distance* des services sous-traités : secrétariat et courrier, traduction, comptabilité et gestion, archivage et stockage de données. Le réseau de liaison rend indifférente l'implantation éloignée de chacun des deux sites : celui de l'entreprise qui délègue, celui du « techno-site » qui réalise les opérations. La relation s'établit par les machines sans que les personnes aient à se connaître, sans que la séparation fasse barrière. Le tiers médiateur, réducteur d'espace, est un être technique programmé. C'est lui qui permet aussi la délocalisation d'activités productives, matérielles, transférées dans des pays où la rémunération du travail se fait à un moindre coût. C'est lui qui rend possible l'apparition de ces entreprises dites *virtuelles*, nées d'« alliances électroniques ». Elles se forment sans direction centrale, sans intégration verticale ni organisation particulière, *dans la dispersion*, afin de coaliser des compétences complémentaires et de viser des objectifs nouveaux d'intérêt commun. Chacune des entreprises déjà existantes y apporte ce qui lui est propre : l'une la conception des produits, l'autre la capacité de fabrication, et l'autre encore la connaissance du marché et la prise en charge de la vente. On a pu comparer ces conjugaisons aux assemblages d'éléments audiovisuels de facture différente et rendus compatibles. La technologie lie, incorpore une efficacité croissante, introduit la rapidité, elle « virtualise » l'espace de coopération où les activités s'accomplissent.

Le *génie des réseaux* (formule de Marc Guillaume) éclipse les génies des lieux. Il met les nouvelles techniques au service de la vie quotidienne et en allège les astreintes. Il associe l'intelligence des artifices aux endroits. Il transforme les façons de les pratiquer, comme le suggèrent les néologismes étranges qui désignent l'irruption de ces artifices dans les logements (domotique), les grands immeubles (immotique) et la ville (urbatique). Il donne la possibilité d'agir sans se déplacer, par le truchement des télémédiateurs qui travaillent sans entrave spatiale et effectuent, de manière de plus en plus ordinaire, les tâches d'information (Minitel, télématique), d'expédition (fax, messagerie informatique), d'achat et d'opération financière à distance. Les réseaux numériques universels — qui transmettent voix, textes, images et données, comme le Numeris français — permettent de prévoir la multiplication de ces services indifférents à l'éloignement. Mais la pratique la plus banalisée reste l'usage quotidien des médias, et notamment de la télévision. De cette dernière, tout a été dit, y compris qu'elle peut devenir une « folle du logis » dont l'emprise se renforce avec la densification des réseaux, la prolifération des chaînes qui donnent accès à un nombre croissant de paysages audiovisuels. C'est la plus populaire des machines capables d'abolir la réalité matérielle et sensible de l'espace ; n'importe quel événement — information ou programme — devient diffusable n'importe où. Par elle, la société de la communication s'identifie d'abord en tant que *société de l'ubiquité* (expression de Jean Cazeneuve). L'immédiat remplace la durée, le différé. Tous les lieux sont en principe rendus proches par l'écran cathodique. Les espaces des hommes, en ce qu'ils ont de concret, de vie commune incorporée, s'affadissent en accédant à la réalité écranique.

Réseau est, comme espace, un mot à tout faire. La notion est omniprésente, elle ne désigne pas seulement une catégorie de techniques et leurs fonctions spécifiques, elle apparaît dans la plupart des disciplines, elle alimente en métaphores. Elle perd en précision ce qu'elle gagne en extension. Elle souligne cependant des caractéristiques conjointes propres à un mode d'action, ou à un état dynamique, qui met en œuvre des processus cachés par lesquels se réalisent des liaisons, des connexions multiples, et s'effectue la *circulation*. L'univers des réseaux est celui où l'homme contemporain se trouve pris, toujours davantage ; ses pratiques, son mode de vie, ses liens sociaux en sont continuellement modifiés. Ce qu'il importe de rappeler, c'est l'ensemble des effets exercés sur les façons d'être en rapport avec l'espace et de se le représenter. Et tout d'abord, cette situation apparemment paradoxale : les réseaux matériels servent la *mobilité* des personnes et des choses, ils réduisent les distances à proportion de leur efficacité, ils rapprochent en rendant les lieux mieux et plus vite accessibles, alors que les réseaux immatériels servent l'*immobilité* en laissant opérer les télémédiateurs qui assurent la circulation invisible et livrent ainsi à domicile. En ce cas, la proxémie est totale, l'extérieur est introduit et accueilli par la machine à communiquer. Les conséquences sont de deux sortes. La confusion des frontières entre les lieux de l'intimité et le dehors, entre l'espace privé et l'espace public s'accomplit. L'appréhension du spatial par l'intermédiaire des images comme lieu représenté l'assimile à une scène où se déroulent des événements également figurés ; ce qui en fait d'abord une opération mentale, une réalité abstraite sur laquelle se greffent des émotions. L'espace n'est pas rencontré dans une expérience immédiate, il est soit aboli par les téléservices, soit visualisé sans que chacun ait à y introduire sa propre présence. Il se trouve, de plus, totalement placé sous le gouvernement du regard, dépourvu de ses retraites et de ses secrets par l'intervention de systèmes de télé-observation devenus inquisiteurs. L'appropriation panoptique de l'espace subvertit les usages qu'en ont eus les hommes jusqu'en ces récentes années.

La *virtualisation* des lieux introduit une coupure déroutante, elle brouille la distinction entre le réel et le réel virtuel. Elle est le produit de la technologie des images nouvelles, celles qui sont dites numériques ou calculées et celles qui sont créées par mixage. Toutes possèdent la propriété d'être transformables par programmation, malléables, et de pouvoir voyager. C'est par elles que se constitue l'univers du virtuel et de la *télévirtualité*, monde d'une autre nature que celui, désormais familier, qui se manifeste par le cinéma d'animation et les effets spéciaux. Des environnements virtuels sont créés, emplis de choses qui le sont tout autant, animés par des *vacteurs* (personnages humains simulés) associables à des acteurs réels. Ainsi, Matt Mullican, producteur de *City Project*, a-t-il pu donner l'existence par simulation à une ville entièrement imaginaire, à l'intérieur de laquelle on peut se promener virtuellement en actionnant les données du programme. A un niveau technique supérieur, il devient possible d'être présent physiquement dans un milieu simulé, en relation d'interaction avec les figures et les objets virtuels qui s'y trouvent, à la condition d'avoir l'équipement nécessaire à l'« entrée » dans les images et à la commande des interactions. L'illustration la plus spectaculaire a été la reconstruction immatérielle, par engendrement d'images à effet réaliste, fidèles, de l'abbaye de Cluny détruite pendant la Révolution. Deux personnes réelles, mais fort éloignées, ont pu la « visiter » ensemble — leurs déplacements dans cette enceinte sacrée, leurs commentaires et les lieux ont été donnés à voir et à entendre à un public de spécialistes, puis vulgarisés par les télévisions. Double voyage, dans un espace religieux disparu et dans le temps du passé, effectué par des gens d'aujourd'hui que l'image seule réunit.

Le double dépaysement

La surmodernité soumet à l'*excès*. Elle ne cesse de multiplier, de diversifier les formes de l'expérience humaine, de la lancer dans l'*inédit* en la contraignant à se l'approprier, sans répit. Elle la conduit sur des chemins brouillés où l'espace et le temps ne sont plus définis par des repères familiers, ils deviennent ensemble des générateurs de dépaysement. Le moment et son lieu, le *hic et nunc*, entretiennent une sorte d'alliance dans la discontinuité, au prix d'une fragmentation de la vie, d'une incertitude quant à la définition de soi.

L'identité propre requiert une mémoire et la constante possibilité de se situer, de maintenir des relations vives faites de présence et de paroles directes, non établies par des médiations artificielles ou déqualifiées par les effets de masse. Les *voisinages virtuels* — ceux qui se constituent par les réseaux, et non par l'interaction dans la proximité effective, comme l'*Electronic Neighbourhood* de certains New-Yorkais — engendrent une socialité ludique plus qu'une socialité effective. Jeux de fausses rencontres et d'interactivité avec artifices.

L'insuffisance nourrit la recherche de ce qui peut aider à la réduire ; le temps est à libérer et les lieux doivent être réhabilités, selon les formules des experts. Dans l'attente de cette réalisation, le bricolage individuel et collectif permet une petite réappropriation. L'attachement ravivé au chez-soi, à l'espace privé, et à l'entre-soi, aux groupements d'affinité, est l'une de ses formes. Chacun devient alors un peu plus maître de ce qui apporte une part de qualité à la vie quotidienne, avec le risque du repli sur ce qui est particulier et exclusif. L'ouverture s'effectue par la pratique des espaces publics lorsqu'ils ne sont pas réduits à l'état de pseudo-lieux : une socialité minimale s'y établit, entretenue par des habitudes, des rites, des échanges de paroles. La relation aux autres s'organise, se renforce par des intérêts et des activités partagés, lorsque les associations, maintenant nombreuses, relient les hommes à des endroits et à du passé, au-delà de ce qui définit leurs fonction et utilité présentes. Ces éléments conjoints contribuent à maintenir des lieux partiellement qualifiés — comme des îles — dans les espaces où règne l'hyper-urbanité.

Les anthropologues ont montré à quel degré les sociétés de la longue tradition valorisent la fonction de la *parole*. Créatrice dès l'origine, elle se transmet au cours du temps et assure le service de la mémoire collective, elle circule en traçant les limites des territoires culturels et en accompagnant les échanges, elle désigne le statut des personnes et règle leurs relations. Elle reste parole vive, pour le meilleur et en certaines circonstances pour le pire. Les romanciers savent, eux aussi, que la langue partagée est un *pays* et une mémoire. Proust a déterminé l'espace où se situent ses personnages en le traitant, a-t-on dit, comme un *territoire rhétorique* :

lieu de ceux qui parlent le même langage, recourent à la parole reconnue, adhèrent à la même « philosophie » informée par la condition, le souvenir et le rythme des jours.

Dans le monde de la surmodernité, la parole vive s'anémie et se dénature. Les machines transmettent les mots — ou, plutôt, les débitent. La communication marchande les maltraite souvent, afin de produire les effets publicitaires. Le parler vrai s'efface au profit des langages opportunistes. Les solitudes restent séparées par toute l'épaisseur du silence, et les « gens de peu » demandent à être entendus. Crise de la parole par le fait, en apparence contradictoire, du trop et du trop peu. C'est d'elle que procèdent *aussi* l'appauvrissement de nos mémoires, la déqualification de nos temporalités et celle de nos lieux.

PARANOTES

L'actualité, dans l'excès des événements, dans la multiplication des situations tragiques, des déconstructions et des risques qu'elles entretiennent, donne une vigueur nouvelle à la question de la mémoire collective. Le passé est convoqué, mis au service de fins différentes et le plus souvent contradictoires. Dans son usage *faible*, il nourrit la nostalgie, la rétromanie à la recherche d'un temps où se retrouveraient des valeurs, du sens, de l'harmonie. Dans son usage *activiste*, il accompagne les réactions de l'individu et des groupes face à des temporalités qui semblent échapper à leur contrôle, qui rendent les attachements et les identités plus incertains. Ce que souligne fortement l'historien Jean-Pierre Rioux : « Dans ce monde [...] s'impose un temps nouveau, sans durée ni projet, un temps qui ne devient pas, mal étalonné sur l'échelle du passé et de l'avenir : un présent bégayant, dont l'accélération et l'émiettement nient l'origine et la destination. » (*Cf.* « La déesse Mémoire », in *Le Monde*, supplément « Pour comprendre l'Histoire », 18 mars 1993.)

Dans son usage *fort*, la mémoire devient un outil politique, soit pour soumettre et contraindre à la conformité, soit pour nourrir les résistances, accompagner l'irruption de la liberté, puis les luttes qui naissent de la transition vers d'autres formes de société. La décomposition du monde communiste, en Europe orientale et dans les pays de l'ex-Union soviétique, révèle ces deux aspects en leur donnant une intensité dramatique, en particulier par la renaissance agressive des particularismes, des nationalismes, et par la violence des conflits dont le pouvoir est l'enjeu. Le grand dégel fait surgir les figures de la mémoire collective de toutes les fractures d'un monde que le stalinisme avait normalisé, gelé politiquement. C'est à la connaissance à chaud de cette soudaine possession par le passé que s'est attaché un groupe de spécialistes : *A l'Est, la mémoire retrouvée*, sous la direction d'Alain Brossat, préface de Jacques Le Goff, Paris, La Découverte, 1990. Voir aussi le numéro spécial de la revue *Communication*, *L'Est : les mythes et les restes*, Paris, Seuil, 1992. Dans son usage « ritualisé », réactivée par les célébrations, la mémoire collective est la source d'émotions partagées ; elle aide à entretenir les passions civiques, les références identitaires. William M. Johnston, historien et sociologue de la culture, a retracé les étapes qui conduisent au culte des anniversaires, puis à la manie commémorative associée au postmodernisme. (*Cf. Postmodernisme et Bimillénaire. Le culte des anniversaires dans la culture contemporaine*, trad. franç., Paris, PUF, 1992.)

La mémoire est l'un des objets qui occupent maintenant une position centrale dans le champ scientifique, de la biologie à la psychologie et aux sciences de la société et de la culture à l'histoire. *Matière et Mémoire* d'Henri Bergson, publié en 1896, est l'un des quatre ouvrages où sa philosophie « tient tout entière », selon la formule d'Henri Gouhier, dans son « Introduction » à l'édition du Centenaire (*Œuvres*, Paris, PUF, 1959). Le sociologue Maurice Halbwachs, qui fut l'élève de Bergson tout en se défendant de trop céder à son influence, a consacré une large part de sa recherche au problème de la « conscience sociale », et donc à la remémoration en tous ses aspects. Dès 1925, il identifie les formes de la mémoire en fonction des cadres sociaux : *Les Cadres sociaux de la mémoire* (Paris, Alcan). Dans une étude exemplaire — *La Topographie légendaire des Évangiles en Terre sainte*, 1941, nouv. éd. augmentée, Paris, PUF, 1971 —, il envisage la formation des croyances collectives et tente surtout de découvrir les « lois auxquelles obéit la mémoire collective ». Il montre non seulement la relation aux lieux, aux monuments, mais aussi le rapport de la mémoire sociale au *récit*. C'est dans une publication posthume que l'élaboration théorique est la plus développée, par différenciation — mémoire collective/mémoire individuelle, mémoire collective/mémoire historique — et par mise en relation — la mémoire collective et le temps, la mémoire collective et l'espace (*cf. La Mémoire collective*, Paris, PUF, 1950, nouv. éd. augmentée, 1968). Georges Gurvitch a poursuivi la tâche, en soulignant, pour sa part, la multiplicité des temps sociaux : *La Multiplicité des temps sociaux*, cours ronéotypé, Paris, CDU, 1958.

Traiter de la mémoire collective et de ses avatars actuels, c'est nécessairement traiter du temps, des temporalités vécues et de leurs transformations. C'est aussi considérer les façons de penser maintenant le devenir, l'expérience historique. Le philosophe Jean-Toussaint Desanti a rappelé la nécessité, pour vivre le présent et le tenir hors de l'insignifiance, de se donner un passé plus ou moins imaginé, des repères symboliques. (*Cf. Réflexions sur le temps. Variations philosophiques*, Paris, Grasset, 1992.) Les historiens, face aux sollicitations de la demande et à la prolifération des ouvrages publiés, s'attachent à bien différencier l'Histoire — science permettant de penser le passé — de la remémoration. Ils ont défini et inventorié *Les Lieux de mémoire*, comme le montrent les sept volumes réalisés sous la direction de Pierre Nora (Paris, Gallimard, « Présentation » dans le vol. I, 1984), en accédant par étapes à la problématique du temps actuel. Ils ont été conduits à lier les représentations collectives, les formes symboliques et les identités collectives telles qu'elles se constituent dans le présent. Ils ont également mis l'accent sur le fait que l'activité historienne est productrice de *récits*, mais guidée par ce qui la qualifie en tant que pratique scientifique. Ils retrouvent ainsi les recherches narratologiques. (*Cf.* Wilhelm Schapp, *Empêtrés dans des histoires. L'être de l'homme et de la chose*, trad. franç., Paris, Éd. du Cerf, 1992 ; Paul Ricœur, *Temps et Récit*, Seuil, 3 vol., 1983-1985 ; et Michel de Certeau, *L'Écriture de l'Histoire*, Gallimard, 1975.)

L'incertitude dans le présent peut provoquer un retour au passé ou aux origines. Dans un cas, il se fait conservateur des lieux, des choses, des témoignages, en les soustrayant aux effacements que la surmodernité produit par son mouvement extrême. Il entretient un « patrimoine », il incite à dresser la carte des « territoires de la mémoire », il renforce les sauvegardes en multipliant les musées. Dans l'autre cas, il ne s'agit plus de maintenir des liens avec le passé, mais de refuser la modernité, de mettre un terme à ce qui a constitué l'homme « comme maître et possesseur de la nature ». En état d'hostilité avec le temps présent, il est alors proposé d'abolir l'Histoire telle qu'elle s'est accomplie en Occident ; c'est avec la nature plus qu'avec les manières d'être antérieures qu'il devient urgent de rétablir la relation, de passer « contrat ». L'écologisme radicalisé est, en ce sens, à la fois projet éthique et exigence politique. (*Cf.* Hans Jonas, *Le Principe responsabilité. Une éthique pour la civilisation technologique*, trad. franç., Paris, Éd. du Cerf, 1990.) Luc Ferry a présenté la critique des excès et des perversions de l'écologisme, de ce qui peut conduire à opposer un biocentrisme au technocentrisme. (*Cf. Le Nouvel Ordre écologique. L'arbre, l'animal et l'homme*, Paris, Grasset, 1992.)

A l'inverse, la projection dans le futur vise à le rendre plus prévisible, à éclairer les choix et les décisions du présent. Des mouvements exprimés par des publications s'y sont consacrés ou le font encore ; citons notamment, en France, *Prospective* (*cf. Étapes de la prospective*, Paris, PUF, 1967), et *Futuribles* aujourd'hui. Bernard Cazes en a proposé l'histoire et l'évaluation dans son *Histoire des futurs*, Paris, Seghers, 1986. La littérature relative au temps, considéré dans son histoire, sa relation à la culture, à la société et au vécu dans la quotidienneté, redevient abondante, significativement au cours des années quatre-vingt. Quelques repères sont donc choisis pour chacun de ces aspects : Jacques Attali, *Histoire du temps*, Paris, Fayard, 1982 ; Edward T. Hall, *La Danse de la vie. Temps culturel et temps vécu*, trad. franç., Paris, Seuil, 1984 ; William Grossin, *Les Temps de la vie quotidienne*, Mouton, 1974 ; Roger Sue, *Temps et ordre social. Sociologie des temps sociaux*, Paris, PUF, 1994 ; et Annick Barrau, *Mort à jouer, mort à déjouer*, Paris, PUF, 1994 (deuxième partie). Et puis, le temps comme objet et enjeu des conflits : Jeremy Rifkin, *Time Wars*, New York, H. Holt, 1987.

Les repères temporels sont aussi des repères spatiaux — d'espaces et de mouvements, de déplacements et de positions. Maurice Merleau-Ponty, dans la *Phénoménologie de la perception* (Paris, Gallimard, 1945), a introduit les distinctions maintenant reprises entre espace « géométrique » et espace « existentiel », entre espace et lieu. Michel de Certeau différencie le lieu (défini par un ordre) et l'espace (déterminé par des mouvements, des pratiques), dans *L'Invention du quotidien*, t. 1, *Arts de faire* (Paris, Gallimard, 1990). Dans *Non-Lieux. Introduction à une anthropologie de la surmodernité* (Paris, Seuil, 1992), Marc Augé précise ce qu'est le « lieu anthropologique » — relationnel, identitaire, historique — et il introduit la présentation du « non-lieu » spécifique de la surmodernité. Sur l'« imaginaire de l'espace » et l'« imaginaire aménageur », voir Georges Balandier, *Le Détour. Pouvoir et modernité* (Paris, Fayard, 1985, chapitre 6). Pour l'étude des rapports entre espaces et réseaux, le tome 1 du *Dictionnaire critique de la communication* (sous la direction de Lucien Sfez, Paris, PUF, 1993) propose à la fois études et références (section 3).

Les ouvrages traitant du « local » et de la ville se multiplient. Ils font souvent référence à Max Weber et à Georg Simmel. Contentons-nous de citer, pour un bilan, Alain Bourdin et Monique Hirschhorn (dir.), *Figures de la ville. Autour de Max Weber*, Paris, Aubier, 1985 ; pour une critique de l'urbanisme, Jacques Dreyfus, *La Ville disciplinaire*, Paris, Galilée, 1976 ; sur l'expérience actuelle de la ville à l'épreuve des dissociations, des brouillages et des risques, Richard Sennett, *La Ville à vue d'œil*, trad. franç., Paris, Plon, 1992 ; pour une sociologie « sensible » de la ville, Pierre Sansot, *Poétique de la ville*, Paris, Klincksieck, 1973, à compléter par *Les Formes sensibles de la vie sociale*, Paris, PUF, 1985.

III
Les nouveaux Dédale

Les embarras du langage

La puissance étend ses réseaux, la raison technique paraît avoir pris tout le pouvoir, apparent et caché. Jamais elles n'ont été portées précédemment au niveau qui est maintenant le leur, ni n'ont autant pénétré dans tous les domaines de la vie collective et de la vie privée. Les frontières de l'impossible sont repoussées toujours plus loin, malgré l'incertitude quant aux effets lointains et les risques déjà manifestes. La capacité du savoir et la capacité du pouvoir-faire progressent ensemble. Elles contribuent à entretenir l'illusion d'une maîtrise croissante, l'image d'un monde qu'il est possible de manipuler, de transformer, de simuler. Un monde où la culture mue par les forces de la technique peut tout assujettir : il semble désormais entièrement imputable à l'homme, en faisant oublier ce que le réel comporte encore — comportera toujours — d'inconnu et d'irréductible. Les emportements aventureux sont négligés, tant s'impose la croyance que les excès seront finalement effacés par de nouvelles avancées, par plus de science, de technique, de loi et de raison les corrigeant ou réduisant leurs effets néfastes.

La puissance acquise, croissante, fascine, et elle s'auto-illusionne à proportion de ses succès répétés ; jusqu'au point d'en être « hystérisée », a-t-on pu dire. L'imaginaire, le désir, l'attente s'en nourrissent, même lorsqu'ils accomplissent un total retournement et transforment la technique en une sorte de victime émissaire portant la large part des maux de ce temps. Le langage multiplie les formules et les métaphores qui expriment à la fois la conscience d'une rupture — d'une confrontation avec l'inédit —, l'émerveillement devant une emprise capable de tout soumettre progressivement avec le concours des « ingénieries », et la duplicité profonde alliant la fascination et l'inquiétude fataliste. Les figures du complexe et du labyrinthe peuvent faire couple afin de désigner l'imbrication des cheminements, et la part d'incertitude affectant la succession des choix, des décisions. La métaphore de la *révolution* — et c'est devenu son emploi — sert à tout nommer, à indiquer les entrées multiples dans un nouvel âge : de l'électronique, de la cybernétique et de l'informatique, de l'automatique et des machines « pensantes », de la communication et des réseaux, de la commande de l'énergie et du vivant. Le futur est vu sous l'aspect des « chocs » par lesquels il s'annonce. Les capacités nouvellement acquises sont ordinairement reconnues comme une sorte de sorcellerie — sous les formes de puissances mal identifiables — et les machines deviennent alors l'objet d'un techno-animisme populaire. Le philosophe lui-même, à la façon dérangeante de François Dagognet, peut prendre le parti des apparences, des artifices, de l'industrie et des choses, plutôt que celui de l'être, de la profondeur et de l'ordre naturel. Notre monde est glorifié en tant qu'il est celui des *artefacts*, un « univers des objets » dont le « fourmillement » et l'ingéniosité qui le promeut méritent la célébration.

La technique, autant que la parole, constitue le monde en ce qu'il a de proprement humain. C'est, aujourd'hui, l'emballement techniciste qui engendre les embarras du langage, les affrontements doctrinaux, les passions contraires et les doutes. La philosophie grecque, retrouvée par une actuelle remontée vers les sources, pouvait situer la technique, la définir et la cantonner, après en avoir dépossédé les dieux. C'est le domaine où le faire de l'homme se révèle créateur par lui-même, parce qu'il se découvre alors capable d'exploiter le *possible* du monde, d'actualiser le virtuel, de produire plus qu'une imitation de la nature en effectuant ce qu'elle est « dans l'impossibilité d'accomplir ». Mais cette exploitation des potentialités naturelles reste contenue, elle n'opère ni par une dissociation, ni par un envahissement qui tend à effacer la nature, à la résorber socialement. C'est aujourd'hui l'inverse, la technique s'impose en tous les domaines, tout peut relever de son traitement ; elle informe la façon de penser le monde, de se le représenter et de le « construire », tout autant que les systèmes spécialisés d'action sur la nature, la société et l'homme lui-même. Son omniprésence conduit à développer sans fin les moyens de la contrôler ou, plutôt, de rechercher le contrôle des emprises qu'elle multiplie. Lorsqu'il n'est pas accepté de poursuivre une avancée aveugle dans les dédales qu'elle crée par son expansion continue, ou de donner acquiescement à un impossible retrait, il est au moins tenté d'apprivoiser sa puissance. Les références aux civilisations « autres » se multiplient afin d'en tirer un enseignement estimé utile. Ce qui est ainsi redécouvert, c'est la nécessaire médiation par le symbolique, la fonction modératrice du rite associé à l'outil, la pondération exercée par les normes qui ne sont pas instrumentales, seulement enracinées dans l'assise matérielle et objective de la société. C'est aussi la différence des réponses données à cette *énigme* que posent à l'homme la technique et l'efficacité créatrice qu'elle recèle. Et cela alors que l'activité rationnelle opératoire nous entraîne sur une voie où science et technique conjuguées sont au service de la puissance, jusqu'à l'extrême du risque, jusqu'aux limites où le rationnel pourrait, par un renversement complet, se convertir en irrationnel.

Apprivoiser la puissance contraint à identifier ses formes et ses lieux, ses foyers et aussi les interstices par où l'action modératrice pourrait s'insinuer et produire des effets de « contre-puissance ». Cette tâche d'identification impose la constitution d'un langage théorique adapté. Les difficultés de l'exploration se manifestent dans les embarras où celui-ci se perd, notamment lors du recours aux métaphores. Marx impute à la technique la capacité d'accomplir l'*auto-engendrement* du monde humain, par le travail et les instruments qui le servent, par un déploiement de la rationalité dans la relation ainsi établie avec une nature rationnelle et façonnable selon les besoins de l'homme. Là où cesse cette capacité, le mythe occupe la place laissée libre et impose ses propres raisons, en attente d'être réduit. Max Weber considère la technique en tant que *procédé*, visée de buts et accomplissement de fonctions ; elle se définit par la totalité des moyens dont dispose l'action, en ce sens elle intègre des outils, des machines, des personnes, conformément à des règles. Mais sa rationalité rend mal discernable ce qui relève de l'« esprit » des artefacts, des appareils, de ce qui est propre à l'« esprit vivant » des acteurs. Ce qui pose déjà la question de savoir qui, des deux, l'emporte. La possibilité d'un retournement — d'un moment où la contrainte des dispositifs finit par régir les comportements des personnes — s'actualisera bien plus tard. Les métaphores de l'*organisme* et du *corps extérieur* concurrencent celles de caractère plus mécaniste ; elles montrent la technique sous les aspects d'un corps extériorisé ou d'un « organisme artificiel », l'un et l'autre définissables en opposition aux individus. Il en résulte deux conséquences principales ; d'une part, un glissement de sens qui rend plus confuse la distinction entre le naturel et l'artificiel, ce qui conduit Georges Canguilhem à soutenir qu'il n'est pas moins raisonnable de comparer une machine à un organisme que de faire le contraire ; d'autre part, une extension constamment entretenue de ce corps extériorisé, qui embrasse tout et tend à donner forme au lien social selon un ordre qui lui est propre. C'est sur le terrain de ces représentations que se sont développés les problèmes de la relation de l'homme à un ensemble naturel de plus en plus transformé par sa pratique, et les problèmes de l'autonomie de la technique, échappant alors aux contrôles et jugée capable d'anéantir les libertés humaines.

L'univers technique, ainsi séparé et ne relevant que de son propre mouvement, laisse libre cours aux interprétations anthropomorphes et aux comportements animistes. Il semble disposer du pouvoir de modeler son environnement selon ses seuls besoins. Les machines qui le peuplent peuvent apparaître comme des doubles de l'homme ; surtout avec la prolifération de celles qui sont dotées de la faculté de « penser », des doubles concurrents et vraisemblablement plus puissants. Sous cet aspect, la crainte a pris forme bien avant la période actuelle, dès la fin du XIXe siècle ; Ralph Emerson annonce, en lui opposant la « force vitale », que la machine est en voie de devenir agressive, il précède la démonstration apportée par le film *Les Temps modernes* ; Samuel Butler dénonce le règne des machines et l'aveuglement de l'homme soumis à une nouvelle et plus redoutable servitude volontaire.

Dans les sociétés hyper-technicisées, les nôtres, la technique relève de considérations et de distinctions plus abstraites, soumises aux effets des entreprises théoriciennes nouvelles. L'objet technique est moins considéré isolément, en lui-même, selon son mode de fonctionnement et sa destination, que dans sa relation à un ensemble, à un *système*. La vision systématique s'impose, en faisant prévaloir la logique qui lui est propre, en affirmant la cohérence et la capacité ordonnatrice des systèmes techniques dominants, particuliers à une époque et à une société données. Dans sa version la plus ambitieuse, elle leur attribue le pouvoir de s'étendre sans aucune entrave de frontières : l'apparition des « macro-systèmes techniques » (MST) commence à en donner la confirmation. Elle leur reconnaît aussi le pouvoir de se subordonner l'organisation sociale, de se constituer en véritables instruments de conquête sociale, en « réseaux de la puissance » (formule de Tom Hughes, l'un de leurs premiers théoriciens). Ce déplacement du rapport avec l'objet technique, avec la machine, vers le système, place l'homme actuel dans une situation telle qu'il consent à une sorte de délégation générale aux techniques.

Déjà Georg Simmel, au début de ce siècle, avait été l'annonciateur d'une hypertrophie de la culture matérielle — du monde des instruments, des procédés, des objets, des choses et de l'argent — et d'une atrophie de la culture subjective. Il pressentait ce que seraient les sociétés modernes en voie de se faire ; livrées à l'instabilité, à la complexité mal déchiffrable, composites plutôt que composées, rebelles à toute tentative de les appréhender globalement et de les systématiser. La colonisation du social par les systèmes techniques a multiplié les ruptures de liaison avec les configurations symboliques, avec les médiations qui régissaient les manières d'être ensemble. Tout se passe, au moins en tendance, comme si ne devaient plus subsister que deux ensembles de « partenaires » : d'une part, des systèmes techniques qui progressent en efficacité et en puissance, qui élargissent leurs réseaux sans limitation géographique ni sociale ; d'autre part, des individus socialement déliés — à un degré sans précédent dans l'Histoire — qui ont des capacités inégales, et d'inégalité croissante, d'être alliés aux grands systèmes techniques, d'y accéder et d'en tirer ressources et avantages. Cet aboutissement reste à l'état de possibilité, mais l'homme ordinaire peut déjà avoir le sentiment d'être assujetti à des puissances invisibles, et pourtant réelles, partout actives et par lui incontrôlables. Elles commencent à occuper la place vide des génies et des dieux d'autrefois.

Ce monde surmoderne, où le travail des techniques oppose sans cesse de nouveaux labyrinthes au savoir, contraint à ouvrir des pistes nouvelles à l'intelligibilité. Les sciences sociales ont à relever ce défi ; sinon, elles seront condamnées au dépérissement ou à la conservation et au commentaire des archives d'époques révolues. Les autres sciences doivent résister aux forces qui les réduisent à l'état de *technosciences*, à ce qui fait de l'intelligibilité scientifique une manipulation systématique de la nature et une avancée conquérante, à la fascination exercée par la réussite et la performance. Des pensées scientifiques discordantes s'opposent, non sans débats ni contestations, à ce réductionnisme. Elles s'attachent à saisir les phénomènes dans leur mouvement ininterrompu, dans leur production locale et leur particularité. Elles considèrent ceux-ci sous l'aspect de leur émergence et de leur « histoire », des conditions qui concourent à leur apparition et leur donnent forme. La « théorie des catastrophes » de René Thom et celle des « structures dissipatives » d'Ilya Prigogine marquent ce moment du changement des modélisations ; l'attention se porte principalement sur les morphogenèses. Les pensées du *chaos* sont plus audacieuses, elles recherchent des régularités dans les irrégularités les plus apparentes, des naissances de l'ordre dans le désordre. Elles veulent contribuer à la maîtrise de l'imprévisible, au décryptage de l'inattendu. Par là, et par la force suggestive du mot chaos, elles s'accordent à l'esprit interrogatif et inquiet de ce temps.

La descendance prolifique de Dédale

L'affirmation est souvent reçue comme une certitude : la raison technique a acquis un pouvoir sans partage, ce qui est encore qualifié de société relève d'abord du gouvernement des ingénieurs, des techniciens et des *professionnels*. La compétence, la démonstration d'une emprise instrumentale tiennent lieu de légitimation. Le social est soumis aux effets d'une technicisation expansive, qui se développe d'abord en lui, et puis se l'approprie en l'astreignant progressivement à sa seule commande. L'imbrication est telle que l'ensemble des techniques dont disposent les sociétés actuelles paraît avoir la capacité inverse de « disposer » de celles-ci.

Cette dépendance s'appréhende ordinairement dans la vie quotidienne dont l'environnement est de plus en plus *machinique* ; elle met l'homme en situation d'assistance technologique de moins en moins consciente et davantage indispensable ; elle accompagne la progression d'une culture extensive — la plus largement partagée — définie par les objets techniques et les procédés qui leur sont associés, par la marchandise et l'argent qui entraînent la prévalence de la logique comptable. La technique s'inscrit dans l'univers de la consommation, en réduisant la place première que les représentations conventionnelles lui accordaient dans l'économie de la production. Il est désormais banal de décrire la diversité et le développement des connexions techniques que l'individu doit effectuer chaque jour et l'on peut dire, en jouant de la double acception du mot, qu'il se soumet à l'obligation d'être constamment branché. Il l'est à l'occasion de ses déplacements, dans ses lieux de travail et de loisir, dans son univers domestique et pour ce qui concerne sa propre santé physique et psychique. Il l'est en rapport avec les institutions, avec les systèmes de contrôle, de surveillance et de sécurité. Il l'est en relation avec les divers médias qui le forment, l'informent, l'assistent dans la gestion de ses passions et de son imaginaire. Le fait d'être aussi généralement branché place l'individu sous influence, le libère tout en le liant. Il le pourvoit aussi des nouveaux attributs de la *distinction*. L'inégalité des conditions s'exprime non seulement par la différence des possessions, de l'avoir, mais aussi par l'inégale capacité à accumuler les services, les produits matériels et immatériels que le marché très mobile des objets techniques propose. Mais, c'est là un aspect plutôt futile du jeu des différenciations, celui qui se trouve le plus exposé à l'effet des manipulations publicitaires et de la variation rapide des modes.

Des conséquences d'une autre ampleur, qui commandent des adaptations répétées et rapides, qui accroissent les coûts sociaux du changement, se multiplient dans l'univers de la production et de l'entreprise, dans le monde du travail et des métiers. La division sociale du travail est chamboulée, en raison de l'évolution continue des systèmes techniques et de leur inscription dans le champ des stratégies concurrentielles ; ensemble, elles se subordonnent les relations établies entre les hommes et leur donnent une base objective toujours plus contraignante. Tout se passe comme si la technique, par son mouvement même, devenait une puissance lointaine qui désigne les *sacrifiés* dans les sociétés de la surmodernité, en les abandonnant à une assistance publique et privée, en tendant à transformer les exigences de la solidarité en une sorte d'obligation « humanitaire ». Les entreprises sont inégales face aux conditions nouvelles, pour des causes qui tiennent souvent à leur taille et surtout à leur capacité adaptative, et aussi à l'effet d'une obsolescence technique qui condamne nombre d'entre elles au dépérissement, puis à la disparition. C'est une dramatique évidence. Les mieux placées sont néanmoins soumises à bien plus que l'épreuve de la concurrence internationale. Elles doivent s'accorder au mouvement des techniques, comme cela apparaît avec les technologies dites « flexibles » — avec les équipements à commande numérique programmable — qui requièrent un autre mode d'apprentissage, la formation de nouveaux acteurs et une organisation plus complexe de leurs relations mutuelles. C'est cependant individuellement que l'inégalité des chances est éprouvée, et, pour certains, avec le sentiment d'une impitoyable brutalité.

La technique en expansion n'ouvre pas seulement des domaines nouveaux au pouvoir créateur et à l'activité des hommes, elle est mise au service des gains de productivité et d'organisation imposés par les luttes pour le marché et le profit. Elle entraîne alors une élévation des exigences de compétence et une diversification différente, plus spécialisée et plus mobile, des fonctions. Les détenteurs des métiers de tradition s'effacent au profit des *professionnels*. Ceux-ci doivent accéder à la maîtrise de connaissances et de savoir-faire rapidement renouvelés, répondre à des besoins changeants ; les techniques qu'ils ont à mettre en œuvre sont à la fois matérielles et intellectuelles. Les nouvelles professions sont indissociables de la dynamique d'une technoscience en évolution continue, et de conditions économiques changeantes. Elles ne sont pas toutes protégées par une relative permanence, elles n'échappent pas à la précarité de l'emploi, comme le révèle la récente crise d'entreprises de l'informatique, de la communication — et non des moindres. Le professionnalisme s'étend à des domaines toujours plus nombreux, depuis ceux qui exigent un investissement élevé de connaissances, et contribuent selon la formule d'Alvin Toffler à la formation d'un *cognitariat*, jusqu'à ceux du secteur tertiaire et ceux qui exploitent l'imagination créatrice. Ce mouvement épouse celui des besoins sociaux, de la demande, mais il est immédiatement sensible à leur forte mobilité. Il accélère la marginalisation des activités à compétence faible, il déprécie et élimine. Il renforce ce qui tient à l'artificialisation de la société, à la multiplication des machines complexes, des systèmes automatisés, qui sont dévoreurs de travail et entraînent plus de suppressions d'emplois qu'ils n'aident à en créer de nouveaux. La technicisation intensive, jusqu'à présent, a élargi les cassures au sein du corps social. Le chômage, autant que la violence dont il est d'ailleurs un aspect, dresse les scènes du tragique sur lesquelles se trouvent poussés, nombreux, les hommes et les femmes de ce temps. Et les appels répétés à un partage du travail paraissent vains, tant ils sont en discordance avec des logiques sociales qui n'ont pas le partage pour principe, mais la performance et la réussite individuelle.

Dédale, aujourd'hui, pourrait donner à son Labyrinthe la forme d'une « technostructure ». John Galbraith, dès les premières années soixante, en faisait le constat. Il désignait la nouvelle alliance conclue entre les producteurs de connaissances spécialisées (les savants), les techniciens qui les traduisent en applications (les ingénieurs) et l'ensemble du système industriel. Connaissance, savoir-faire et pouvoir se lient et se renforcent dans des réseaux de rapports qui deviennent de moins en moins apparents à mesure qu'ils progressent en extension. Dédale est maintenant figuré par les bâtisseurs de « grands systèmes techniques », par ceux qui fondent la puissance sur le changement d'échelle, sur l'accession à la *grandeur*. Les caractères de ces systèmes sont mieux connus, leur description plus précise : ils associent des machines complexes et des structures physiques sur un vaste espace, dans une large indépendance à l'égard des contraintes politiques et sociales ; il est de leur nature de ne pas se laisser limiter par des frontières — de quelque sorte qu'elles soient —, d'être expansifs au sens physique du mot. Ils sont nécessaires au fonctionnement d'un nombre croissant d'autres systèmes techniques, ils se les attachent, ils sont conquérants. Par eux, grandeur et dépendance font couple. Ils imposent leur puissance, qu'elle soit fondée sur la maîtrise de l'énergie, sur le transport et le transfert des personnes et des choses, sur la production massive des biens les plus valorisés et leur distribution ou sur la communication de l'information, des messages, des images. Ils règnent sur leur domaine propre défini par l'étendue de leur réseau, ils sont peu ouverts aux contrôles « étrangers ». Ces grands systèmes sont pour la plupart au service de la vie quotidienne — Alain Gras, théoricien critique de cette démesure, évoque leur irruption « dans le social à tout instant et en tous lieux ». Ils se servent de celui-ci afin de mettre les sollicitation nouvelles, les changements de la demande, au service du renforcement de leur puissance. Ils comportent, pour l'homme ordinaire, une très large part de caché, d'indécryptable, de puissance soupçonnée et pour lui invisible. Ils lui opposent leurs propres dédales, ajoutés à ceux qui résultent des autres poussées de la grandeur, de l'excès, de la démesure; à commencer par ceux auxquels le livre l'expansion continue et mal maîtrisée des univers urbains. Ils le lancent dans des espaces de dépendance qui ne sont plus seulement en sa proximité, mais toujours davantage étendus; jusqu'à l'ensemble de la planète.

La forme suprême du « grand système technique » a été reconnue, au cours des années soixante, dans le « complexe militaro-industriel » ; on y a souligné la conjugaison de la science, de la technologie et du pouvoir militaire, fruit de la Seconde Guerre mondiale, puis de la guerre froide. John Galbraith, dans sa description du nouvel État industriel, montre que cette coalition de moyens — d'ordre financier notamment — exploite tous les possibles de la technique disponible. Il en résulte bien plus qu'un accroissement accéléré, et à hauts risques, de la capacité offensive et défensive des armements : un déploiement des recherches en tous les domaines, une avancée rapide des connaissances relatives à l'information, à la régulation et à la communication, une multiplication des dispositifs d'observation et de surveillance, une utilisation croissante de la programmation et la considération du long terme. Et surtout l'apparition d'un nouveau discours de la légitimation, celle du pouvoir politique, qui bénéficie d'une caution technoscientifique forte, celle du pouvoir industriel qui se légitime en termes de nécessité, de résultats rapidement acquis, de progression accélérée du pouvoir-faire et de la rationalité instrumentale. Ce super-grand système technique manifeste, par grossissement, ce qui est soupçonné présent en chacun des autres; une organisation complexe, qui se développe selon le modèle du labyrinthe, qui cèle en ses cachettes bien plus que sa puissance manifeste — des Minotaure encore « sauvages », auxquels la complaisance des Dédale modernes apporte le concours de moyens renouvelés et d'armes redoutables. La fin de la confrontation, au terme des années quatre-vingt, ne modifie pas profondément l'ordre des choses. Nombre de grands ensembles des technosciences restent en place, se renouvellent, accèdent au contrôle d'autres domaines ; et la foi technologique maintient son ardeur malgré les contestations montantes. Ernst Jünger réaffirme notre entrée dans « l'âge des Titans », après que les dieux leur ont cédé le passage. Certains aspirent à une société postindustrielle « conviviale » ou, plus réalistes, invitent à utiliser tous les interstices encore ouverts afin d'y faire jouer la contre-puissance et de ne pas céder au « consentement caché ».

La machine, cette inconnue

La machine est maintenant partout présente, c'est par elle que s'effectue une sorte d'assistance technique *interne* et non pas orientée vers l'extérieur. Elle peuple les scènes de la vie quotidienne, installée dans une apparente familiarité, utilisée conformément à ses règles d'emploi, et pourtant, il reste en elle une part de l'énigme. Au cours d'une longue histoire, la machine se situe dans la généalogie des créatures artificielles façonnées par l'homme afin de remédier à ses impuissances, de parvenir aux *mariages mécaniques* qui multiplient ses capacités. Elle est aussi une fille du désir, elle en reçoit sa qualité d'être complexe et non pas de simple instrument. Elle est une partenaire, aujourd'hui plus ambiguë et déconcertante — sauf pour ses concepteurs et créateurs — et davantage redoutée. Sa puissance, ses performances, son fonctionnement mystérieux au regard de nombre de ses usagers conduisent à lui attribuer une vie propre, des intentions obscures, une autonomie qui peut se pervertir, devenir néfaste, brouiller les pistes et agir finalement contre l'homme. Le couple homme-machine, puisqu'il est ainsi désigné, apparaît alors infernal, en raison de ses discordes aux conséquences désastreuses. Les œuvres de science-fiction jouent d'ailleurs de l'ambiguïté des *artefacts* en explorant les possibilités extrêmes. Elles imaginent des machines à bonheur, une technologie bienveillante qui décharge les humaines de leurs servitudes et de leurs peines, qui en écarte tous les dangers. A l'inverse, elles inventent des machines d'apparence humaine cruelles et destructrices ou perverses et maîtresses des ruses, devenues des « machines-pouvoirs » qui font de l'homme une illusion puisqu'il est leur créature inconsciemment soumise.

L'expansion technique conquérante rend de moins en moins distinctes les frontières tracées entre le naturel et l'artificiel, et donc celles qui séparent le vivant du « mécanique », l'organisme de la machine, l'homme des artifices accompagnant maintenant toutes ses œuvres. Ce qui peut raviver — mais à un autre niveau et dans un autre contexte, celui du domaine socio-technique machinisé — le débat dont Descartes fut l'initiateur. Le philosophe a voulu prouver que la nature et le comportement des créatures vivantes s'expliquent, conformément aux modèles mécaniques, jusqu'au point de considérer le corps humain comme « la statue d'une machine faite d'argile ». Il est fasciné par l'automate, cette création de forme animale ou humaine animée par un mécanisme dû à l'art des horlogers ; une fascination qu'il partage avec les rois, lorsqu'ils sont à la recherche des moyens qui leur permettraient de perfectionner l'ordre dont ils ont la garde, d'accéder à une commande plus efficace des mécanismes sociaux, parce que plus conforme à la mécanique générale de la nature. La technique est l'horizon vers lequel se tournent les souverains en quête d'un mode de gouvernement qui réduise les aléas, les risques, et perfectionne le pouvoir exercé sur les sujets et la gestion des choses. Il est vrai que Descartes a exempté l'homme de son explication mécaniste, mais avec un embarras qui fut imputé à la prudence face aux inévitables réactions de l'Église. L'exemption s'impose, écrit-il, par « deux preuves des plus certaines » : la faculté de recourir aux signes, aux symboles et aux langages qui permettent d'exprimer la pensée et de communiquer ; la disposition du libre-arbitre, la jouissance d'une liberté qui soustraient à la programmation postulée mécanique des êtres vivants inférieurs. Une liberté qui a pour conséquence de laisser du champ à l'imperfection, à l'inachèvement, à l'innovation qui substitue l'avenir à la répétition.

Le paysage théorique est maintenant plus complexe, les deux preuves avancées moins certaines et moins suffisantes. Les machines incorporent surtout du langage et de la pensée, elles s'en servent et elles « communiquent » ; la technique est mise en accusation en tant que négatrice des libertés, et du libre-arbitre mutilé par le dépérissement des pratiques hors commande. Ce qui devrait inciter à interroger la machine d'aujourd'hui, à comprendre ce qui fait d'elle un être artificiel mal connu et encore mal situé dans le champ des relations humaines. La machine vite devenue familière, proche dans la plupart des activités quotidiennes et pourtant déconcertante quant à sa véritable identité, est celle qui convertit l'information en une énergie nécessaire à son fonctionnement. Elle compose l'univers des instruments programmés, où l'ordinateur occupe un rang élevé. Elle révèle les principaux aspects de la grande mutation technique : une dépendance déclinante à l'égard de la matérialité et une capacité croissante de miniaturiser, d'échapper à la lourdeur des anciennes machines ; une association de la matière et de l'intelligence sur des supports de plus en plus réduits, dont la « puce » informatique — bourrée de micro-dispositifs — est l'exemple vulgarisé ; une puissance d'opération et une vitesse de réalisation qui annulent presque la servitude à l'égard du temps ; une organisation interne de la machine qui la « lie » à un programme, mais lui permet aussi une autorégulation et, souvent, une relation interactive avec l'utilisateur ; une possibilité d'être « compatible », d'opérer en association avec d'autres instruments, qui multiplie les fonctions disponibles et élève les performances.

Ces machines, à la fois, fascinent à la façon d'un mystère et subjuguent à la façon d'un maître pervers. Elles exercent une fascination par ce qu'elles savent faire, elles sont d'autant plus mystérieuses que leur cohérence interne s'accroît et que la logique de leur processus se complexifie. Elles discriminent ; d'un côté, ceux qui ont la compétence et accèdent aux arcanes de leurs mécanismes « intelligents », d'un autre côté, ceux qui en sont les simples manipulateurs, asservis par le mode d'emploi. Elles nourrissent souvent la certitude qu'elles sont employées en deçà de leurs possibilités, qu'elles recèlent une puissance pouvant se retourner contre qui l'utilise. En présence de ces pièges supposés, l'homme ne se satisfait pas toujours d'une compétence « machinale » et faible, il ruse avec la machine en procédant à des utilisations non prévues, à des détournements d'usage — ceux qui ont affecté le réseau Minitel, en le convertissant en instrument d'échanges érotiques sans visages et sans entraves, sont les plus notoires.

La machine s'interpose dans les relations sociales, elle en devient davantage constitutive, elle tend à les aménager selon les exigences d'ordre du système technique auquel elle appartient. Elle intervient dans ce qui définit l'être-ensemble des hommes, les modalités de leur collaboration ; elle les astreint à ses normes, à sa logique, et leur paraît dotée d'une façon de pouvoir — tout en semblant leur obéir « au doigt et à l'œil », puisqu'elle fonctionne par commande digitale et s'exprime par l'intermédiaire des écrans. La machine programmée engendre le social programmé ; elle réduit la place laissée à l'empirique, à l'aléatoire des choix et des décisions, elle devient progressivement émettrice des règles. Le système expert, comme on dit, commence à se substituer à l'expert humain, et la société se fait « abstraite », selon la formule en vogue durant les années soixante-dix. Mais cette présence forte, cette qualité de *partenaire* engagé dans la plupart des pratiques individuelles et collectives contribuent à attribuer à la machine des caractères presque humains. C'est là un correctif à ce qui acheminerait vers une totale objectivation du lien social, et vers une emprise absolue de la raison instrumentale ; en donnant du jeu à l'imaginaire et à des formes nouvelles de production symbolique. Les analogies et les métaphores « naturalisent » et humanisent la machine : il lui est prêté une durée de vie où l'obsolescence est l'équivalent de la mort, une position dans un ordre de générations qui figurent ses transformations et états successifs, une capacité à se faire par perfectionnement continu imitation de l'homme, avec une part d'intelligence, de langage, de savoir orientant son « comportement ». Elle s'inscrit dans l'espace des passions, des rêves, des divertissements. Elle peut être une collaboratrice dans l'œuvre de création où la personne s'investit totalement. C'est par elle que l'anthropomorphisme change de terrain — se déplaçant du naturel vers l'artificiel — et que l'animisme accomplit sa métamorphose, en lui attribuant bien davantage qu'une volonté propre et une personnalité, de l'humeur et des caprices. Le rapport de l'ordinateur à nos métaphores est particulièrement significatif ; Harry Collins a désigné cette boucle où la relation métaphorique nous enserre : « Plus nous nous servons de métaphores liées aux ordinateurs pour nous décrire nous-mêmes [...] plus nous serons prêts à considérer les ordinateurs comme semblables à nous. » Effet de double contrainte.

La machine entre en combinaison dans un système ; l'automate est devenu un être collectif, avec ses propres solidarités, ses couplages par lesquels s'effectuent et s'ordonnent ses tâches. La vie quotidienne, à la fois, l'utilise et s'y trouve assujettie. L'espace domestique est de plus en plus ouvert aux automatismes, depuis ceux des machines désormais banales, jusqu'à ceux qui associent des services complémentaires — ainsi le Domissimo, alliant une centrale de communication, un module de surveillance et un module de commande à distance des appareils électriques —, et ceux qui mettent en œuvre les réseaux de télécommunication et contribuent à l'approvisionnement en « produits » fournis à domicile. Le domaine privé ainsi machinisé multiplie les assistances et, avec elles, les dépendances ; il convertit la personne en un opérateur régulier et rend plus machinal le comportement ; il concède une place croissante à l'automate qui s'interpose comme un médiateur dans les rapports sociaux, et les façonne en partie. Paradoxalement, la libération conquise sur les vieilles servitudes se perd dans des nouvelles astreintes. Les relations interpersonnelles s'instrumentalisent, elles aussi, au détriment du face-à-face qui entretient la force de la présence et donne une charge concrète, particulière, à chacune des situations de rencontre. La nostalgie du contact, des groupes où la proximité engendre une socialité chaude, désigne ce manque et pousse à une recherche encore confuse des moyens de le combler.

C'est la contrainte des grands systèmes techniques, le déploiement de leur puissance servie par le travail des automates complexes qui mettent l'homme contemporain en état d'incertitude, ou d'angoisse en raison des effets néfastes subis ou attendus. Leur logique est éprouvée comme opérant au-dessus de l'univers humain, dans une sorte d'indifférence aux maux ordinaires, malgré l'habillage par les « cultures d'entreprise » qui en voilent l'implacabilité. La machine se prête aux transfigurations par l'anthropomorphisme, le nouveau système technique y est rebelle. Il est enfermé dans ce qui définit son mode d'être : ses ressources, ses programmes, son fonctionnement optimal, ses résultats comptabilisables. Il s'impose comme doté d'un pouvoir propre, ressenti en tant que pouvoir mal localisable — souvent transnational, avec les réseaux des grandes entreprises mondiales qui l'ont bâti et l'exploitent — et devenant moins contrôlable à mesure qu'il s'étend et se complexifie. Il entretient une façon d'irresponsabilité humaine, il donne aux puissances qui gouvernent la destinée de chacun une forme technique.

La grande machinerie est jugée, en termes d'existence personnelle, non pas seulement sur ce qu'elle produit, sur ce qu'elle offre, mais aussi sur ce qu'elle induit et qui est estimé dangereux, ou déjà ravageur des vies et des libertés. Dans le domaine du travail, elle impose bien plus que le passage au néofordisme, bien plus que la recherche d'une flexibilité dans l'organisation, correctrice des rigidités. Elle fait de l'homme une ressource, dans le moins mauvais des cas, ou une pièce, dans le pire ; une pièce qui peut être abandonnée et remplacée par des substituts mécaniques plus rentables. Cette déqualification va jusqu'au degré où l'accidentel et les ratés du système ne lui sont pas imputables ; ils le sont au « facteur humain » qui a faussé en un point les relations entre les éléments composants. La rationalité machinique l'emporte en la circonstance sur la rationalité faillible de l'homme. C'est aussi par l'évaluation des risques, nouveaux et pris à une tout autre échelle, que la grande machinerie paraît redoutable, bien que les mécanismes de contrôle aient été renforcés ou introduits par contrainte réglementaire. La catastrophe nucléaire, la catastrophe écologique en sont des manifestations, parmi les plus dramatiques. Plus ordinairement, le risque multiplie sa présence sur toutes les scènes de l'activité collective ; il relève d'une gestion qui lui est appropriée ; il provoque la naissance d'une science, baptisée *cindynique*, chargée d'explorer tous les domaines où il peut apparaître. Le danger n'a jamais déserté les lieux de l'homme ; sur une longue durée, le mythe et l'imaginaire lui ont donné forme et le rite l'a apprivoisé. Il est maintenant défini par abstraction, évalué en probabilité. Il est traité techniquement, contenu par les pratiques génératrices de sécurité. L'idée sécuritaire prend ainsi force et se diffuse par contagion. Elle est entraînée dans un effet de spirale. Elle est conduite d'autant plus loin que les systèmes électroniques, les réseaux de l'informatique et des télécommunications colonisent l'espace. Ils permettent une information cumulée sur les sites et les personnes, en connectant les centres de stockage des « données » dispersées qui les concernent ; ils étendent le territoire de la surveillance en réduisant le nombre des retraites inviolables. L'intimité souffre d'une érosion continue. La vie collective semble placée progressivement sous le contrôle d'une machine puissante, inaccessible et déjà nommée : le « panoptique électronique » ; celle-ci semble passée du rêve des philosophes utilitaristes et des pays imaginaires de la science-fiction au monde des pouvoirs réels. La société du visuel masque par des jeux d'apparences la société de la surveillance.

La chose vivante recombinée

Dans une civilisation où les frontières entre le naturel et l'artificiel deviennent confuses, où les interdits catégoriques disparus n'assurent plus leur défense, le monde du vivant s'ouvre largement à l'exploration scientifique et à l'expansion technique qui entreprend sa conquête, en y traçant des voies aux issues encore peu repérées. La vieille opposition supposée entre la nature et la culture est plus que jamais irrecevable, leurs états respectifs se façonnent les uns les autres, se lient dans une imbrication toujours plus étroite. La discontinuité postulée entre les deux règnes ne tient plus. Les technologies du vivant sont celles qui marquent d'une façon impressionnante l'entrée dans une nouvelle ère ; elles sont, davantage que les autres dont elles dépendent pourtant, la preuve d'une avancée dans les dédales de l'inédit avec l'espoir de progrès décisifs et la crainte de risques fatals. Par elles, l'ambivalence des sociétés à technicisation accélérée est dramatisée à l'extrême, parce que la vie et la mort en deviennent clairement les enjeux. Par elles, la rupture est accomplie avec l'instance transcendante qui a fait de la vie un mystère très longtemps protégé, inaccessible au savoir des hommes sinon à leurs rites. Le sacré libéré peut désormais se fixer en elles, l'attachement de la foi progressiste se déplacer du matérialisme techniciste vers le biologisme chargé de valeurs fortes, mais pervertissables.

Les sciences de la vie ont pris un complet essor au milieu de ce siècle ; elles sont nouvelles venues, mais il s'ensuit un emballement immédiat qui allie la découverte des possibles, auxquels elles donnent accès, à la mise en mouvement de l'imaginaire collectif et des fantasmes. A partir des années soixante, les compétents, les conseillers du pouvoir, les financiers du capital-risque et les industriels évaluent les conséquences des « révolutions » biotechnologique et biomédicale. Ils calculent la probabilité de réaliser chacune des applications prévisibles, ils estiment le moment où elles seront exploitables, ils en font un nouveau moteur des économies et en escomptent un apport à la solution des crises collectives et à la cure des maux individuels jusqu'alors irrémédiables. L'innovation, dans un premier temps, induit des prophéties nourricières d'espérances démesurées. L'attente outrepasse ce qui est *déjà réalisé* — notamment une meilleure commande de la production par l'action sur les plantes et les animaux d'élevage, de la reproduction humaine par la gestion volontaire de la fécondité et le recours à la fécondité artificielle, de l'espérance de vie par l'œuvre de l'ingénierie médicale et des biotechnologies. L'impossible paraît presque réalisable, les obstacles déjà défaits, et l'on en tient le compte : la fin de la faim, la libération des contraintes naturelles et des fatalités génétiques, le moindre assujettissement à la maladie, l'effacement des manifestations du vieillissement, l'accroissement des capacités humaines et l'élévation des performances de l'intelligence. Les miracles attendus ne se réalisent pas ou se réduisent à des avancées prudentes, à des succès incontestables, prometteurs mais limités. La chute des illusions les convertit en craintes, en peurs, en constructions fantasmatiques : alors, le vivant perverti se retourne contre l'homme et le technicisme incontrôlé des maîtres du vivant devient une puissance néfaste qui ravage la plus intime retraite de la liberté humaine, celle qui a le corps pour abri. C'est le passage d'un extrême à l'autre; les passions s'y libèrent, cependant que le droit est encore empêtré dans les incertitudes. La résistance à cette oscillation des excès commence par une meilleure connaissance des représentations et des discours qui accompagnent la progression du savoir, des logiques qui en orientent les applications, des enjeux et des attitudes qui s'opposent à ce que la vie devienne un *objet manipulable*.

Les maîtres du vivant ont d'abord commencé par en être les explorateurs. C'est un *autre monde*, où le recensement des êtres naturels, puis l'accès aux organes et éléments qui les constituent représentent les plus anciennes étapes de la découverte. Les interprétations mécanistes, matérialistes, vitalistes ont composé à différentes époques son accompagnement, son cortège de théories. La grande aventure exploratrice commence lorsqu'il est entrepris d'accéder à la vie même, et donc à sa complexité, de trouver ce qui la conditionne, ce qui la produit et assure sa reproduction; lorsqu'il est tenté de passer une ultime frontière, après avoir franchi celle qui sépare la matière et le mécanisme de l'organique. Le récit de cette progression — comme s'il s'agissait de pénétrer au « cœur des ténèbres » — est comparable à celui des découvertes territoriales, suivies de conquêtes, puis d'une colonisation voulue civilisatrice. François Dagognet, médecin et philosophe, le révèle par le jeu même des métaphores, lorsqu'il relate et commente le parcours qui a conduit à la maîtrise du vivant. Il évoque les stratégies et les opérations qui ont permis, pour la première fois, de forcer le « sanctuaire de la vie ». Il s'ensuit, dit-il, une capacité de la « dompter » puis d'en « prendre possession » et de protéger les acquis par des « brevets » qui donnent la garantie du droit. Les biotechnologies deviennent les forces qui réalisent les « conquêtes », les consolident et les étendent. Mais, comme la colonisation des hommes, celle du vivant reste soumise à l'incertitude, aux risques de l'insoumission réveillée : « Savoir et vie n'ont pas fini de s'entremêler et de s'opposer. »

La comparaison se complète par une autre, fortement associée : celle qui a pour référence le passage de la colonisation à l'*acculturation*, c'est-à-dire à l'imposition d'une culture étrangère à des partenaires devenus dépendants. On sait depuis longtemps que la nature domestiquée est le produit des multiples interventions culturelles qui finissent par faire corps avec elle. L'empirisme des agriculteurs et éleveurs successifs a créé des espèces et des variétés dont l'homme dispose, et dont il recherche l'amélioration afin d'en obtenir un rendement accru ou des services supérieurs. Sur ce terrain-là, l'écologisme radical d'aujourd'hui fonde pour une part sa dénonciation et son exigence ; il y reconnaît un détour qui permet de légitimer l'assujettissement de *tous* les êtres naturels ; il demande que ceux-ci soient soustraits au seul vouloir de l'homme et deviennent détenteurs de droits.

La conquête du vivant, poussée toujours plus avant dans l'intimité de la cellule, s'accompagne d'un apport culturel évidemment plus complexe, d'une acculturation plus subtile qui pourvoit par transferts de langages et métaphores de moyens de décryptage et de traduction, et non pas seulement d'outillage approprié. La sémiotique et la linguistique y ont contribué en aidant à identifier le code génétique, à se représenter la molécule d'ADN comme un alphabet, le gène comme un mot pouvant faire phrase et porter sens. Les théories de l'information et de la communication interviennent ensuite afin de caractériser la molécule ayant une fonction « informative », de qualifier et commander la transmission des messages et leur déplacement d'un secteur du vivant vers un autre, de comprendre le programme génétique par comparaison avec le programme des machines dites « intelligentes ». Il y a plus à voir en cette acculturation du vivant que l'utilisation d'emprunts effectués auprès d'autres sciences, fournisseuses de langages, d'instruments logiques, de modèles interprétatifs et d'analogies. Il faut y reconnaître les conditions fondatrices d'un pouvoir, d'une relation par laquelle le vivant rendu accessible, *parce qu'il est intelligible*, devient manipulable. Un pouvoir qui a été défini, dans sa forme la plus fantastique, comme capable d'obtenir (selon le mot d'Axel Kahn) l'« asservissement génétique des êtres vivants ». Et, donc, de l'homme : ce par quoi il effraie.

Les technologies du vivant, et l'économie qui s'en est emparée, participent d'ores et déjà de la logique des systèmes techniques.

Elles *répètent*, avec d'autres moyens et des enjeux encore plus propices à l'irruption des passions et des peurs, ce qui a conduit aux maîtrises actuelles de la matière, de l'énergie et de l'information. Constituées en tant que savoir-faire systématique, une formule les désigne : *génie génétique*. De celui-ci, il est attendu, au-delà d'une capacité d'accélérer le progrès des connaissances, des procédés inédits contribuant au développement et aux mutations de la production, à une action plus efficace ou décisive dans le traitement des maladies les plus résistantes, à une révolution de la pharmacologie. Les nouveaux agriculteurs et les nouveaux éleveurs peuvent ne plus s'en tenir aux vieux procédés de la sélection, qui permettaient par voie sexuée d'engendrer des individus plus productifs ou mieux adaptés. Le recours à l'ingénierie génétique leur livre les possibilités de faire réaliser des modifications organiques qui introduisent, dans la plante ou l'animal, les propriétés désirées. Les industries biologiques, qui n'ont rien à voir avec l'agriculture biologique des adeptes de la nourriture « naturelle », recherchent la production d'aliments résultant à la fois des processus de la nature et des artifices fournis par les biotechnologies. Elles restent expérimentales en cette tentative, mais elles sont productives dans le domaine médical ; elles « engendrent » les médicaments dits révolutionnaires — dont l'Interféron, doté au temps de son apparition d'une polyvalence curative ; elles y parviennent en mettant à l'œuvre des êtres vivants inférieurs, des bactéries, qui ont reçu le gène codeur de la substance à obtenir, qui exécutent le message émis par celui-ci et synthétisent le produit. L'asservissement génétique, qui résulte de la colonisation du vivant, fait apparaître une espèce de « travailleurs », jusqu'à récemment inexploités, recrutés dans ces territoires tardivement découverts : les micro-organismes, les levures et les microbes.

Ce monde-là est déjà ouvert à l'économie du marché et aux jeux de la concurrence. Tout apport nouveau est l'objet de luttes pour l'appropriation intellectuelle, porteuse de notoriété et surtout de droits acquis placés sous la protection des brevets. Le vivant manipulé se transforme, lui aussi, en marchandise. Les investisseurs se placent, escomptent les profits à tirer des inventions, notamment dans le domaine biomédical qui doit répondre à une demande nombreuse. Les espaces de la modernité, comme la Silicon Valley aux États-Unis, deviennent les lieux où les technologies de pointe et celles, nouvelles venues, qui mettent en œuvre la « mécanique du vivant » voisinent et composent les nouveaux territoires industriels. Déjà, certains scientifiques marquent leurs distances. Jacques Testart dénonce les menaces du « marketing génétique », il recourt à la formule forte : « Dans les technosciences, il faut produire, prendre des brevets, augmenter la productivité, être compétitif. » Les moins emportés de ces spécialistes du vivant observent que les limites actuelles de leur savoir doivent contenir l'emballement des pratiques d'application. Mais cette prudence, qui dresse des barrières et énonce des interdits, qui trace une frontière entre l'« acceptable » et l'« inacceptable », est contrariée par les logiques prévalantes : celle du pouvoir-faire poussé à l'extrême du possible et de la performance, celle du marché, de la concurrence et de la recherche de la position économique dominante. Le concours du contrôle social — sur la façon d'utiliser la science — et du « juge extérieur » — capable de faire admettre des exigences d'ordre éthique — est sollicité ; ni l'un ni l'autre ne parviennent à se constituer en gardiens des limites, à édicter des règles qui ne soient pas aussi des entraves au progrès. Ce qui est en cause, c'est moins l'irresponsabilité de savants qui n'hésiteraient pas à « passer par-dessus leur ignorance », en négligeant l'*imprévisibilité* de toutes les conséquences et les effets *irréversibles*, que la puissance du système technoscientifique branché sur une économie du vivant livrée à ses seuls dynamismes, aveuglée par ses avancées.

Le risque prend une figure radicalement nouvelle lorsqu'il touche aux sources mêmes de la vie. Tant que les êtres vivants non humains sont l'objet des manipulations, il paraît encore tenu à l'extérieur ; les craintes sont tempérées par les bienfaits attendus, ou dérivées de peurs principales — comme celle d'une guerre dont l'arme bactériologique serait un des moyens —, ou façonnées par un imaginaire qu'obsède l'irruption des chimères, des monstres et des mutants. Il en va tout autrement lorsque le risque est établi à l'intérieur de l'homme, individu et membre de la lignée humaine. Celui-ci, en l'espace de moins d'une génération, a acquis de son corps une connaissance entièrement révolutionnée ; il a découvert les organes transplantés et les greffes remédiant à ses déficiences, dont certaines mettent en œuvre la thérapie génétique, les transferts de vivant à vivant, peut-on dire, sans céder à un mauvais jeu de mots. Durant cette même période, la reproduction humaine s'est transformée en accédant aux possibilités de techniciser la procréation, d'artificialiser l'enfantement. Ces pratiques, qui contribuent à la libération de la femme avec des succès encore limités, ne se réduisent pas à un acte médical qui ne se différencierait des autres que par ses implications émotionnelles, sociales et morales. Elles marquent un moment sans précédent, moment dont Émile Papiernik a dit qu'il fut fascinant avec les premières réussites de la fécondation *in vitro*. Par celle-ci, l'homme devient « capable de modifier l'homme », d'intervenir en faisant accepter à l'œuf humain un gène nouveau. La technique existe, qui permet d'agir sur le patrimoine héréditaire d'un individu, de produire des êtres humains « transgéniques » ; elle est disponible, mais son emploi est catégoriquement rejeté : « C'est là l'inacceptable », déclare Jean Dausset, prix Nobel et initiateur du Mouvement universel de la responsabilité scientifique. Cependant, les premiers clones humains viennent d'être produits...

Au cours de ce siècle, l'homme a conquis ce à quoi il n'avait jamais pu prétendre : le pouvoir de se détruire, avec l'entrée dans l'ère du nucléaire, le pouvoir de s'autotransformer, avec l'accès aux maîtrises du vivant. Sartre a considéré le premier comme un accomplissement de la liberté humaine, jusqu'à ce point où l'humanité peut disposer d'elle-même et s'anéantir : « L'homme est enfin libre. » Le second a pu s'interpréter comme manifestant l'autre face de cet accomplissement, où la vie est toujours en jeu — non plus afin d'en avoir l'entière disposition, mais afin de la modifier et de la gouverner, d'entraîner l'homme dans une Histoire radicalement nouvelle, celle où sa *propre nature* est toujours plus domestiquée. Ce pouvoir-ci provoque le refus catégorique des défenseurs de la tradition qui sacralisent la vie humaine dont, disent-ils, l'homme n'est pas le possesseur mais le détenteur par délégation, et la défiance de ceux qui affirment l'obligation des sciences de contribuer d'abord à la transformation socio-politique de l'humanité, en lui subordonnant les interventions biologiques qui agissent sur la nature humaine. De façon moins nettement exprimée, plus émotionnelle, la grande maîtrise du vivant contribue au mariage de l'incertitude et de l'inquiétude. Elle fait craindre l'avènement d'une *biocratie* dont la politique serait un eugénisme fabriquant et hiérarchisant les hommes selon son décret, sélectionnant et excluant. Elle livre au doute, parce qu'elle abandonne aux emportements extrêmes : de l'exaltation quasi dévote, où entraîne l'annonce de ses succès, à l'incroyance agressive, où conduit l'impatience face à ses échecs et à ses incapacités. Cette ambivalence se traduit en dramatisation, sur fond de grandes peurs, lorsque le désordre biologique s'impose durablement ; le sida le révèle aujourd'hui : il met en situation d'attente pressante du miracle scientifique tout en convertissant l'insuccès en rumeurs, fantasmes et angoisses. La menace vitale synthétise toutes les autres.

En tant que constitutives d'un système, les technologies du vivant obéissent à la logique qui lui est inhérente, et acquièrent une large autonomie. Elles ont leur mouvement propre dont tire profit l'économie marchande, en l'entretenant par des ressources financières et en le captant dès qu'il devient exploitable. Le commerce de la vie se banalise progressivement, bien qu'il soit reconnu différent parce qu'il s'effectue avec une marchandise qui n'est pas comme les autres. Il est des effets plus confusément identifiés, qui ne relèvent pas de la connaissance ordinaire, immédiate. La rationalité a fait irruption dans l'univers du vivant en subordonnant par étapes ce qui y était le plus caché : la cellule, la molécule, le gène. Son emprise complète est maintenant recherchée par le moyen d'un extraordinaire projet : le « programme génome », audacieux inventaire de tous les gènes qui composent ensemble le patrimoine génétique de l'espèce humaine, et non celui d'un homme particulier. Il en est attendu le savoir qui permettra de connaître plus précisément les propriétés de la « matière vivante », l'évolution de la vie. Et d'accroître ainsi, de façon décisive, l'emprise de la raison et des pratiques qu'elle gouverne, en lui donnant des moyens de prédiction accrus quant aux effets de l'identité génétique sur la destinée de l'individu, en contribuant à corriger celle-ci par la thérapie des maladies génétiques. Ce progrès médical serait un saut sans précédent et, à la limite, merveilleux. Mais cette domestication croissante des sources de la vie humaine peut conduire à un amoindrissement ; Émile Papiernik le désigne en évoquant les potentialités génétiques contrariées par l'effacement progressif de la part « sauvage » du patrimoine humain. Dans l'immédiat, c'est la définition même de la personne qui se trouve en jeu, son rapport au pouvoir fondé sur les technologies du vivant et les conditions d'exercice de sa liberté. A terme, la puissance extérieure qui contribue au façonnage de l'homme n'est plus alors celle des dieux anciens, ni même celle qui exprime la contrainte du social inscrite dans une histoire particulière, mais celle qui est devenue capable d'agir à l'intérieur de son être — en lui et en sa descendance. Le risque n'est pas nul ; la grande incertitude quant à la bonne façon de maîtriser la « révolution » des technologies du vivant, les renoncements à l'exercice de la liberté de décision, auxquels accoutument tous les grands systèmes techniques, le rendent dès maintenant possible.

Le nouveau « que faire ? »

Dédale serait maintenant tenté de devenir le constructeur d'un labyrinthe dont les sciences du vivant lui suggéreraient le modèle, mais il en ignorerait paradoxalement les issues. Plusieurs des biologistes, parmi les plus reconnus, se trouvent dans une situation analogue et qui n'est plus fictive : ils n'ont pas l'entière certitude d'être parvenus à une vision claire de ce qu'ils font. Les moratoires et les décisions individuelles — ainsi, celles de Jacques Testart, à large retentissement — qui imposent une période d'arrêt à certaines recherches et expérimentations, les interdits absolus que se donne la communauté scientifique — ne pas modifier le patrimoine génétique de l'humanité et ne pas créer une autre espèce à partir de l'être humain existant —, les hésitations paralysantes des commissions de bio-éthique sont tous des révélateurs. La question du « que faire ? » n'a pas reçu les réponses propices à un très large accord, bien qu'elle entretienne de nombreux débats, sans la distance suffisante qui permettrait à ceux-ci d'échapper aux effets des passions : elles entraînent les uns dans un conservatisme sacralisant et les autres dans une fuite en avant dénonçant l'« heuristique de la peur », qui inverse la promesse technique en une menace.

Les technologies du vivant, du fait de leur objet et de leurs enjeux plus immédiatement perceptibles par chacun, posent avec un fort grossissement et une acuité extrême les problèmes nés de la montée en puissance des systèmes techniques. La certitude de la maîtrise n'est jamais acquise, et l'arrogance techniciste, qui sous-estime le risques et les possibilités de dérive, reste redoutée. Les profits obtenus par la collectivité et l'individu peuvent être payés en *parts de liberté* concédées : l'identité génétique de la personne donnerait à la surveillance exercée par ailleurs un fondement biologique, les décisions « vitales » à prendre pour soi et la descendance le seraient par une large délégation accordée aux compétents, l'initiative individuelle ne serait plus canalisée par les seules contraintes économiques, sociales et culturelles, mais aussi par celles d'ordre biologique rationnellement définies et techniquement fortifiées. La responsabilité change de nature, elle aussi se technicise en laissant moins de prise aux principes du droit, qui est d'autre part en retard, et aux impératifs de la morale ; dans ce mouvement, la culpabilité s'estompe, comme l'a manifesté la tragique affaire du « sang contaminé », en France et ailleurs.

A ces risques peu contestables l'optimisme progressiste oppose la dénégation ; il refuse d'entrer dans le jeu de la logique du soupçon, auxiliaire des « nouveaux exorcistes » ; il dénonce un obscurantisme où se découvre l'avatar d'une religiosité qui fait du vivant un sanctuaire. Pierre-André Taguieff, politologue et philosophe, est l'un des plus ardents à prendre le parti du progrès. Il voit en lui un mouvement où la liberté se réalise et doit être assumée avec ses dangers, où l'Histoire s'accomplit sans laisser place aux tentations de la fuir. Il occupe une position polémique avancée ; il restitue à l'eugénisme une certaine décence ; il ne reconnaît aucune justification à l'interdit de modifier notre patrimoine génétique commun, dès lors qu'est « accepté le principe d'une *intervention humaine* dans le processus de procréation ». Pierre-André Taguieff attaque les constructions fantasmatiques mêlant « la haine de la science à la phobie de la technique », mais il admet un « véritable et grave problème » : celui du « totalitarisme instrumentalisant science et technique ». Parce que les technologies du vivant opèrent sur le registre de la vie et de la mort, elles posent plus que les autres la *question du pouvoir* ; il y a, entre elles et celui-ci, qui est avec des moyens fort différents pouvoir de vie et pouvoir de mort, une affinité essentielle. Les biologistes critiques, et certains des autres, le savent et ils mettent en garde. Axel Kahn évoque le risque d'accéder par le génie génétique — à travers les outils qu'il utilise, le concours des informations sur les personnes qu'il délivre, la force de l'économie qui l'accompagne — à un pouvoir « exorbitant ». Un pouvoir capable de ruiner la démocratie en ses principes, car elle exige qu'il n'y ait « point de déséquilibre entre celui qui sait et celui sur lequel on sait ».

Les controverses relatives aux manipulations du vivant dramatisent toutes celles dont la technique contemporaine est l'objet, sans que les thèmes majeurs varient. Technophobes et technophiles s'opposent en définissant leurs positions par une argumentation plus générale que spécifiée. Les premiers trouvent en Martin Heidegger l'initiateur de la critique ontologique. Il est celui qui a fait de la technique l'« essence profonde de la science », et non pas un instrument : elle contribue à une mise en demeure qui est « un arraisonnement de l'être » ; aucune connaissance supérieure à elle ni aucun maître ne permettent de la contenir. Il n'y a de salut que dans le passage à l'extrême ; il faut pousser la technique jusqu'à son terme, car « là où est le danger, là aussi croît ce qui sauve ». Cette conception, sinon sa conclusion, a pour filiation actuelle l'écologie philosophique, en ce qu'elle a de plus radicalisé. Les technophobes disposent aussi d'un argumentaire sociologique. Jacques Ellul y fait un apport notoire, en considérant la technique comme un système doté d'autonomie et donc capable d'échapper à tout contrôle extérieur ; il la définit comme un discours sur le monde, une manière de penser qui produit des représentations de la nature autant que des modes d'action sur celle-ci. En ce sens, il ne peut lui être opposé qu'une autre conception du monde et une contestation d'ordre éthique. Les technophiles ont la tâche apparemment plus facile, malgré la montée des critiques qui diabolisent le technicisme aveugle, générateur de ravages et de maux. En affirmant la *neutralité* de la technique, qui échappe aux critères du bien et du mal, ils l'innocentent en quelque sorte par principe. Dans le sillage des encyclopédistes du XVIIIe siècle, ils valorisent l'exploitation des « possibles ». Ils attribuent à la technoscience, servante d'une rationalité théorique et pratique toujours plus efficace, une capacité d'autorégulation : le pouvoir de corriger, par des connaissances et applications nouvelles, ses propres excès et ses effets pervers. La technophilie reçoit un appui de la fascination résultant des avancées successives de la technique, l'imaginaire s'en empare et il se nourrit des découvertes du moment lorsque les précédentes ont entraîné la désillusion ou l'inquiétude.

La question centrale est bien celle de l'autonomie des techniques, qui permettrait l'expansion de leur puissance dans une sorte d'indifférence à ce qui leur reste extérieur. Cette autonomie contestée ne peut être pourtant qu'incomplète. Les techniques ne se trouvent pas engagées sur leurs trajectoires du fait de leur seul mouvement : il y faut un concours d'impulsions qui en sont indépendantes. Elles sont pour une part liées les unes aux autres, et leur contrôle devient de moins en moins libre lorsqu'il s'étend de chacune d'elles, traitée isolément, à leur ensemble. C'est par son extension même, son imbrication avec tout ce qui est constitutif des espaces sociaux, que la technique — partout et presque toujours présente — accroît son pouvoir propre. Elle y parvient d'autant mieux que ses conquêtes territoriales sont abandonnées à elles-mêmes. Par l'oubli de cette constatation, qui nous contraint et nous rend responsables : l'alliance avec les techniques ne va jamais de soi parce qu'elle serait « globalement positive » ; elle se négocie continuellement ; elle requiert moins des utilisateurs fascinés, ou apeurés, que des sujets éclairés, vigilants et critiques. Ce qui entraîne une double obligation. D'un côté, la réduction de la distance entre la technique et le grand nombre de ceux qu'elle place « sous influence » — par une éducation qui la rende plus intelligible et non pas seulement concédée à un usage correct et machinal. D'un autre côté, et à l'inverse, la prise d'une plus grande distance de la part du pouvoir, afin d'éviter d'être trop dépendant des argumentations essentiellement technicistes et d'en réduire d'autant son initiative propre conçue selon d'autres critères.

Les chances de la liberté existent, encore faut-il vouloir les saisir. Elles tiennent à la part d'*indétermination* présente dans la nature et dans le monde des hommes, et qui donne du jeu à leurs relations et imbrications. En ce sens, les pratiques techniques ne se distinguent pas des autres formes de l'action sociale, ni les unes ni les autres ne s'orientent vers une issue unique et clairement désignée. De Nietzsche à Norbert Élias et à Hannah Arendt, c'est une même constatation qui circule et se confirme : l'homme a le pouvoir de « libérer des processus », de « déclencher des réactions en chaîne », mais il n'est du pouvoir de personne d'en prédire toutes les conséquences et d'en confisquer *durablement* la maîtrise. Alors, l'image du Labyrinthe se surimpose une fois de plus. Elle nous rappelle que le technicien n'est pas de celui-ci le seul maître, que le politique doit recevoir de l'extérieur ce qui l'éclaire et le guide. Cette nécessité du recours à ce qui vient du dehors — non-technique, non-pouvoir —, c'est cela aussi la chance d'une liberté qui dispose d'autres moyens et peut les utiliser si elle ne cède pas au relâchement.

PARANOTES

Les sciences et les techniques conjuguées fascinent et inquiètent. Elles peuvent apparaître comme propices à une foi ravivée, à une religion de remplacement qui engendre la dévotion (technophilie) et l'incroyance offensive (technophobie). La première nourrit les passions individuelles qui s'investissent dans des objets techniques nombreux et constamment renouvelés, elle dispose de lieux saints : les technopoles où science et technique sont conjointement célébrées. La seconde contre-attaque la puissance fatale résultant de cette conjugaison, dénonce le caractère « thanatocratique » de l'alliance (*cf.* Jacques Grinevald, « L'aspect thanatocratique du génie de l'Occident et son rôle dans l'histoire humaine de la biosphère », contribution au numéro spécial de la *Revue européenne de sciences sociales*, XXIX, 91, 1991, intitulé *Les Techniques. Enjeux humains et sociaux*). Poussée à l'extrême, l'attaque conduit à un « naturalisme » qui accorde à la nature des droits primordiaux en raison de son antériorité sur la société. Elle préconise la défense globale du « système Terre » après avoir montré les effets de la dénaturation (ainsi, Jean Dorst, *La Nature dé-naturée*, Paris, Seuil, 1970). Hans Jonas définit une *responsabilité* à l'égard des générations futures, qui doit se fonder sur une métaphysique de la nature et reconnaître que la valeur est inscrite dans la nature. (*Cf. Le Principe responsabilité. Une éthique pour la civilisation technologique*, trad. franç., Paris, Éd. du Cerf, 1990.) Michel Serres souligne l'insuffisance des « contrats exclusivement sociaux », qui ont ignoré « le lien qui nous rattache au monde » ; il affirme la nécessité d'un contrat naturel marquant les limites de notre emprise sur « l'inerte et les autres vivants » : *Le Contrat naturel*, Paris, François Bourin, 1990.

L'histoire des idées révèle les difficultés rencontrées à penser la technique, et les oppositions qui s'élèvent dès que cette pensée s'effectue. La philosophie grecque, en considérant la *tekhnê*, a constitué une constellation de significations dont nous avons encore l'usage ; ce que montre Cornelius Castoriadis dans « La ''technè'' grecque », *in Les Carrefours du labyrinthe*, Paris, Seuil, 1978, pp. 223 *sq.* La réflexion philosophique sur les sciences et les techniques s'inscrit dans une longue tradition, mais l'époque contemporaine s'en était détournée. On assiste actuellement à une incontestable reprise ; un ouvrage collectif, dont Roger-Pol Droit a eu l'initiative, en témoigne : *Science et philosophie, pour quoi faire ?*, Paris, *Le Monde* Éditions, 1990. L'œuvre d'Edgar Morin est largement consacrée à l'articulation du naturel et du culturel, aux processus d'organisation et de complexité croissantes ; *cf. Le Paradigme perdu : la nature humaine*, Paris, Seuil, 1973, et surtout les volumes de *La Méthode*, Paris, Seuil, publiés à partir de 1977. Dominique Bourg, philosophe, s'inscrit en faux contre la thèse affirmant que la technique échappe à notre contrôle et anéantit nos libertés : « Technique et lien social », *in Revue européenne des sciences sociales*, *op. cit.*, pp. 81 *sq.* Dominique Lecourt, également philosophe, attaché à l'exploration de la pensée scientifique et de l'univers technique, se fait modérateur des angoisses : *Contre la peur*, Paris, Hachette, « Pluriel », 1993. La mise en relation avec les théories de la postmodernité et l'évaluation de sources nombreuses, notamment anglo-saxonnes, se trouvent dans Barry Smart, *Modern Conditions, Postmodern Controversies*, Londres, Routledge, 1992.

La notion de « système technique » s'impose avec l'expansion technicienne et le changement d'échelle des organisations qui l'entretiennent et la gouvernent. A peu près au même moment, Jacques Ellul (*Le Système technicien*, Paris, Calmann-Lévy, 1977) et Bertrand Gille (*Histoire des techniques*, Paris, Gallimard, 1978) en établissent l'usage. La théorie des « grands systèmes techniques » se précise plus tardivement ; l'ouvrage dirigé conjointement par Robert Mayntz et Thomas Hughes (*The Development of Large Technical Systems*, New York, Boulder, 1988) y contribue. Il analyse la dynamique de ces systèmes, montre que leur développement ne dépend pas seulement des conditions techniques, souligne leur capacité à produire également de l'organisation sociale assujettie, à constituer du pouvoir par leur structure en réseau *(networks of power)*. Une contribution française plus récente est due à Alain Gras : *Grandeur et Dépendance. Sociologie des macro-systèmes techniques*, Paris, PUF, 1993. L'apport théorique — examen de la « notion de macro-système » — est éclairé par des études de cas, dont celui des transports aériens ; il conduit à une critique de la démesure et du « progressisme impitoyable » qu'elle entretient. John Galbraith a défini la « technostructure », puis identifié la conjugaison de la science, de la technologie et du pouvoir militaire qui a donné naissance à un « complexe militaro-industriel ». (*Cf. The New Industrial State*, Londres, Penguin, 1969.) Jacques Lesourne révèle les enjeux techniques où la figure du « destin » est engagée dans *Les Systèmes du destin*, Paris, Dalloz, 1976 ; Victor Scardigli — dans *Les Sens de la technique*, Paris, PUF,1992 — se fait le révélateur de l'« imaginaire en action » au cours du mouvement des techniques.

Lewis Mumford a traité de la machine en la présentant dans le cours du développement historique, en la reliant aux mythes et aux systèmes de pensée, en la situant dans le cadre des organisations socio-politiques ; il est le premier à considérer l'organisation bureaucratique des anciens empires sous l'aspect d'une « mégamachine » où se logent les machines matérielles servantes de sa puissance. (*Cf. Le Mythe de la machine*, trad. franç., Paris, Fayard, 2 vol., 1973 et 1974.) Sur la formation d'une société dite « postindustrielle », la référence initiale et classique est : Daniel Bell, *The Coming of Post-Industrial Society*, New York, Basic Books, 1973. Sur le néo-fordisme, la réorganisation du capitalisme (post)industriel, l'impact des technologies de l'information, voir : Francis Webster et K. Robins, *Information Technology*, New Jersey, Ablex, 1986 ; sur les problèmes du travail, la relation entre automatisation, organisation et autonomie, voir : Guy de Terssac, *Autonomie dans le travail*, Paris, PUF, 1992. Les systèmes techniques complexes, et leur montée en puissance, ont donné une autre dimension aux problèmes de sécurité, aux représentations du risque ; pour une théorisation d'esprit anthropologique, se reporter à : Mary Douglas et A. Wildeski, *Risk and Culture*, University of California Press, 1982 ; pour un aperçu de la gestion des risques, voir : C. Dourlens *et al.*, *Conquête de la sécurité, gestion des risques*, Paris, L'Harmattan, 1991. La technologie dans son rapport à la généralisation de la « surveillance » est notamment examinée par Webster et Robins, *op. cit.*, et *The Technical Fix : Education, Computers and Industry*, Londres, Macmillan, 1989, Theodor Roszak, *The Cult of Information*, New York, Lutterworth Press, 1986, et Georges Balandier, *Le Pouvoir sur scènes*, nouv. éd. augmentée, Paris, Balland, 1992. Sur le « branchement » technique de la vie quotidienne, voir : Alain Gras, B. Joerges et V. Scardigli (dir.), *Sociologie des techniques de la vie quotidienne*, Paris, L'Harmattan, 1991 ; sur l'investissement symbolique et affectif des machines d'usage banalisé, voir : Pierre Sansot, Y. Chalas et H. Torgue, *L'Imaginaire technique ordinaire*, ESU (Université de Grenoble), 1984.

Les technosciences intervenant sur les processus vitaux prennent, dans les représentations communes, les deux formes antithétiques du merveilleux et du néfaste. Elles culturalisent intimement le vivant, elles permettent d'agir par *recombinaison*, d'opérer sur les sources mêmes de la reproduction de la vie. Elles ouvrent de nouveaux territoires à l'« inédit ». Sur leur signification, voir : Georges Balandier, *Le Détour*, Fayard, 1985, pp. 175 *sq.* ; sur ce qui définit leurs effets réels *et* leur traitement par l'imaginaire, voir : Victor Scardigli, *op. cit.*, deuxième partie (« La vie par la science ? »). François Dagognet décrit le chemin qui conduit à la « maîtrise du vivant » en évitant qu'il y ait « réduction de la vie à un objet » : *La Maîtrise du vivant*, Paris, Hachette, 1988, et *Le Vivant*, Paris, Bordas, 1988. Dès 1971, Watson Fuller avait dirigé un ouvrage collectif qui posait la question de la *responsabilité* : *Responsabilité biologique*, trad. franç., Paris, Hermann, 1974. Trois biologistes français consacrent un rapport conjoint aux relations entre les sciences de la vie et la société : François Gros, F. Jacob et P. Royer : *Sciences de la vie et société*, Paris, La Documentation française, 1979. Les technologies du vivant sont principalement mises en cause lorsqu'elles s'appliquent à l'homme et non plus seulement aux autres êtres vivants. Les risques de dérive — vers l'eugénisme, la marchandisation des composants du corps humain, la biocratie et la gestion génétique des individus — conduisent à poser la question des *limites*, à rechercher les fondements d'une *bioéthique*. Voir le numéro spécial de la revue *Raison présente* (105, 1er trimestre 1993) intitulé « La maîtrise du vivant », pp. 5-184 (notamment les contributions d'Étienne-Émile Baulieu, Axel Kahn, Émile Papiernik, Henri Atlan). Noëlle Lenoir a composé sur ces mêmes thèmes un très complet « dossier » : *Aux frontières de la vie*, t. I, *Une éthique biomédicale à la française*, t. II, *Paroles d'éthique*, Paris, La Documentation française, 1991. L'opposition des principes et des évaluations du risque est très marquée, notamment dans l'affrontement des traditionalistes et des modernistes. Mais elle ne se réduit pas à cela, elle traverse le champ scientifique. Deux positions sont significatives de ce point de vue. Celle de Jacques Testart, biologiste, pour qui « l'intégrité de l'espèce humaine est menacée » (*cf. Le Magasin des enfants*, Paris, François Bourin, 1990 et *Le Désir du gène*, Paris, François Bourin, 1992). Celle de Pierre-André Taguieff, philosophe et politologue, qui opte pour la réalisation du « possible », réfute le « néo-fondamentalisme génétique » et dénonce les « nouveaux exorcistes » qui prêchent « l'abstinence cognitive et technique ». (*Cf.* notamment sa réfutation polémique : « Améliorer l'homme ? L'eugénisme et ses ennemis », *in Raison présente*, *op. cit.*, pp. 59-94.) Enfin, un vocabulaire « encyclopédique et critique » propose le premier inventaire conduit à partir du langage des spécialistes : Gilbert Hottois et M.-H. Parizeau (dir.), *Les Mots de la bioéthique*, De Boeck, 1993.

Les technophobes ont notamment pour sources : Martin Heidegger, « La question de la technique », *in Essais et Conférences*, trad. franç., Paris, Gallimard, 1954, et *Chemins qui ne mènent nulle part*, trad. franç., Paris, Gallimard, 1962 ; et Hannah Arendt, *Condition de l'homme moderne*, trad. franç., Paris, Calmann-Lévy, 1961. Le souci de faire naître une authentique « culture technique » est affirmé, en reconsidérant l'œuvre injustement méconnue de Gilbert Simondon ; *cf.* Gilbert Hottois, *Simondon et la philosophie de la « culture technique »*, De Boeck, 1993. Denis Duclos, par une démarche novatrice invitant à une constante « veille culturelle », propose des moyens d'« apprivoiser la puissance » : *De la civilité. Comment les sociétés apprivoisent la puissance*, Paris, La Découverte, 1993.

IV
Les carrefours de l'imaginaire

Le trop et le trop peu de l'imaginaire

Les images prolifèrent et conquièrent, les techniques produisent du fantastique, du merveilleux, par leur réussite, par leurs exploits répétés. Il nous semble que l'imaginaire n'a jamais rencontré un concours de circonstances aussi propices à son déploiement, à la multiplication de ses manifestations et de ses formes. Il deviendrait en quelque sorte plus riche, davantage disponible, et au service de tous afin de réenchanter la quotidienneté. Le temps de l'ennui, pour cause de répétition routinière, de banalisation des *paysages* de la vie habituelle serait en voie de s'achever.

Et pourtant, l'accès aux territoires les plus anciens de l'imaginaire s'obscurcit. Ces au-delàs de l'ordinaire s'aperçoivent de moins en moins dans le dévoilement qu'effectuent les grands mythes, les révélations et les prophéties, en les transformant en lieux de l'espérance et non pas du désir immédiat. Ils se découvrent peu dans l'exploration sensible, sensuelle, de ce qui était autrefois constitutif des « mystères de la nature », de ce qui mettait en œuvre l'imagination cosmique. L'avancée initiatique dans les arcanes du monde naturel est concurrencée par les explorations fantastiques de la technoscience. Enfin, les au-delàs se recherchent moins à la faveur d'une remontée dans le passé, d'un ressourcement où chacun trouve ce qui lui permet de construire son histoire propre et d'épouser sa tradition. L'instant envahit la conscience. Les retours aux origines deviennent une affaire instituée, technicisée et mise en spectacle — la commémoration et l'exposition les enferment dans l'univers de la consommation. Ainsi, l'imaginaire se trouve-t-il orienté vers d'autres domaines que ceux où il a, sur une très longue durée, accompli son travail. C'est dans le foisonnement de l'immédiatement disponible qu'il trouve ce qui le sollicite et le sert, sous un effet d'inflation généralisée étudié naguère par Elias Canetti. Les au-delàs à sa disposition, en sa proximité, résultent de l'*excès* engendré par la surmodernité, soit sous sa forme estimée positive — l'avancée sans limites, la performance, l'exploit, la puissance —, soit sous sa forme éprouvée négativement — le manque, la pollution, la contagion, le désordre, l'agitation, la violence.

L'imaginaire se disperse, s'attache peu et en paraît d'autant plus difficilement identifiable ; entraîné sur de multiples voies, il ne se reconnaît plus comme le véhicule capable de conduire jusqu'au cœur même des choses. Mais les incertitudes relatives à la nature de l'imaginaire et à ses fonctions ont toujours existé, à des intensités variables. Le discrédit attaché à l'imagination, dès le commencement de la pensée philosophique, a eu des retombées qui l'ont longtemps atteint : selon Platon, imaginer, c'est opposer des obstacles à la connaissance. A l'époque classique, une place est accordée à l'imagination, mais celle-ci, en position subalterne, n'est qu'un truchement par lequel la pensée et le corps sont associés, ou une faculté secondaire inséparable de la sensation, et donc des sens. Le renversement, qui crédite entièrement ce qui n'avait reçu jusqu'alors qu'un crédit chichement mesuré, est tardif. L'idéalisme et le romantisme allemands attribuent à l'imagination soit la capacité de servir la liberté, soit le pouvoir d'établir l'affinité universelle des choses et des esprits entre eux. Et puis, dans la période contemporaine, l'imagination se définit comme *écart*, distance séparant du réel, recherche d'autres possibles — faculté du « pur possible », dit Sartre —, mise en œuvre de dynamismes créateurs. Jean Starobinski en fait la compagne qui, « escortant le projet, l'espoir, la crainte, les conjonctures », apporte « beaucoup plus qu'une faculté d'évoquer des images qui doubleraient le monde de nos perceptions directes » ; l'imagination « est un pouvoir d'écart grâce auquel nous nous représentons les choses distantes et nous nous distançons des réalités présentes ».

L'*imaginaire* est davantage l'exploitation de cette possibilité qu'un territoire nettement différencié ; c'est là ce qui marque la différence avec les conceptions d'une anthropologie mystique affirmant l'existence d'un monde *imaginal* où images et archétypes se situent comme autant de phénomènes originaires et toujours là, un troisième monde distinct de ceux qui relèvent du sensible ou de l'intelligible. A tous les « arrière-mondes », dont l'homme moderne s'est éloigné sans bien connaître le prix de ce détachement, la psychanalyse a substitué l'*autre scène*, celle de l'imaginaire et de l'inconscient où le symbolique impose son gouvernement, où les dynamismes et les processus masqués donnent forme aux façons dont les individus ressentent, craignent, agissent, gèrent et traduisent leurs conflits. Quant aux sciences de la société, elles n'allient plus seulement l'imaginaire social au travail d'une histoire transformatrice (version révolutionnaire) ou au travail de la légitimation par le sacré et sa symbolique, par la religion et ses rites (version conservatrice), elles voient à travers lui les effets des pulsions et des désirs — des individus et des groupes — sur la constitution du lien social. Il apparaît ainsi une création partiellement imaginaire des rapports de société. Et davantage, dans la mesure même où l'imaginaire social a une certaine capacité d'auto-accomplissement, en faisant être ce qu'il a anticipé, dans la mesure aussi où il oriente les réponses aux problèmes peu solubles par d'autres moyens que ceux dont il pourvoit.

Au terme d'un long parcours, l'imagination n'est plus discréditée parce qu'elle resterait une « maîtresse d'erreur » ou une « folle qui fait la folle ». L'imaginaire est doté de l'omniprésence et, par certains, de l'antériorité ; il apparaît partout en action, dans la personne et hors d'elle, en se trouvant présent et actif de façon déterminante au sein des institutions, des œuvres, du mouvement scientifique, et de l'Histoire. Ce n'est pas le moindre des paradoxes de porter au plus haut sa promotion en un temps où la rationalité technique et instrumentale, la logique calculatrice et la logique de l'organisation dévalorisent ce qu'elles ne soumettent pas. Alors, l'imaginaire ne serait-il pas — pour employer une formule de Jacques Lacan, mais en en déviant le sens — une sorte de *Grand Autre*? L'itinéraire de Gaston Bachelard est annonciateur de ce déplacement, de ce renversement, bien qu'il ait déjà pour point de départ l'affirmation de l'impossibilité de parvenir à une connaissance exacte ou définitive. Il est un moment où le philosophe, attaché à retracer « la formation du nouvel esprit scientifique » et, plus tard, à définir la rationalité du matérialisme, se dédouble, l'« homme nocturne », note justement Jean-François Mattéi, « essayant de réhabiliter, dans l'ordre de l'imaginaire, les expériences que [l'homme diurne] condamne dans l'ordre de la rationalité ». C'est le premier, l'homme nocturne, qui fait de l'imagination et non de la raison une puissance maîtresse de l'esprit humain, qui progresse d'une « rêverie » à l'autre vers une ontologie poétique, puis définit l'homme comme un « être qui imagine » et *pense après*.

Aujourd'hui, la raison ne se trouve plus engagée dans un simple et net affrontement, dans un combat qui recherche sans détours l'exclusion du mythe et l'éradication des choses vagues. Elle perd son unité en même temps que son assurance. Son abri privilégié, la science, ne lui accorde pas une entière et exclusive occupation ;

il n'y a plus d'« extraterritorialité » scientifique. La science porte en elle du mythe caché, des logiques métisses ; Ernst Cassirer avait déjà observé que la pensée mythique et la pensée rationnelle se développent sur deux plans différents, mais que celle-là continue à porter du sens à la frontière ou à l'intérieur de celle-ci. La raison scientifique retrouve le rêve, à sa façon. Heinz Pagels, physicien renommé, le prouve en désignant les ruptures effectuées et les territoires encore inconnus révélés par les « nouvelles sciences de la complexité » au moyen de leur principal instrument, l'ordinateur, qui permet d'accéder à une autre vision de la nature, fort différente de celle produite par l'outillage analytique ancien. Les paradigmes, les technologies de l'intelligence, les sciences cognitives révolutionnent l'« architectonique des sciences », ils commencent à créer une tout autre image de la réalité. C'est l'objet de la première passion : celle de construire autrement le monde, d'entrer dans une nouvelle époque de sa découverte — et de devenir les défricheurs de la « dernière "frontière" scientifique », la complexité. L'objet de la seconde passion, c'est la conquête de l'inédit par la maîtrise du complexe : la création « de nouveaux mondes et de nouveaux êtres », la conception de dispositifs employés à des combinaisons d'atomes encore inconnues, sorte d'« assembleurs » presque capables de façonner « des machines moléculaires qui s'autoreproduiront et s'auto-organiseront sous le contrôle d'ordinateurs moléculaires ». Le scientifique double l'auteur de science-fiction, il le laisse à la traîne. L'imagination se déploie dans les espaces de la technoscience, la passion des conquêtes et des performances suit ses traces. Mais les « rêves de la raison » — titre donné par Heinz Pagels à son ouvrage — ne peuvent occuper tous les territoires du rêve. La complexité, en voie d'être domestiquée par la science, précise mieux ses limites propres : celles que lui opposent l'être humain dans ce qu'il a d'irréductible et ses propres cultures en ce qu'elles recèlent d'arbitraire, de conflictuel et d'imprévisible. Ce qui conduit à « s'interroger sur le rôle de la fragile raison dans la conduite de nos vies », à reconnaître que notre « vie émotionnelle » est un domaine autre, sans règles ni repères fixes, et porteur de créativité par des voies différentes ; celles où l'imaginaire se rencontre inévitablement, par une nécessité existentielle à laquelle personne n'échappe.

L'homme ordinaire entre peu dans l'univers des sciences et des systèmes techniques actuels, leur complexité, leur mouvement, leurs langages artificiels lui en filtrent l'accès. Il est d'abord l'utilisateur des produits, des instruments, des services dont il peut, grâce à eux, disposer : ils l'étonnent par ce qu'ils sont capables de faire avec une efficacité croissante, par leur renouvellement rapide qui introduit du nouveau dans la quotidienneté ; ils lui offrent la possibilité de mettre en œuvre du désir et d'être le complice de cette petite transfiguration qu'effectue la promotion marchande par les mises en scène et la publicité. A un niveau plus élevé, non utilitaire, les réalisations technoscientifiques sont les moteurs de son émerveillement ; elles lui révèlent une *exploration* de l'univers, de la matière, du vivant qui prend la relève des explorations géographiques maintenant achevées, il en reçoit les images comme celles du spectacle d'autres mondes. Ces réalisations excitent son imaginaire parce qu'elles sont vues comme des conquêtes de l'impossible, l'accomplissement de la performance portée à son point suprême ; elles s'inscrivent dans le champ des fictions qui composent l'épopée du dépassement des limites, du franchissement des frontières.

La double fascination — par le pouvoir-interpréter et ses nouvelles *lectures* du monde, par le pouvoir-faire poussé toujours plus avant — ne semble pas suffisante. Le désir et l'imaginaire continuent d'emprunter de concert les chemins détournés de la science. Tous deux sont lancés dans une sorte de recherche sauvage ou archaïque de l'inexplicable et du paranormal, dans une quête de l'impossible qui relève d'une autre et fort ancienne histoire, mais pratique au passage le braconnage sur les terres des scientifiques. Ce qui revêt l'entreprise d'une sorte d'habillage moderne, et lui donne une apparence de légitimité. Le phénomène, refoulé par la poussée des activités rationnelles depuis la fin du XVIIIe siècle, reparaît cycliquement. Il progresse par le relais de certains médias et sous l'effet de sollicitations marchandes diversifiées et nombreuses. Ce qui le différencie, c'est sa prétention à être reconnu comme *science parallèle*, le simulacre d'un recours à des technologies valorisantes, l'adhésion ou la sympathie que lui accorde un public ayant atteint un niveau culturel moyen ou supérieur. Ainsi se trouve révélée une sorte d'espace flou, mal borné, étendu entre celui, régressif, que les religions établies occupaient et celui, expansif, que la technoscience soumet à la raison et à ses raisons. Celui-là même où une double insatisfaction — face aux réponses de la foi instituée, face aux savoir-faire artificialisant la vie — tente de trouver ses remèdes. C'est le monde de l'autre-chose ; l'imaginaire n'y est plus domestiqué, l'intuition y a du pouvoir, le hasard s'y conjure et l'insupportable incertitude s'y apaise par l'effet d'illusions qui ont l'aspect de vérités reçues d'ailleurs. La critique scientifique ne parvient pas à entamer ce monde en montrant qu'il est celui des mirages et des marchands qui font commerce d'apparences. Il est, sous des formes changeantes, irréductible. Le désir inépuisable, les passions affrontées, les combats menés contre le doute et le mal le façonnent et le renforcent à l'aide de fort anciennes recettes ;

il est, en quelque sorte, construit sur mesure, ajustable aux demandes et au milieu culturel du temps, d'où il tire ce qui le sert.

Cette reconquête effectuée par l'occulte et le parascientifique dans les sociétés de la surmodernité, où la raison scientifique et la raison instrumentale semblent exercer une emprise quasi totale, introduit le plus surprenant des contrastes, entre un imaginaire dont les sources cachées auraient été préservées, qui n'est accessible que par des médiations de nature initiatique, aujourd'hui assistées par quelque appareillage évocateur des techniques, et les ressources de l'imaginaire, disponibles, négociables et renouvelables par l'effet des machines et des dispositifs qui les produisent, les multiplient et les livrent en en provoquant la demande. Sous ce dernier aspect, il faut reconnaître une sorte de mainmise du marché sur l'imaginaire, et une relation à celui-ci qui devient alors celle du consommateur à la marchandise. D'un côté, se situe l'imaginaire réservé, et utilisé à la façon d'un recours, de l'autre, l'imaginaire banalisé, standardisé, exposé aux variations des désirs et des engouements, et donc aux dévalorisations successives. Dans l'entre-deux, ce n'est pas le vide : il y a place pour un imaginaire fluctuant à la recherche des moyens d'aider à la conception d'un avenir encore indistinct.

Le changement de régime de l'imaginaire révèle et accompagne la grande transformation, dans son mouvement et dans ses crises. Rien ne se tient, ou si peu, de ce qui a longtemps contribué à le constituer et à entretenir son pouvoir ; ses ancrages anciens lâchent. Il s'exprimait en relation avec des *visions du monde* maintenant brouillées ; désormais, il intervient surtout dans les transfigurations mineures de la vie privée. Il fonctionnait à la croyance ; l'incertitude dominante et les certitudes successives et précaires prévalent. Il tirait sa force de son enracinement dans une vie collective effectivement partagée, nourrie d'une histoire et d'émotions communes ; la fragmentation sociale, l'individualisme, l'émergence des foules et des masses, l'attachement à l'immédiat lui imposent des conditions contraires à son renforcement par la durée. Il se formait à la faveur du retrait, de la distance prise par rapport aux choses et aux affaires du moment ; aujourd'hui, c'est l'agitation, la turbulence, l'adhésion à ce qui est exaltation du mouvement et de la vitesse. Il faisait accéder à ce qui se trouvait estimé essentiel, rare, plus riche de significations fondatrices ; il est submergé par l'abondance des objets, des images, des messages, des formes et des signes. Les apparences, le scintillement du superficiel, l'éphémère, la communication enveloppante se substituent à son œuvre propre. Enfin, si l'imaginaire meut à la fois le corps et l'esprit, le monde des sensations, des émotions, des pulsions, des désirs et le monde des représentations, des idées aventureuses, des fantasmes, il entre en discorde avec une société de la surmodernité qualifiée d'« abstraite » ; parce qu'elle est moins propice à la relation directe et vive des personnes, plus dépendante des médiations instrumentales, des codes et des algorithmes.

Ce ne sont là que des *conditions* auxquelles la modernité, puis la surmodernité astreignent le travail de l'imagination, comme dynamisme, de l'imaginaire, comme organisation autre de l'expérience. Les « matériaux » avec lesquels s'effectue ce travail ont tout autant changé que ceux dont les techniques ont maintenant l'emploi ; ils sont plus composites, mélangés, artificiels. Ce que la nature encore libre comportait d'inconnu, proposait comme espace à peupler imaginairement — de puissances redoutées, d'êtres fantastiques, de héros audacieux —, et à se concilier symboliquement, n'est plus. L'ignorance et l'éloignement des citadins contribuent à cet effacement ; ils s'accommodent des substituts paysagers ou, pis encore, des allusions à la nature, réduites à l'état de simples *citations*. Lorsque la relation se rétablit, c'est surtout par l'artifice : la création d'un milieu « secondaire » qui n'est qu'une traduction en langage de nature des façons citadines, par la recherche du divertissement, de la jouissance ou du plaisir : la quête saisonnière d'une liberté et d'une régénération, et par la performance : l'utilisation de la nature, épousée dans une sorte de lutte où l'habileté du corps assure l'union afin de se réaliser soi-même et de se dépasser. Les élements — feu, air, eau, terre — entrent moins dans ce que Gaston Bachelard nommait « physique de la rêverie » ; ils sont accessibles, peut-on dire, de manière moins naturelle, peu sauvage ; ils entrent dans l'imagerie de la consommation et de l'hygiénisme ; ils sont doublés par leurs substituts et leurs simulacres, avec la composition des milieux artificiels. L'imagination cosmique s'exerce dans des cosmogonies nouvelles, mais celles-ci se découvrent par l'intermédiaire des techniques, notamment celles de l'espace qui font de Cap Canaveral, site des lancements spectaculaires, un lieu de pèlerinage, et par le truchement des images qui approvisionnent en visions venues des autres mondes et les inscrivent dans la fiction.

Le corps lui-même, dont l'imagination procède bien qu'il lui soit pesant, est l'objet du grand changement des représentations. La modernité se l'est approprié. Elle le fait reconnaître à travers les conceptions mécanistes — certaines de ses « pièces » sont échangeables — et technicistes — l'ingénierie médicale remplace les anciennes pratiques accordant une part à l'intuition par l'observation appareillée. Les rapports technicisés établis avec le corps opèrent dans d'autres configurations, celles qui définissent l'apparence, la présentation de soi, l'esthétique du paraître, la forme et le camouflage de l'âge biologique, celles qui situent dans l'univers du défi, de l'extrême, des manifestations de la puissance corporelle, et qui relèvent du mode de production des vainqueurs. Le corps devient un des moyens du spectacle de masse, avec ces machineries génératrices d'émotions, de passions et de violences, souvent, que sont les manifestations sportives les plus populaires ; il trouve ainsi place dans des sortes de cultes païens où s'accomplit une communion par l'identification aux joueurs et le partage de la victoire. Les techniques ne contribuent pas seulement à l'interrogation du corps, à son entretien et à ses modifications, elles en font un lieu fantastique. Il se découvre comme un domaine longtemps peu exploré et révélé par l'imagerie médicale, comme un espace de l'émerveillement où les prouesses se multiplient, où la maladie subit des défaites. En ce sens, il naturalise l'espérance en lui donnant d'abord la forme de l'attente d'un supplément de vie.

La mort, ce défi de l'inconnaissable, cet échec absolu marquant la limite extrême de l'humain, n'est plus la grande et première provocatrice d'un imaginaire dont les croyances et les traditions ont tiré leur vigueur. Elle n'est plus, pour la majorité des contemporains, la compagne qui conduit vers des arrière-mondes. La méditation sur les « vanités » mondaines, qui a inspiré les peintres et les écrivains, et non pas seulement les théologiens et les moralistes, s'accorde mal à une époque où règnent le bruit, l'agitation, l'envahissement par les choses matérielles et immatérielles, où se présentent nombreuses les occasions d'être diverti. L'incertitude fait son œuvre, les routes de l'au-delà se perdent dans une cartographie imaginaire de moins en moins lisible. Les sociétés de la surmodernité établissent la mort dans une déconcertante *présence absente*. Elles la dénient, en affirmant la capacité progressive de la repousser, de donner à la vie humaine son entière durée potentielle, en se fixant un but qui résume tous les autres : l'abolition de la mort. Elles l'escamotent, par la ségrégation clinique des personnes qui en sont les plus proches, par la délégation générale accordée au corps médical, par les traitements du cadavre permettant de simuler le sommeil de la vie. Ce progressif effacement atteint les manifestations sociales de la mort, les aspects publics du mourir et les funérailles, et les manifestations privées, celles d'une intimité qui est le refuge de l'expression plus libre du chagrin et du deuil, alors que leur expression publique reste contenue. Il faut réduire autant que possible les « traces de la mort », constate Louis-Vincent Thomas. Mais, dans le même temps, celle-ci se banalise par la prolifération des images ; elle s'y insinue, surgit, puis s'efface. Autrefois, la mort donnée à voir avait la qualité d'un spectacle édifiant ou, plus encore, celle d'un affrontement ritualisé ou d'une opération sacrificielle; aujourd'hui, elle devient un moment médiatique, un événement qui libère une émotion fugace, vite affaiblie par son «peu de réalité» pour ceux qui l'observent. Cette omniprésence imagière, par quoi la mort se galvaude, fait fonction d'exorcisme : elle la montre et la dissipe dans un même mouvement, car il s'agit toujours d'une mort étrangère et lointaine, celle des autres.

La surmodernité entretient cet évitement et ses ruses, parce qu'elle entraîne toujours plus avant, pousse au dépassement des limites, à la réalisation dans le présent de ce qui était jusqu'alors impossible. En ce sens, la fin de la mort doit être une ultime victoire et, tant qu'elle n'est pas acquise, il faut accepter les «comme si» et les leurres. La mort ne peut être trompée. Elle continue d'imposer sa loi, et, pour cette raison, l'imaginaire doit en assurer la charge, refaçonner les images dont elle demeure l'inspiratrice dans un chantier culturel bouleversé. Affaire d'abord individuelle, chacun s'efforce de donner un contenu à ce «presque rien» de l'instant mortel afin d'apaiser l'angoisse de l'anéantissement. Affaire collective ensuite, qui fait retrouver l'imaginaire de la mort sur deux de ses terrains, celui des fléaux intraitables et de la contagion, celui d'une Histoire se réalisant dans les bouleversements, les désordres, les régressions, et où le tragique surgit en multipliant ses manifestations.

Thanatos accomplit ainsi de nouvelles métamorphoses, Éros est également entraîné dans le mouvement. Là où il règne, tout est déconstruit, reconstruit. La sexualité se technicise, se rationalise, se maîtrise; l'aléatoire y opère moins, en cédant la place à la procréation volontaire et aux artifices de la production médicalement assistée; la transparence donnée au corps de la femme, par tous les dispositifs imagiers qui l'explorent et le donnent à voir, retire à la gestation son mystère — elle rend celle-ci explicable et la banalise par l'éducation et la divulgation; l'accomplissement sexuel lui-même peut être aidé par une sexologie qui dirige vers la jouissance et son partage. Les relations entre les femmes et les hommes n'obéissent plus aux conventions du passé, la liberté de chacun d'être selon son choix est conquise. Elle se généralise. La sexualité tend vers une réalisation que l'on a pu dire hâtivement «sans âge, sans violence, sans normes». Ce qui a été éliminé, c'est la culpabilisation et l'imaginaire du «péché de chair»; ce qui a été conquis, c'est l'accès à l'érotisme. Mais celui-ci est vite emporté dans une double mouvance : celle qui le banalise par l'érotisation de la culture, celle qui l'entraîne vers la dégradation marchande. Il en est alors de l'économie amoureuse comme de l'économie libérale extrême, elle dérégule, elle ouvre la voie à tous les échanges, elle sollicite le désir érotique par tous les moyens, jusqu'à l'obscène. La publicité du rapport amoureux déplace les frontières de l'intimité, révèle ce qu'elles tenaient hors de l'indiscrétion. Elle contribue à un assujettissement par le regard. Elle fait plus, par l'efficacité de l'imagerie prolixe mise au service du « sexe », qui impose ses modèles, ses mots, son imaginaire fabriqué en fonction d'un marché, qui conditionne la jouissance par le spectacle et l'imitation. Et la détache de ce qui la rend unique dans une invention conjointe, dans un renouvellement où se mesurent la force de l'attraction mutuelle et la richesse des imaginaires conjugués.

Mais le désir de l'amour et l'amour du désir ne se domestiquent pas, ils se laissent prendre un temps, puis ils s'échappent. Ils sont à la recherche d'une nouvelle liberté, même au prix du « délire d'interprétation », ainsi que Roland Barthes l'avait rappelé. Ils tentent de desserrer les pièges de la raison, comme ils l'ont toujours fait, ceux des mots et des images programmés, ceux des séductions publicitaires qui les convertissent en agents commerciaux.

L'amour a toujours été lié au risque, dans les liaisons dangereuses et, plus encore, dans la passion qui entraîne une révolution de tout l'être. L'imaginaire, la sémantique amoureuse, les sensibilités en ont reçu directement ou indirectement leur forme au cours des diverses périodes de la civilisation. Aujourd'hui, le risque n'a qu'une seule et obsédante figure : celle de la mort qui a mis l'amour à son service, sans recours, et qui se répand comme les épidémies d'autrefois. Nos maîtrises du vivant restent jusqu'alors impuissantes. La peur entraîne le retour des peurs anciennes. L'imaginaire s'en empare et actualise les symboliques du désordre et du mal, de la culpabilité et de la malédiction, les images d'un combat fatal où le corps à corps, tout intérieur, a pour ennemi la maladie irréductible. L'amour ruse avec la mort, soit avec audace en prenant le parti de la dénégation, soit avec prudence en adoptant les pratiques qui la tiennent à distance.

L'imaginaire est confronté à une tout autre mort — celle du réel —, à une autre contagion — celle que répandent les images proliférantes —, selon les critiques radicaux de la surmodernité. C'est l'épreuve de l'excès. A la limite, et contrairement aux impressions communes, l'image disparaît dans le foisonnement des apparences et l'imagination se trouve soumise aux technologies de la médiatisation. L'imbrication, le mélange rendent peu discernables le réel et l'imaginaire ; les modes de la perception et les formes de la sensibilité se transforment. Le règne de la simulation n'en est pas, pour autant, établi. Si la confusion devient aujourd'hui plus remarquable, toutes les dénonciations du pouvoir abusif des médias le révèlent, il n'en reste pas moins le fait que toute réalité est *construite*, hybride, faite aussi d'apports qui lui sont extérieurs. Il n'y a pas de réalité immédiate, de *ready made* offert à la pure représentation. Si les apparences composent le monde comme une sorte de labyrinthe à miroirs où il est impossible de cheminer sans erreurs ni errance, l'homme contemporain a toutes les raisons de mettre en œuvre sa liberté comme instrument de sa résistance aux illusions, de faire de son imagination propre un guide et d'être l'artisan premier de ses convictions. En ce sens, le détournement d'un mot de Jacques Lacan — *miraginaire* — peut prendre une valeur provocatrice et incitatrice ; il désigne l'imaginaire employé désormais à la réduction des mirages.

Les chemins qui mènent à la nature

L'imaginaire, le symbolique, le rite ont défini la nature, alors que la technique encore modeste avait pour fonction de la domestiquer et de l'exploiter. Deux voies sont ainsi ouvertes, l'une à la recherche de la communication, l'autre à la recherche de la maîtrise et de la possession. Deux accès à deux univers que les traditions ont longtemps séparés, celui du monde encore sauvage, celui du monde qui résulte des œuvres de l'homme et manifeste un ordre dont il est l'artisan. Une topologie imaginaire trace leurs limites, les situe en opposition. Les cultures populaires la figurent par l'imagerie, elles l'introduisent dans une connaissance transmise par le moyen des narrations et des jeux de paroles. D'une part, un *dehors* sur lequel l'homme a peu de prise, qu'il peuple de bêtes, de puissances mal identifiées, de monstres, de personnages dangereux ou néfastes — et de héros qui trouvent dans l'affrontement l'occasion de leurs actions exemplaires. D'autre part, un *dedans* entièrement humain, qui est civilisé, ordonné par l'effet de la loi et du pouvoir, du respect des usages et du travail. Les folkloristes français ont montré, malgré la variété des traditions locales, comment cette coupure idéale régit les représentations, les symboliques, les pratiques et l'économie des sentiments. Mais ils ont aussi révélé les ambivalences qui l'atténuent. Les deux mondes, bien que séparés, communiquent ; leurs frontières ne sont pas des barrages infranchissables. L'agression et l'apparition des êtres imaginaires sauvages s'effectuent aux abords des cités, à la faveur de la nuit et sous des apparences trompeuses ; tous ne sont pas mauvais, certains ne sont pas seulement agressifs, mais aussi secourables. Des connivences extraordinaires paraissent possibles. De façon symétrique, les hommes pénètrent imaginairement à l'intérieur de l'autre monde ; ils l'attaquent eux aussi, non pas pour l'exploiter, mais pour y situer les exploits qui transfigurent quelques-uns d'entre eux ; ils en font le site des savoirs qui leur restent étrangers et auxquels ils aspirent ; ils y recherchent des alliances occultes, sollicitées au moyen du rite comme dans les anciens cultes de la forêt. L'espace policé et l'espace sauvage sont ainsi pensés ensemble, par différence, l'un par l'autre, liés dans un rapport où chacun fait prévaloir une puissance qui lui est propre. C'est dans leurs régions frontières que tout se joue, que l'ordre des hommes entre en affrontement avec l'ordre des choses et des êtres naturels.

Dans les sociétés de la tradition, où la capacité technique reste contenue, où le rite demeure l'associé de l'outil, la qualification des espaces révèle encore cette répartition. Ainsi en Afrique noire, selon les descriptions et les interprétations que donnent les anthropologues, l'opposition du village (lieu des hommes) et de la brousse ou de la forêt (lieu des « autres ») s'y retrouve, mais en ménageant des zones intermédiaires. Elles s'étendent des limites villageoises jusqu'aux confins des terroirs cultivés et des espaces parcourus ; en progressant de l'une vers l'autre, les risques deviennent plus redoutables et les précautions rituelles se multiplient. La communication n'en existe pas moins, réponse à une nécessité qui n'est pas d'abord d'ordre matériel et technique ; l'instrument y compte peu, le symbole qui allie et le rite qui opère y prévalent. Le monde des animaux sauvages est l'objet d'un partage imaginaire que les traditions orales illustrent ; la différenciation s'effectue selon les critères contraires du positif et du négatif, du bien et du mal, du faste et du néfaste, de l'ordre et du désordre ; ce qui permet d'établir avec les bêtes les plus propices une sorte de relation gémellaire, d'imaginer une « fraternité » à avantages mutuels de l'humanité et de la sauvagerie. De même, l'arbre peut être converti en allié alors que la forêt est perçue comme le domaine des puissances les plus craintes, le champ clos où se combattent les héros et les anti-héros. Un nombre significatif de légendes et contes africains font apparaître l'arbre en qualité de médium, qui agit par ruse et magie afin de servir la justice — c'est-à-dire les normes fondatrices du social.

Il est un personnage mythique qui incarne, par excellence, la communication positive établie entre les deux mondes : le chasseur, figure fondatrice d'un pouvoir nouveau. Surgi de l'inconnu, après un long séjour dans un pays sans hommes où les épreuves affrontées ont eu une fonction initiatrice, il s'impose à une société en crise et devient l'artisan d'un ordre refait et estimé supérieur. En ayant déjoué les pièges des non-humains, en ayant acquis de ceux-ci une force neuve et un savoir différent, il dispose des pouvoirs qui lui permettent de restaurer la communauté où il vient d'apparaître. Dans ce retournement des perspectives, c'est de la sauvagerie que sont tirés les moyens de produire le renouvellement du social. Le chasseur-fondateur mythique bénéficie d'une initiation singulière. Dans la plupart des sociétés africaines, les adolescents doivent subir une initiation collective qui consacre l'accès à la plénitude physique et à la pleine existence sociale. C'est le moment du passage d'un état encore naturel à un état de complète socialisation, qui se manifeste symboliquement par une mort et une renaissance. L'activité initiatrice doit s'accomplir en dehors des lieux habités, à l'abri de la curiosité profane, au contact d'une nature partiellement domestiquée par les rites. Celle-ci, en raison même de son ambivalence, est propice à la conversion de ce qui est nature chez l'homme en culture, en soumission à la loi commune. C'est aux abords du monde sauvage, par référence à celui-ci, que l'ordre policé est révélé aux initiés ; il reçoit tout son sens de ce qui n'est pas lui. L'imaginaire intervient comme l'un des opérateurs de cette production de sens, par sa mise en relation des deux mondes.

Dans une civilisation où l'hypermodernité a pour socle les apports d'une longue histoire, les façons de se représenter la nature et de l'« habiter » changent vite, tout en maintenant des sentiments anciens. Le Japon en offre l'illustration la plus complexe : alliant le sauvage et l'artifice selon des conventions à la fois sensibles et savantes, mêlant la valorisation de la nature et l'indifférence à son saccage, il exprime par l'ambivalence du milieu (ou *fûdo*) celle de la société. La tradition première se forme à partir d'une expérience existentielle, celle de la symbiose entre la vie des hommes et l'environnement naturel où elle s'accomplit. La religion shintoïste traduit dans son langage propre ce rapport primordial ; elle traite imaginairement ce qui dépasse l'entendement humain — en invoquant d'innombrables divinités qui correspondent aux manifestations de la nature, aux mystères et aux dangers tels qu'ils existent pour l'homme ; elle donne toute sa valeur au vécu, à ce qui est constitutif de son unité, ouverture à tout instant, même le plus fugace, comme à tout événement. Au cours du temps, le shintoïsme s'est diversifié, il s'est politisé par le culte impérial, conservé au sein des sanctuaires, popularisé en permettant un investissement de l'imaginaire actuel dans une religiosité de facture ancienne.

Cette configuration a pour effet de ne pas définir la nature à partir d'une séparation qui lui attribuerait le statut d'objet, de préférer la participation à la définition. Augustin Berque en dresse le constat et en présente les multiples manifestations : d'une part, les conceptions traditionnelles de la nature et du naturel sont « restées profondément serties sous une dominante émotive » ; d'autre part, la culture japonaise a voulu « faire de la nature son référent suprême, voire son aboutissement». L'émotion, par laquelle l'imaginaire et le langage expressif se conjuguent, se révèle ordinairement dans les façons qu'ont les Japonais d'établir leur relation aux choses naturelles, aux lieux, au cours des saisons. Ils veulent, aujourd'hui encore, vivre leur rapport à la nature comme la tradition le leur a enseigné ; ils s'y prêtent avec une attention constante et une sensibilité éduquée, ils s'y abandonnent dans une sorte de communion sensuelle, ils s'y transforment en ritualistes qui célèbrent des eaux, des monts, des pierres, des arbres. Mais le monde sauvage — qui peut être celui où s'effectuent le ressourcement personnel et le dépouillement — est doublé par celui où nature et artifice s'allient. C'est en « construisant » la nature que l'imaginaire devient le serviteur d'une esthétique, des arts qui lui confèrent ses formes et des mots qui la disent. Le paysage n'a pas d'abord une destination décorative, il associe à la vie de la nature d'une façon immédiate, il reflète par ses variations le mouvement des âmes, si bien que les saisons se disent par les langages, les figures et les genres littéraires appropriés à chacune d'elles ; et le romancier moderne, Yasunari Kawabata par exemple, peut conduire son récit en s'inspirant des rythmes saisonniers.

Nature et culture se trouvent imbriquées, la relation n'est pas établie par le moyen des techniques, situées *ailleurs* avec une sorte d'indifférence tardivement vaincue à la dégradation écologique, mais par le truchement des « images subjectives ». C'est l'union harmonieuse qui importe, celle de sujet à sujet, et non pas la domination instrumentale. Lorsque les ravages de la puissance technicienne apparaissent clairement, la dénaturation est d'abord « vécue comme un destin » angoissant ; la mort de la nature est pour les Japonais, observe Philippe Pons, l'équivalent de ce qu'est pour nous la mort de Dieu. La prise de conscience réactive l'imaginaire, soit en ravivant la nostalgie d'une alliance mystique avec la nature, soit en recourant aux thèmes d'une culture de terroir qui est un conservatoire, la mémoire des vieilles révoltes paysannes. La double résistance, culturelle et politique, finit par entraîner l'intervention du législateur. Malgré les dégâts irrémédiables causés à l'environnement, l'imaginaire japonais actuel s'acharne à faire surgir la nature des lieux apparemment les plus contraires à cette irruption. Il en meuble les interstices des agglomérations urbaines. Augustin Berque évoque ces « multiples failles », qui laissent « sourdre la nature au sein de l'œuvre humaine » ; il marque leur importance à l'aide des notions « de l'incomplétude, du manque, de l'inassouvi » — de ce qui pousse l'homme, en dépit des conditions hostiles, à se projeter dans la plus discrète présence de la nature.

Certains intellectuels japonais prennent le haut risque de postuler une stricte analogie entre milieu naturel et pensée. L'un d'entre eux oppose un mode de pensée « forestier » à un mode de pensée « désertique » ; les Japonais relèveraient du premier, *via* le bouddhisme issu des forêts de mousson, les Occidentaux du second, qui ont reçu du Proche-Orient et de ses religions leur rationalité. Cette théorisation, viciée par un naturalisme et un comparatisme dévoyés, désigne néanmoins un ensemble cohérent de dispositions mentales qui se réfère significativement à la nature végétale. C'est à la suite de ce détour qu'il devient pertinent d'envisager ce qu'est la forêt, pour nous, aujourd'hui. Il ne s'agit pas de recenser les vestiges de la grande *silva antica*, après les avancées de la civilisation occidentale qui y a conquis, et y conquiert, ses propres espaces, mais de saisir comment l'imaginaire y a tracé ses chemins ; comment il y reconnaît encore les voies qui conduisent au dépaysement, avec son cortège d'enchantements et de vieilles peurs.

Dès le commencement, les lisières forestières ont borné le monde des hommes, marqué les limites d'un univers ténébreux où ceux-ci s'égarent, où leurs perceptions deviennent plus confuses et où ils donnent libre cours à leur imagination. La relation de ces deux mondes est tôt représentée sous la forme d'une menace mutuelle, parce que la forêt figure la sauvagerie dans sa différence absolue, parce que l'homme a fondé *contre elle* ses institutions. Elle est l'*antérieur*, l'avant, ce à quoi la civilisation s'est opposée afin de se constituer selon une succession de progrès ironiquement décrite, au XVIIIe siècle, par Vico : « D'abord les forêts, puis les cabanes, les villages, les cités et enfin les académies savantes. » L'histoire de la relation est tout emplie d'énigmes et de paradoxes ; la forêt en a d'autant plus affirmé son rôle dans l'imaginaire culturel de l'Occident. Il est possible de relater leur longue association, d'en découvrir les traces dans les mythes, les symboles, les traditions populaires, d'en manifester les effets dans les offensives actuelles contre la déforestation. Robert Harrison, dans son *Essai sur l'imaginaire occidental*, refait le parcours, jusqu'à ce moment actuel, écologique si l'on veut, où naît « l'angoisse de perdre cette frontière d'extériorité » — celle que les forêts ont proposée à l'imagination afin qu'elle y situe le départ de ses explorations.

L'imaginaire hors les murs des lieux habités, dans ses errances sous l'abri forestier, au cœur de l'univers sauvage, engendre une histoire fantastique de la civilisation occidentale. Dès l'Antiquité, celle-ci se définit en opposition aux forêts, dans un rapport à la nature « instauré comme un traumatisme » d'où naissent les mythes et les fables. Artémis, déesse redoutable pour les Grecs, vierge inviolable comme les contrées sur lesquelles elle règne, chasseresse alliée aux bêtes et pourtant cruelle, gouverne un monde étranger aux hommes où les distinctions claires n'ont aucune place et où s'accomplissent les métamorphoses. Dionysos est son émissaire dans la cité, avec la même capacité à se jouer des formes que la raison régit et des limites que fixe la loi. Il est la figure de la subversion dans l'hellénisme, de l'irruption sauvage qui bouleverse l'ordre social et porte au paroxysme une tension en laquelle la tragédie trouve son origine.

Du Moyen Age à la Renaissance, le recul des forêts européennes s'accélère ; elles deviennent davantage l'extérieur, « un en deçà ou un au-delà de l'humanité ». D'une part, le lieu de la bestialité, de la perdition, du nomadisme des proscrits, des cultes païens et des sorcelleries ; d'autre part, le lieu de l'aventure du chevalier à la recherche des épreuves de vaillance, le pays des folies nées du dépit amoureux, et le refuge des redresseurs de torts, ennemis des corrupteurs des lois. Et puis, la forêt s'inscrit progressivement dans un champ de significations plus savantes ou plus littéraires ; obscure, comme la montre Dante, elle est l'équivalent d'« un monde temporel privé de la lumière de Dieu » ; secrète et insoumise, elle abrite les amours et son ombre établit le désir « en marge de la loi civile » ; espace de paix, célébré par Pétrarque, elle permet d'opposer aux tumultes de la vie en société les demandes de la nostalgie lyrique. Dans le *Discours de la méthode*, Descartes élève la forêt à la dignité philosophique ; il recours à l'allégorie des voyageurs égarés, qui n'ont d'autre solution que de « marcher toujours le plus droit qu'ils peuvent », et arriveront à la fin quelque part où « ils seront mieux que dans le milieu d'une forêt ». C'est par la méthode, qui est *chemin*, qu'il leur devient possible d'échapper aux illusions, aux pièges et à l'errance; c'est aussi par la voie droite que la connaissance progresse, détachée des croyances infondées et des suppositions erronées. Aux XVIIIe et XIXe siècles, la forêt est constituée en objet de science et en richesse rationnellement exploitable ; le savoir guide désormais la possession de la nature. Rousseau considère ainsi la forêt, lorsqu'il rédige son « Projet pour la Corse », tout en la découvrant au cours de ses « promenades » comme la scène imaginaire des origines, la pourvoyeuse des images des premiers temps — celles qui fondent la dénonciation des ambitions progressistes.

« Le désert croît, s'écriait Nietzsche voici un siècle, malheur à celui qui protège le désert ! » Il annonçait la multiplication des terres désolées. Les villes conquièrent, les régions industrielles s'étendent en laissant à l'abandon les friches des industries passées. Elles matérialisent l'avancée de la raison calculatrice, conquérante et organisatrice. Elles rognent le royaume végétal qui devient lieu de la mémoire, site de la vision poétique, ou repoussoir incitant à fuir — comme le fait Roquentin, le personnage sartrien de *La Nausée* — le « cercle de la végétation ». Cependant, la forêt a resurgi périodiquement dans le champ de l'imaginaire. Les gardiens du folklore la peuplent toujours de ce qui a nourri les anciennes cultures populaires, en donnant leurs figures au fantastique et à l'effroi. Les symbolistes y reconnaissent un univers des symboles, des analogies et des correspondances propices au « transport de l'esprit » et à l'exercice de l'intelligence des sens. Et nous commençons à découvrir que sans une relation vive avec ce monde *extérieur*, nous ne disposerions pas d'un *intérieur* où habiter pleinement. Robert Harrison en exprime la raison. Il affirme que l'homme ne réside pas dans la nature, mais dans sa « relation à la nature » ; lorsque celle-ci se rompt, la maison de l'homme se dégrade sous l'effet d'une sorte d'abandon de ce qui la meuble de sens.

C'est le romantisme qui pousse à *habiter* la nature, à être moins préoccupé de la connaître afin de la posséder et d'en tirer de la puissance. Alors, le sentiment et l'imagination surpassent les facultés purement rationnelles ; les sensations obscures ne sont plus refusées et les mythes reparaissent avec une vigueur nouvelle. Si l'on identifie une « attitude romantique » propre à une époque déterminée — comme l'a fait Albert Béguin considérant « l'âme romantique et le rêve » —, il faut aussi reconnaître la philosophie qui la fonde, inspire la création dans tous les domaines, et définit les formes de la sensibilité et des croyances. Celle des « philosophes de la nature », celle du romantisme philosophique aux XVIIIe et XIXe siècles. Elle impose une prémisse : l'unité du monde extérieur, l'idée d'une « universelle analogie » ou d'un lien qui « rattache toute chose à toute autre chose ». La nature est reconnue comme un organisme animé, à la faveur d'une intuition qui « obéit au besoin de ramener la multiplicité des apparences à une Unité essentielle ». Le mythe d'une « âme universelle » en procède ; il fait de celle-ci le principe spirituel de tout ce qui est, il la postule omniprésente, il efface la frontière entre ce qui relève de la nature et ce qui se forme sur le plan des idées. Dans cette perspective « toute existence séparée est un mal » ; par la séparation, l'arrachement, l'homme se perd et entraîne la nature à sa propre perte. La pensée des romantiques épouse le mouvement qui doit conduire d'une harmonie originelle à une harmonie retrouvée, qui permettra à l'esprit et à la nature de rétablir progressivement leur accord primitif. Et qui, dans la ligne d'anciennes traditions, restituera à l'homme des « pouvoirs » dont la raison l'a dépossédé.

Albert Béguin évoque discrètement le « vague remords » avertissant l'homme moderne qu'« il pourrait avoir, avec le monde où il est placé, des rapports plus profonds et plus harmonieux». Il fait des poètes les porteurs de cette inquiète nostalgie. Il évoque aussi le retour de croyances essentielles qui s'effectue d'âge en âge, «au lendemain de ces périodes où, cultivant ses seuls pouvoirs conscients, [l'esprit humain] aura cherché à gouverner le monde selon les lois de sa raison». Les mythes redonnent à ces attitudes retrouvées une vie nouvelle; ils font deviner, toujours présentes, mais dans l'ombre, les «forces» que la raison «avait voulu y replonger à jamais». Le risque encouru n'est pas seulement d'assister à des débordements imaginatifs, il est de voir ces forces mises en œuvre de façon néfaste. C'est la déviation fatale qui a voulu faire du nazisme la continuation du romantisme allemand, en exaltant une nature sauvage, originaire et pure, à laquelle il n'est d'accès que par les voies du sentiment. Et la forêt reparaît, parce que le peuple allemand en a besoin : «Pour que le pouls du peuple continue de battre dans une joyeuse chaleur vitale, pour que l'Allemagne reste allemande.» Elle redevient présente aussi dans la symbolique et la mythologie de la nouvelle droite française. Elle désigne les alliances perdues, par l'injonction de la «religion du désert» qui «obligea nos ancêtres à quitter les forêts». Elle guide le retour à un paganisme dont les dieux germains, qu'elle abrita, sont les figures invoquées et dont les grands cycles cosmiques rythment les rites et les célébrations. Elle évoque une communauté soudée par la race, le sang et le sol : ainsi se conjuguent une sorte d'élitisme immémorial et un paganisme, conservateur d'une «foi nordique» dont le national-socialisme a été naguère le zélateur.

Le doute est là. L'imaginaire semble ne pouvoir retrouver la forêt, l'arbre si longtemps célébré parce qu'il était porteur d'une forte charge symbolique, que par les chemins détournés ou piégés. L'expansion des villes, des industries, des communications matérielles, des espaces aménagés pour le loisir et le tourisme ne cesse de «manger» la forêt, d'effacer progressivement le monde naturel. Depuis peu, en France, la nature est placée sous protection dans les parcs nationaux, *réserves* où les êtres naturels se trouvent en principe soustraits à l'entreprise ravageuse des hommes. C'est la séparation qui, de façon apparemment paradoxale, préserve la relation; elle maintient la possibilité d'accéder encore à la jouissance de la grande nature, de libérer l'imagination à condition de la soustraire aux parcours programmés. L'insularité, peut-on dire, permet une exploration excitatrice de l'imaginaire. Dans l'espace suroccupé des agglomérations, villes et longues banlieues, la nature raréfiée n'apparaît que dans les interstices, ou se fait *imitation* d'elle-même. Paris commence à suspendre ses jardins, par défaut d'étendues de pleine terre. Le béton en est le support, les artifices composent des paysages en trompe-l'œil où l'implantation (la greffe ?) de nature est rigoureusement calculée. La « dalle » (mot révélateur) de la nouvelle gare Montparnasse, trou de verdure, au pied de hauts immeubles-barres, illustre à un coût élevé cette création de nature d'un « troisième type ». Une production de *simili*, qui sont souvent les caches des non-lieux urbains : gares, voies ferrées, dessertes routières, espaces industriels désaffectés. Mais l'imaginaire, bien davantage encore que la civilité, ne peut se nourrir de ces simulations. Une petite cité, dans la banlieue de l'Est parisien, située sur les confins d'un milieu encore naturel, a le projet de recréer « un coin de campagne » afin de proposer « une initiation à la nature et au monde rural ». Sur une centaine d'hectares se répartiraient une ferme et sa basse-cour, un écomusée, un centre d'information sur les métiers de la nature, un maigre bois sauvegardé, un herbage avec bovidés, et une vigne évoquant le vignoble d'autrefois. Un *modèle réduit*, qui associerait une illusion de monde sauvage à une illusion de campagne. L'initiative est fort louable, elle est aussi fort significative ; elle révèle la séparation d'avec la nature, elle tente une sorte de transfert dans le temps qui placera la petite enclave « naturelle » au sein du tissu urbain d'aujourd'hui. La rencontre programmée a une composante ludique, comme si la nature recomposée devenait une nouvelle espèce de parcs d'amusement. Le milieu refait par artifices, à la façon d'un montage en kit, dépayse par une remontée dans le temps. Ailleurs, d'autres milieux artificiels, *bulles* à climat et cadre naturel fabriqués, imitations de rivages tropicaux, donnent parallèlement accès à un dépaysement fictif dans l'espace. La nature effacée, désirée, reparaît ainsi en s'inscrivant dans l'univers des simulacres post-modernes. Comme un petit monde d'« images » matérielles, que doublent les images immatérielles inaugurant l'entrée dans les mondes virtuels.

La nature a encore des gardiens, de moins en moins nombreux : les paysans et les maîtres des derniers grands domaines. Elle reste le refuge de ceux qui ont déserté les lieux de la surmodernité, les survivants du communautarisme des années passées. Elle exerce un nouvel attrait sur ceux qui la découvrent en la parcourant, les randonneurs ; leur imaginaire du retour à la nature est aussi celui d'une authenticité à retrouver autour de soi et en soi : il se nourrit du nomadisme plus que du recueillement. Mais la nature-prétexte masque toujours davantage la nature-mystère. Elle donne à la performance individuelle, réalisée grâce aux sports de plein air, un cadre et les moyens de s'accomplir ; l'exploit se vulgarise, se technicise et ce qu'il comporte encore de fantastique apparaît surtout dans sa manifestation médiatique. La nature et le naturel sont exploités par l'économisme ; les sites, les « dons » de la nature — la mer, la montagne, le soleil, la neige —, se transforment en marchandises ; le commerce entretenu avec la nature engendre des commerces nouveaux, pourvoyeurs d'équipements, de services et de divertissements ; le « vert » se convertit en image publicitaire : il fait vendre, il aide à colorer de teintes plus avantageuses la présentation publique des entreprises polluantes. La nature devient un enjeu politique. Elle commence à être l'objet du débat démocratique après avoir engendré les mouvements sociaux qui en assurent la défense. Elle offre son assise à un civisme en voie de renouvellement : plusieurs grandes villes françaises ont bâti des « Maisons de la Nature » ouvertes à ceux qui veulent concourir à l'avènement de l'« écocivisme ».

C'est, en fait, la découverte de la nature-problème. Celle-ci est alors qualifiée d'*environnement*, référence selon laquelle se mesurent les effets de la dénaturation progressive et les maux qui en résultent. L'urgence est mobilisatrice, mais la complexité des situations et la force des intérêts freinent les initiatives. Cependant, pour la première fois, les nations se concertent à un Sommet de la Terre tenu à Rio de Janeiro en 1992. Le patrimoine biologique terrestre et maritime, les climats, les forêts, les ressources naturelles sont alors l'objet de « résolutions » orientées vers la sauvegarde, ou vers le traitement des « maladies de la planète ». La nature globale est mise sous observation technique, placée sous le contrôle des politiques, des experts, des aménageurs. Elle est vue comme devant être traitée, plutôt qu'*habitée* autrement. Certains des scientifiques en viennent, par leur cheminement propre, à une conception globaliste : celle de la Terre en tant que système naturel ayant une histoire complexe où régularité, désordre et imprévisible se mêlent. La cosmogonie nouvelle se veut annonciatrice d'une nouvelle ère scientifique, d'une autre conscience de ce qu'est le réel livré à une connaissance ainsi révolutionnée. Dans une anticipation audacieuse, l'imagination commence à se donner la Terre, son histoire naturelle et humaine, comme champ de son expansion ; elle redevient cosmique, mais en rupture avec les représentations du monde passées, héritées des théogonies, des savoirs occultes, puis des sciences parcellaires. Edgar Morin y contribue en faisant apparaître « le sort cosmique singulier de l'homme ». Il lie l'histoire du cosmos à l'histoire terrestre et naturelle dont l'humain est l'aboutissement — en occupant dans la biosphère une position « autonome-dépendante ». Mais l'homme a perdu la maîtrise de son devenir en se comportant comme maître de la Terre, en multipliant les dévastations. Il ravage non seulement son lieu, sa « maison commune » terrestre, mais aussi son avenir. Il pousse jusqu'à l'extrême sa « perdition » : isolé sur une planète elle-même perdue dans l'immense univers, désormais sans illusion de salut terrestre, il est maintenant menacé d'autodestruction. C'est sur la « conscience de notre perdition » qu'il faut fonder la solidarité humaine, en assumant une « citoyenneté terrestre » qui ouvre la possibilité de « civiliser la Terre ». L'appel d'Edgar Morin, qualifiable d'utopiste par antiphrase, a pour moteur émotionnel un mythe déjà imaginé par les promoteurs de l'écologie globale. Celui d'une Terre-partenaire qui est glorifiée sous ses diverses figures : parcelle cosmique, système vivant, Gaia, matrice des humains et patrie de l'homme d'aujourd'hui. C'est la mort annoncée de la Terre-objet, soumise au service exclusif de l'homme grâce au concours des instruments forgés par la raison.

L'écologisme passionne, comme si la question de la nature résumait toutes les autres, condensait toutes les inquiétudes, conduisait à toutes les bonnes réponses. Il a bien des visages. Il se constitue en morale de la mesure, de la retenue, du refus de la puissance et de l'inassouvissement lorsqu'il promeut, comme le fait l'anthropologue Mary Douglas, un « ascétisme écologique ». Il bouleverse l'ordre des droits, de la responsabilité, du contrat lorsqu'il l'étend aux êtres naturels — ceux qui sont animés et les autres, les montagnes, les rochers, les forêts, les fleuves, les îles. En ce sens, la frontière entre l'humain et le non-humain, qui a établi la société des hommes et leur culture contre la nature, est effacée. Celle-ci reçoit le statut de sujet, dans un total retournement de la relation qui lui accorde la supériorité, puisque « la nature peut se passer des hommes, mais non l'inverse ». Cette abolition de l'anthropocentrisme s'inscrit dans une forme éthique et juridique lorsqu'elle détermine un « bien propre » de la nature, et invite à la reconnaissance de ses droits. Elle prend un aspect dramatique, devient une narration fabuleuse lorsqu'elle épouse le parti des « vaincus », des sans-droits, les êtres et les choses naturels. Ceux-ci, comme tous les dominés, sont estimés capables de se révolter, de se venger, en raison des sévices subis : mauvais traitements, dégradations, pollutions ; leur révolution pourra abattre la domination de l'homme et abolir ses privilèges. L'imagination écologiste rejoint ainsi les représentations animistes du monde, en leur incorporant une histoire naturelle qui est la paraphrase de l'histoire humaine des révoltes.

C'est donc le retour à la nature, mais les voies qui y conduisent sont encore brouillées. L'imaginaire s'y aventure dans la confusion. Certaines d'entre elles sont détournées, elles conduisent vers un extérieur où les dernières cultures de la tradition sont investies du pouvoir de maintenir une vie en harmonie avec la nature originelle, d'enseigner une ancienne sagesse, de révéler les valeurs méconnues ou oubliées. Elles font retrouver le mythe des sociétés primitives, gardiennes des accords premiers et essentiels avec le monde naturel. Il est d'autres chemins qui sont ceux de l'échappée hors de l'univers des techniques, dont les succès démesurés s'inversent en menace. Des figures y apparaissent, resurgies d'un passé mythique : celles des créatures ou des machines qui asservissent leur maître ou leur inventeur, celles des pouvoirs que l'homme technicien a acquis et qui se convertissent en puissances néfastes. Le Prométhée moderne est enchaîné par les forces qu'il avait cru maîtriser, il ne lui reste plus qu'à espérer l'avènement d'un monde de nouveau accordé à la nature. D'autres voies sont celles de la découverte du Grand Tout — la biosphère transfigurée, d'où toute vie procède et où la Vie trouve les conditions de son épanouissement. A l'arrière-plan, se situent les philosophies du vitalisme et le romantisme allemand avec son affirmation de l'Unité essentielle. Le parcours actuel s'accompagne d'une sorte de *religiosité* ; la biosphère, observe Luc Ferry, est considérée sous l'aspect d'une « entité quasi divine » ; la Vie, celle du Tout dont nous ne sommes qu'une partie, est sanctifiée et nous devons apprendre à la révérer. Ces chemins de l'imaginaire et de l'idéologie contemporains recoupent ceux où se profilent les peurs d'aujourd'hui. Le doute portant sur la façon d'habiter la nature exprime un autre doute, plus confus et encore plus angoissant, sur la possibilité d'habiter durablement ce monde et ce temps. Déjà, l'imagination, assistée par les machines intelligentes, nous invite à la désertion en fabriquant des mondes totalement autres, *virtuels*.

L'imaginaire en proie aux images

Nous sommes embarqués dans cet étrange univers que les images proliférantes composent, dans la planète-images. La nouveauté est cet embarquement et non pas la présence de l'image. Celle-ci naît avec la préhistoire du social, puis elle accompagne en accomplissant ses propres métamorphoses l'évolution des sociétés et des civilisations. Elle apparaît d'abord en qualité d'instrument de l'action sur le monde, sur les êtres et les choses qui le constituent ; elle est, dès l'origine, un intermédiaire, un *médium*, entre la pensée et l'acte ; elle convertit l'idée, la représentation mentale, en une force agissante. Elle devient plus tardivement une figuration du réel, en révélant une part de ce qu'il cache, de ce qui échappe à la perception ordinaire. Elle montre le proche, les apparences, et manifeste le distant, la part de l'invisible. L'important, le caractère constant, c'est l'efficace de l'image ; elle est dotée de pouvoir, et notamment du pouvoir de « faire croire ». En ce sens, l'icône donne sa force à la croyance. Mais, pour la même raison, l'image a été longtemps dépréciée par l'effet du discrédit philosophique. Depuis Platon, les philosophes l'ont généralement traitée comme une réalité pauvre ou un double affaibli du réel, et comme une tromperie qui illusionne, égare la connaissance en détournant de la recherche des accès aux choses mêmes. Ce qui est encore une façon de lui accorder une puissance, sans trop s'attacher à comprendre comment celle-ci s'engendre, comment elle opère et quels effets elle produit. Nous ne savons guère ce qui confère son autonomie à l'image. Elle agit, mais elle diffère de l'outil, bien qu'il puisse être son semblable lorsqu'il est « habillé » de signes, de symboles, de figurations et de ritualisations par quoi il étend sa fonction première ; elle diffère de la parole et du texte, qui lui sont associables, mais elle a une capacité expressive propre — elle exerce un effet de langage que ses décrypteurs explicitent ; elle est un moyen de la relation, une messagère qui délivre le sens, mais son inscription dans l'espace expansif de la communication la déqualifie progressivement.

Dans les sociétés de la tradition, l'image reste rare et se trouve astreinte à des emplois strictement prescrits ; sa force opératoire, reconnue, sollicitée et redoutée à la fois, doit être contrôlée : parce qu'elle met de la puissance en jeu, elle est principalement associée à l'action des pouvoirs détenus et exercés parmi les hommes (politiques) et sur les hommes (religieux). Elle n'est jamais neutre, faible, ou objet de la pure délectation. Dans l'histoire de la civilisation occidentale, l'image finit par épouser l'histoire de la représentation ; elle ne s'en dissocie qu'à une date récente en changeant totalement de nature. Elle était à des degrés variables une *œuvre* requérant une attention particulière — cette « piété naturelle de l'esprit », selon la formule de Malebranche. Elle ne l'est plus ; progressivement, l'idée même de l'original se brouille et apparaît comme une sorte d'*aura* glorifiant la création artistique.

Walter Benjamin a montré comment les techniques de reproduction mécanique — l'imprimerie et la lithographie, d'abord — introduisent « quelque chose de nouveau ». Elles dépouillent l'œuvre de sa rareté, de ce qui lui donne une existence unique, une présence en un temps et en un lieu, de ce qui est constitutif de son *authenticité*. Elles ouvrent l'ère de la multiplication, qui détache l'œuvre reproduite de son « domaine traditionnel » et conduit à l'irruption de l'image de masse soumise aux effets du marché. Ce sont non seulement la manière dont le public reçoit les œuvres et les pratiques dont elles résultent qui s'en trouvent transformées, mais aussi les « formes culturelles », les façons de percevoir et de juger, et l'esthétique qui se détache de la considération du « sublime ». Walter Benjamin précise le moment de la rupture décisive : l'avènement de la photographie, qui entraîne « un déplacement de la main vers l'œil ». Elle marque l'entrée dans une culture de l'image, fixe d'abord, animée ensuite, l'entrée dans un univers humain qui va s'appréhender rapidement comme celui du *visuel*. Ce moment annonce aussi l'essor des techniques de multiplication auxquelles rien n'échappera, ni les images, ni les paroles et les musiques, ni les objets produits en série. Temps des *multiples*, dont Andy Warhol se moquera en pratiquant le clonage des images, en montrant le travail de la « machine à reproduire ». Par la sérialisation parodique — ainsi, un même portrait de Marilyn Monroe outré et multiplié sans différences notables —, il manifeste la démonétisation des icônes. Une star, parmi les plus célèbres, devient un non-sujet traité par un non-artiste, démuni (ou dépossédé) de toute créativité personnelle. C'est déjà la suggestion que l'image nouvelle s'engendre d'elle-même, à l'infini.

Cette image-là est fille de la technique et du savoir scientifique, sa descendance le sera bien davantage. Marshall McLuhan est l'annonciateur du passage à l'*âge électronique* et de ses conséquences, et l'auteur de quelques anticipations hasardeuses. Il prédit l'effacement des caractères qui ont défini sur la longue durée la civilisation occidentale, leur réduction à l'état de « curiosités ». Il désigne l'incapacité ou le retard d'ajustement qui font utiliser les nouveaux moyens à la façon des anciens, les effets rétrogrades de la « culture officielle ». Il montre précocement la société de l'information et de la communication en voie de développement rapide. Il pressent qu'une déconcertante trinité — technique, information, communication — va désormais régir toute chose, construire du réel et produire ses simulations. Le troisième terme l'emporte désormais, il devient la référence à quoi tout se rapporte, le provocateur d'une sorte de dévotion et d'une espérance utopique, en confirmant ainsi le pressentiment. Marshall McLuhan ne se borne évidemment pas à une appréciation globale, il identifie des conséquences sociales, culturelles, et psychologiques — une nouvelle économie des facultés intellectuelles et de la sensibilité. Mais c'est surtout par son apport à la compréhension des médias qu'il a conquis la célébrité.

Il a établi une identité : le *médium* est le message. C'est sous cet aspect qu'il faut envisager l'image, définir ses caractéristiques actuelles dans l'espace médiatique. Tout commence, constate Alain Gauthier, théoricien de l'image, lorsque les découvertes concourent à rendre le monde *visible* ; lorsque l'univers géographique est progressivement cartographié, les choses naturelles soumises à l'observation sous microscope et le corps humain ouvert afin d'être placé sous le regard, le ciel scruté à l'aide de la lunette astronomique. Ces *nouveaux mondes* font découvrir qu'il est possible de voir plus de choses que l'imagination peut en concevoir. L'imagination lancée depuis longtemps sur les chemins de l'invisible est concurrencée par la manifestation technoscientifique, expérimentale, du devenu visible. Au départ, c'est le doute : l'inventeur du microscope est accusé de voir plus de choses avec son imagination qu'avec ses verres grossissants. Puis le visible détermine la vérité, guide la théorie fondée sur l'observation et l'expérimentation. La culture en est toute marquée, elle se définit toujours davantage par l'exclusivité accordée à la vue, par l'exclusion des sens qui accordent la pensée au sensible et à ses explorations plus risquées, plus incertaines. Michel Serres l'a clairement montré, osera-t-on dire, en réhabilitant les « cinq sens ».

La primauté du visuel entraîne la dépendance à l'égard de la lumière, source de la visualisation. La « fée électricité », peu après son apparition, fait le don de ressources fabuleuses. Elle excite l'innovation et l'invention d'où naîtront bien davantage que les améliorations rapides de la vie quotidienne : les télécommunications et leurs réseaux, les nouvelles imageries, l'électronique et les traitements de l'information. Le monde se constitue comme un tissu invisible de réseaux enchevêtrés, la technoscience en exploite vite, et toujours plus vite, les possibilités. La lumière traitée avec des dispositifs de plus en plus complexes transforme tout objet en *écran*. La nature seule a longtemps effectué cette transfiguration des lieux et des choses, selon les variations de ses éclairages. Les artefacts de la lumière multiplient et renforcent ces effets d'écran, sur le fond d'un paysage, les façades des villes, les sites monumentaux ; et jusque dans l'espace où les rayons lasers inscrivent leurs figures. La lumière devient la matière et l'outil qui produisent les images.

L'imagerie spécifique de la surmodernité résulte de cette conjugaison de moyens qui allient science et technique, qui construisent un réel exprimable et manipulable par l'intermédiaire des écrans. L'imaginaire ne peut tracer son propre chemin qu'en s'adaptant à ces conditions, qu'en pratiquant une sorte d'alliance inégale qui en fait un *techno-imaginaire*. Il inscrit ses propres images, déqualifiées parce qu'il n'en est plus le seul maître, dans un univers d'images foisonnantes composant des populations constamment diversifiées : images banalisées de la vie quotidienne et du travail, images de l'interrogation scientifique et de la création, images inquisitrices des dispositifs de surveillance. Un univers où la réalité s'évalue selon sa *capacité de montrer ou de se montrer*, et où — écrit Michel de Certeau — les communications se muent en « voyage de l'œil ». Celui-ci tente de prendre possession de tous les secrets lorsqu'il se fait scientifique ou policier, il accepte d'être réceptif à toutes les illusions lorsqu'il recherche seulement le dépaysement ou la distraction.

Les nouvelles images véhiculées par les médias s'imposent en rejetant la parole à l'arrière-plan ; à la limite, elles permettent de s'en dispenser, accédant elles-mêmes, comme l'observe Alain Gauthier, au statut de « langue artificielle à vocation universelle ». Elles agissent par la vitesse à laquelle elles contraignent la visualisation, elles entraînent dans leur mouvement, elles entrent pour une courte durée dans notre paysage mental et nous entrons en elles afin d'épouser leur rythme. Elles renforcent leur effet par l'excès, l'abondance et la répétition, par l'omniprésence. Elles deviennent ainsi des images endémiques, elles tiennent sous influence, produisent une accoutumance, introduisent une relation d'intensité par la seule présence d'un « ailleurs », même si l'attention se relâche ou si la versatilité les congédie pour d'autres. Seule l'image forte, ou fulgurante, qui restitue l'exceptionnel, joue sur l'inattendu et conserve à l'image son pouvoir de fascination, sa charge symbolique.

L'image est maintenant trop familière, trop proche, pour être véritablement connue. Elle agit ; le plus souvent chacun la laisse faire et en subit les effets. Les techniciens de l'imagerie et les communicateurs ont la maîtrise de sa production et de ses métamorphoses, la connaissance des marchés qui la diffusent et des mécanismes qui excitent la demande. Mais la façon dont elle est reçue, perçue et vécue, les cheminements des effets qu'elle produit sur les destinataires paraissent incomplètement identifiés. On mesure encore mal la « révolution » qu'elle opère dans les esprits, les sensibilités, les rapports sociaux et les mœurs, la culture et le fonctionnement des pouvoirs. On s'en tient à ce qui semble être l'essentiel. Une nouvelle forme d'intelligibilité se constitue, mais elle sert moins la connaissance du réel que la « perception quasi immédiate des choses », le jugement que l'évaluation affective. La relation à l'événement et à la temporalité est subvertie ; le premier n'a de la force que comme moment médiatique, il se banalise et s'édulcore dans la séquence événementielle où il s'insère et où chaque image présente efface les précédentes ; la seconde tend à se rétracter au profit de l'immédiat et de l'éphémère, elle est plus propice à l'oubli qu'au travail de la mémoire ; bien que les images, traces laissées par le passé, puissent être conservées et se convertir en lieux de mémoire. Sous ce double effet d'écrasement, la hiérarchie de ce qui est donné à voir se fait confuse et l'intensité de l'instant tient lieu de vécu dramatique. La connaissance des drames dont l'Histoire et le parcours des vies sont porteurs ne s'accomplit plus que dans la fragmentation, et dans cette décomposition la conscience du dramatique s'affaiblit ; il en subsiste surtout l'appréhension spectaculaire qui en devient le substitut. Enfin, l'image prolixe bouleverse l'économie des émotions, elle engendre une artificialité émotionnelle, elle entretient une fébrilité émotionnelle qui élude la durée. Elle distrait — c'est là sa principale fonction dans son emploi le plus vulgarisé —, mais elle « occupe » le temps de la distraction, sauf à la réduire à l'état de décor visuel et sonore des scènes de la vie quotidienne. Le défilé des images empêche généralement de se soustraire à leur emprise, de s'écarter l'instant d'un regard tourné vers l'intérieur de soi afin d'y retrouver ses propres images et ses propres rêves.

La dénonciation du pouvoir médiacratique ne porte pas seulement l'accusation sur le fait que le contrôle social change de mains, mais aussi sur l'envahissement de la culture par les « images de masse », celles de la télévision et des vidéos populaires, ces images qui sont maintenant *acculturées*, intégrées aux pratiques les plus ordinaires, diffusées comme des marchandises culturelles de grande consommation. La télévision attire les critiques négatives, autant ou davantage que les passions favorables ; elle est traînée de procès en réhabilitation, inlassablement. Elle peut être chargée de bien des maux, être accusée de contribuer à la progression de l'illettrisme, à la contagion de la violence, à la présentation d'un monde où tout se vaut, et de multiplier les dégradations culturelles en diffusant des productions niaises, ou vulgaires, ou falsifiées. Pour le philosophe, qui n'a pas oublié la vieille réticence philosophique à l'égard de l'image, la télévision compose « le monde d'à côté ». C'est la formule qu'a employée Paul Ricœur à l'occasion d'une intervention télévisée, en précisant qu'il aborde cet univers latéral « avec curiosité et sympathie ». Mais il a corrigé aussitôt cette concession, en ajoutant : « La signification de Dieu, c'est la limite à toute image. » Une affirmation qui semble déconcertante dans le contexte de son énonciation, cependant qu'elle est une façon indirecte de rappeler que le plus important ne se capte pas par l'image. Le factice et le visible entrent dans une union préférentielle, sinon exclusive.

Jean Baudrillard a instruit, avec le procès de l'image, celui de la surmodernité et de l'empire qu'y exerce la communication, maîtresse des codes et des significations. Il dénonce un processus irréversible qui n'entraîne pas la croissance, mais l'*excès* pris dans une spirale d'intensification : trop d'informations, trop de messages, trop de signaux. Il désigne l'ère des mass media électroniques comme celle qui accomplit l'effacement des différenciations et des oppositions distinctes ; le symbolique se désintègre, les systèmes de signification se court-circuitent, les différents ordres de réalité se brouillent. Le *médium* et le réel se trouvent désormais alliés dans un seul et même état nébuleux dont la vérité est indéchiffrable. C'est le temps des simulations et des simulacres. Des « images de masse », en particulier celles de la télévision, Jean Baudrillard dit qu'elles supplantent toutes les autres et imposent leur propre, immanente et éphémère logique, qu'elles dominent de façon unilatérale en ne laissant s'exercer aucun « droit de réponse ». La représentation du monde de la surmodernité est ainsi dépouillée de toutes les illusions. Elle est mise à nu : les effets conjugués y livrent l'homme aux séductions fatales, à la fatalité ; les majorités y deviennent « silencieuses », elles abandonnent aux médias le rôle de « convoyeur de l'idéologie ». Ceux qui rejettent cette vision du surmodernisme n'y reconnaissent qu'un désillusionnement intellectuel. Ils s'agacent du lamento sur la perte de la réalité, en rappelant que ce qui est donné pour réel est déjà préconstruit avec d'autres messages, d'autres informations ; ils admettent néanmoins que « le réel et l'imaginaire, aujourd'hui, se trouvent confondus au sein d'une même totalité opérationnelle ». Les spécialistes des médias ne manquent d'ailleurs pas de qualifier l'image à la fois par son *pouvoir* et son *ambiguïté*, parce qu'il y a doute sur ce qu'elle transmet de la réalité et sur ce qu'elle comporte de fiction mêlée. C'est le mélange que la réception naïve parvient mal à déceler.

Les nouvelles images ont acquis, avec l'univers des vidéos, une fonction ludique et des moyens supplémentaires d'expansion. Une autre « planète du jeu » est apparue, en conjonction dès l'origine avec la « planète des jeunes ». Elle projette dans une sorte de trou noir les jeux antérieurs ; elle les abolit et annule leur longue histoire. Elle inscrit dans un environnement fait de machines, de circuits graphiques et acoustiques, elle entraîne dans un déchaînement de couleurs et de sons, elle ouvre l'accès, observe Alain Gauthier, à « l'hyper-espace de la simulation sans bornes ». Par elle, se révèlent grossis jusqu'à la caricature certains traits d'un système où le monde se construit par des artefacts complexes et se manifeste sur les écrans. La surabondance imagière est poussée à l'extrême de l'excès, la vitesse de déroulement et la contrainte d'intervenir excitent le plaisir de la simulation jusqu'au degré où il « imite les joies de l'imagination créatrice ». Il s'y ajoute celui de vaincre une machine intelligente, qui introduit de la complexité croissante dans le jeu et emporte chacun dans le mouvement accéléré qu'elle impulse aux images. L'entrée dans le récit, l'aventure et ses défis, importe moins que les performances, que la passion de jouer entretenue par le système jusqu'au point où elle peut engendrer un effet de narcose ou une hystérisation. C'est le pouvoir sur l'un des mondes issus des artifices qui devient l'enjeu ; une grande firme productrice de jeux vidéo tire de là son argument promotionnel : « Avec Atari, on est tous des dieux », mais la puissance du démiurge en moins, pourrait-on ajouter, puisqu'il n'y a pas de monde à faire être. Dans cet univers vidéo-ludique, l'imagination est moins mise en œuvre que la compétence technoscientifique de ses créateurs. Alain Gauthier en rapporte la constatation empirique. Les connotations culturelles restent pauvres, et le succès transculturel des jeux confirme ce déficit. L'imagination y apparaît dérivée. Elle exploite ce qui a été popularisé par d'autres moyens et confirmé par le plus large accueil : ainsi, un film mondialement célébré — l'un de ceux de la série des *Indiana Jones*, par exemple — engendre un jeu qui en reçoit sa petite part d'imaginaire préfabriqué. L'imagination est « réduite à combiner les éléments drainés par la technique », et la création se déporte au profit du « perfectionnement technologique incessant ». La passion s'investit dans la reconnaissance des niveaux de performances graphique et sonore auxquels la machine a pu parvenir.

La télévision eut pour obligations initiales d'informer, d'instruire et de divertir. C'était là sa charte trinitaire. Elle accorde aux jeux une présence croissante, mais ceux qu'elle anime diffèrent des précédents par bien plus que la différence des publics. L'espace ludique y est un espace spectaculaire à personnages réels ; on y accède en qualité de protagoniste à l'existence médiatique, à la possibilité de conquérir éphémèrement la visibilité des vedettes ou de se faire consacrer champion — part importante de la gratification. Le jeu de la performance, vaincre le hasard, l'obstacle, la difficulté, se conduit avec une certaine complaisance pour l'exhibitionnisme ; et ce d'autant plus que le régisseur du spectacle y incite. Le téléspectateur juge les joueurs qu'il assimile aussi à des acteurs, tout en s'identifiant à eux, des gens comme lui, et en tentant sa chance par délégation. Il participe émotionnellement, il partage durant un instant d'illusion le gain du vainqueur. L'image permet cette substitution des rôles à laquelle un lambeau de rêve s'accroche. La retransmission des grandes compétitions sportives introduit aussi un mode de participation aux jeux, bien que le téléspectateur ne prenne qu'imaginairement la place du joueur, et s'insinue ainsi dans l'affrontement qu'il corrige selon son jugement et ses propres stratégies. Il critique, s'indigne, approuve, exprime son enthousiasme ; il affirme sa compétence, il joue par simulation et cela lui tient lieu de jeu réel ; il parie sur l'issue du match et la victoire lui apporte profit ou perte. Il voit en chaque joueur célèbre une preuve de la promotion par le sport ; il imagine que cette voie porteuse de gloire et de profits pourrait être ou aurait pu être la sienne. Il est un supporter engagé, mais à distance ; il prend parti, mais il est éloigné des réactions de masse et, éventuellement, des violences où se trouvent entraînés les vrais spectateurs. Il découvre l'artificiel de ce qu'il vient de vivre dès le moment où la diffusion d'images s'arrête, et c'est dans la rue ou d'autres lieux publics qu'il tente aussitôt, lors des compétitions à enjeu important, de fortifier son émotion et de la partager. La célébration sportive à laquelle il a assisté, par l'intermédiaire de l'écran, est l'équivalent de la messe télévisée à laquelle le fidèle participe en acceptant de perdre ainsi la force du mystère liturgique.

Durant une première période, la pratique télévisuelle eut le caractère d'un rite de la quotidienneté. Elle s'accomplissait avec une certaine solennité, elle accueillait l'image comme une puissance mal connue et efficace, elle permettait une sorte de voyage immobile vers l'ailleurs, en compagnie de personnages à la fois semblables à soi et transfigurés par leur présence sur l'écran. C'était le temps de la fascination et des stars. La banalisation relative a accompagné l'accoutumance ; l'abondance des programmes, en raison de la multiplication des chaînes de télévision, des réseaux câblés, des pourvoyeurs par satellites, et l'omniprésence de l'image dans l'ensemble du paysage social et culturel y ont contribué. L'abondance et la banalisation conjuguées ont permis une fragile reprise d'initiative, l'exercice de cette liberté irrespectueuse qu'est le *zapping* — à la contrainte imagière, il oppose l'errance parmi les images afin de choisir ou de s'abstenir après essais. L'irrévérence et la déception, souvent, n'abolissent cependant pas le *désir d'images* ; celui-ci n'exclut ni la critique, ni le sentiment d'être floué, ni le risque d'être repris par la médiamanie.

La puissance de l'image n'explique pas, à elle seule, cet attachement. Certains observateurs spécialisés prédisent déjà une nouvelle expansion de l'« impérialisme cathodique », qui n'en serait donc qu'à son premier âge, et encore faible. Il faut, dans le présent, identifier d'autres raisons. Dans des sociétés où les médiateurs traditionnels sont en perte d'influence, la télévision peut devenir leur substitut. Elle s'empare des fonctions dans l'interchangeabilité des rôles ; elle met à portée d'écran le diffuseur culturel et le commentateur scientifique, le décrypteur des événements et l'analyste politique, le présentateur de la vie quotidienne et le conseiller psychologique, elle donne accès à tout, mais en le simplifiant afin de le mieux traduire en spectacle ; elle entretient une forme d'autodidactisme généralisé, à la fois gratifiant et trompeur. La télévision séduit, moins par ce qu'elle montre que par ce qu'elle ose montrer. Elle est une machine à effacer les tabous ; le sexe et ses interdits brisés, la mort, la souffrance, la violence et le mépris d'autrui, la fête en ses débordements s'y donnent à voir spectaculairement. Elle satisfait ainsi le droit de vivre la transgression, mais par délégation : on y accède par des doubles ou des doublures. La télévision multiplie les personnages auxquels il est possible de s'identifier, parce qu'elle convertit en fiction, à des degrés variables, ce qu'elle projette sur les écrans. A trop s'y laisser prendre, on arrive à vivre par assimilation ce qui est extérieur, en perdant alors les moyens d'élaborer une vie psychique propre. Ce n'est plus le refoulement au sens freudien qui fait problème, mais au contraire cette *extériorisation du moi* régulièrement entretenue. Julia Kristeva le constate en précisant qu'il s'ouvre « comme un trou dans l'âme », en ajoutant : « l'imaginaire devient une chambre noire ».

Il s'agit, sous l'effet de la télévision et des vidéos, d'un imaginaire mal nourri, mal éduqué, mal préparé à l'initiative. Les œuvres de fiction sont souvent pauvres, par schématisme, et redondantes afin d'orner cette pauvreté. Dans les « séries », bien nommées puisqu'il s'agit de production en série, tout tient à la présence de personnages types, générateurs d'émotions simples et immédiates, placés dans des situations conventionnelles, faisant face à des événements sans réelle surprise. La standardisation est calculée ; elle aboutit à une sorte de neutralité culturelle malgré les apparences, afin de permettre une commercialisation tous publics et « toutes cultures ». L'argument créditant ces fictions d'une valeur universelle, parce qu'elles entretiendraient la présence de figures, de conditions, d'intérêts et de passions reconnaissables partout et par tous, ne tient pas. Il suffit, pour s'en convaincre, de les comparer à ce qui était autrefois leur équivalent, les grandes œuvres de la littérature populaire. Les nouvelles orientations des créateurs sont d'ailleurs révélatrices : elles visent des publics « ciblés », elles spécifient les productions afin de mieux diversifier leur marché à l'échelle internationale. Les spots publicitaires agissent par leur dramatisation accélérée, leur inventivité spectaculaire, leur caractère de création médiatique totale associant les jeux du mouvement, de la couleur, de la parole et de la musique. Ils séduisent en alliant la fiction brève où se dissolvent les problèmes de la quotidienneté — les gens présentés par les pubs sont les générateurs d'éphémères fantasmes, tout leur réussit —, et le spectacle des choses qui piègent le désir. Mais ces éclats de lumière qui transfigurent le monde ordinaire ne peuvent avoir qu'un effet éphémère : l'illusion retombe vite et la répétition déforce les images.

Sur la culture de la surmodernité, on a beaucoup dit, au négatif : qu'elle est une culture extensive, sans frontières, qui agit en surface et par des moyens instrumentalisés, qui s'étend par contagion ; qu'elle est une « culture moyenne » pour une classe moyenne en expansion, et donc astreinte à une standardisation qui efface tous les reliefs. On a été, en revanche, peu attentif à l'un de ses traits dominants : c'est une culture du mélange, *syncrétique*, capable d'emprunter, de diffuser, d'allier des composants disparates, d'effectuer un incessant travail de brassage. C'est moins une culture du *cosmopolitisme populaire* qu'une culture de la circulation et de la recomposition permanente, une culture génératrice de configurations fragiles, vulnérables au brouillage des messages et exposées aux effets de puissance et de concurrence des grandes industries culturelles. La télévision a été, et reste, la plus contestée de celles-ci. Elle est alors reconnue coupable d'affadissement, de manipulation, de fabrication d'un réel faussé par la mise en images et la traduction spectaculaire. Son évolution vers l'expression des drames de la vie ordinaire (du *live*) et des problèmes des gens sans importance notoire est déjà récusée comme propice à la mise en place de nouveaux pièges. La « télé-vérité » ne révèle pas ce que cachent les masques, elle produit d'autres apparences grâce à la complaisance d'intervenants qui trouvent là l'occasion d'exister par l'image. Les spectacles de la réalité (les *reality-shows*) introduisent dans l'espace télévisuel privé des événements qui ont engendré des émotions privées ; ils dramatisent et arrangent selon la logique de la fiction ; ils recherchent l'intensité en donnant au fictif la couverture du réel, en conduisant les participants impliqués à mimer l'acteur pour faire partager ce qu'ils ont vécu. Les gens ordinaires qui sont *dans* l'image, promus à cette place par le choix de l'événement dont ils furent les protagonistes, et ceux qui se trouvent *devant* contribuent ensemble à ce mixage. Ils coproduisent ces fictions « réalistes » qui ne se présentent pas clairement comme telles.

La télévision exerce une action simplificatrice et grossissante, elle rend plus visible l'*ambiguïté* à laquelle astreint la présence régulière dans l'univers des images. Celle-ci nous place dans la position du frontalier qui se tiendrait sur la ligne de séparation où le fantasme et le vécu, le faux et le vrai, la simulation et le réel, le spectacle et l'action devraient se distinguer clairement. Mais les repères qui jalonnent cette frontière deviennent plus flous, comme si chaque avancée dans la technologie imagière et dans l'art de la mettre en œuvre brouillait le tracé. Les carrefours où l'imaginaire signale ses territoires propres, où la croyance précise ses accès, où la conviction marque ses limites sont de moins en moins discernables. Ils s'effaceront davantage lorsque l'ère du *virtuel* succédera à l'ère du visuel dans laquelle nous sommes encore engagés.

Des êtres-images nouveaux surgissent, s'hybrident, s'associent, bouleversent les relations entretenues avec leurs créateurs et leurs utilisateurs. Ils appartiennent à un autre monde, ni entièrement matériel ni exclusivement idéel, ni totalement reconnaissable par les explorations du sensible, ni seulement maîtrisable par la progression de l'intelligible. Ils ont une vie propre, une capacité d'auto-engendrement et de métamorphose infinie. Ils sont de purs *artifices*, nés de l'association des procédures logiques et symboliques, des mathématiques, de la machine, et d'une créativité fascinée par le cheminement imprévisible des formes. Philippe Quéau, l'un de leurs théoriciens et expérimentateurs, définit ces nouvelles images : elles sont à la fois numériques (calculées), synthétiques (fabriquées) et virtuelles (irréelles). Il désigne les trois coupures traditionnelles qu'elles abolissent, « entre image et langage, image et modèle, image et espace ». Elles ne parlent plus, elles font circuler des formes, des couleurs et des contrastes, de la lumière et des effets de transformation ; elles n'évoquent plus par référence à ce qui leur préexiste, soit en représentant, soit en simulant — bien qu'elles conservent le second de ces pouvoirs ; elles ne reproduisent plus des espaces et des lieux déjà connus, elles engendrent leur propre espace à l'intérieur duquel il est possible de pénétrer. Ce qui conduit Philippe Quéau à préciser les fonctions que ces images déconcertantes accomplissent. Elles nous permettent de les accompagner et de naviguer ainsi dans l'univers imagier ; elles répondent en temps réel aux actions exercées sur elles, qui modifient leur devenir ; elles se prêtent à une exploration inouïe : muni des dispositifs nécessaires, « on peut en faire le tour ou entrer dedans ».

Ces images sont *autres*. Elles rompent radicalement l'histoire de la représentation et rendent vaine la question de la légitimité de représenter, de figurer, de faire apparaître du plus réel derrière le réel apparent ; elles naissent de l'abstraction et non du jeu des analogies, par lequel le sensible et l'intelligible appréhendent la réalité. Elles donnent le pouvoir de faire exister des quasi-mondes et du quasi-vivant, de multiplier infiniment les clones immatériels des êtres réels ; elles ne sont pas à comprendre, mais à prendre telles quelles, peut-on dire, en effaçant toute distanciation entre soi et l'œuvre, entre soi et l'autre. Elles fascinent et laissent encore moins que les images anciennes le temps de la réflexion : la confusion qu'elles entretiennent quant aux niveaux de la réalité en est d'autant plus perverse. Elles disposent d'une liberté — dans les limites des conventions selon lesquelles elles ont été créées — qui leur ouvre des évolutions tout à fait imprévisibles. En ce sens, elles en savent plus que leurs créateurs, qui ignorent aujourd'hui jusqu'où elles pourront aller. Apparaît ainsi un étonnant parallélisme entre une nature insoumise à la maîtrise technicienne poussée toujours plus avant, et une culture de l'image rendue aventureuse par ses créateurs de la dernière génération, entre la dénaturation et la déréalisation. A l'écologie, appliquée à la sauvegarde du monde naturel, commence à faire pendant la réaction organisée contre la perversion du monde culturel par les manipulations imagières risquées.

Les nouvelles images sont déjà popularisées, par les publicités télévisuelles, par les trucages du cinéma, par les jeux de simulation où le joueur n'est plus devant l'écran mais « dedans », présent par immersion dans l'univers imagier sur lequel il doit agir. Elles ont une incontestable utilité dans la création assistée par ordinateur, elles offrent la possibilité de figurer immatériellement ce qui doit être produit et d'expérimenter par simulation. Elles servent la connaissance en équipant la recherche scientifique d'instruments d'exploration plus pénétrants qui, par l'intermédiaire du virtuel, rendent le réel accessible et manipulable ; l'observation en reçoit une assistance et ouvre certains des sanctuaires de l'invisible. Elles donnent le pouvoir, en accompagnant les remontées dans le passé, de produire des *clones visuels* de ce que les assauts de l'Histoire ont aboli ; elles engendrent la restauration virtuelle de ce qui a été détruit ou ravagé : l'abbaye de Cluny, et, à Paris, les thermes romains de Cluny ; elles deviennent ainsi des moyens de reproduction de ce qui fut, des moyens très technicisés et d'une grande fidélité. Les nouvelles images fascinent et inquiètent, parce qu'elles permettent de créer des êtres et des mondes inventés sans référence ou allusion au réel, à l'intérieur desquels il est possible d'entrer et avec lesquels des relations actives s'établissent. Des êtres et des mondes *paradoxaux*, renouvelables à l'infini, proliférants, qui imposent leur présence insolite en faisant courir le risque d'être engagé par eux dans une sorte de vie en double. La question de l'identité de ces œuvres reçoit une réponse embarrassée. Elles ne sont pas comparables à celles de l'art ; elles requièrent la compétence de l'expert, de l'ingénieur ; elles tiennent une valeur non pas du message qu'elles serviraient à transmettre, mais de ce qu'elles *manifestent* en se réalisant. Elles n'existent qu'à la condition qu'on intervienne pour les concevoir, les faire apparaître et les entretenir ; elles ne sont pas fixées et séparées, une fois « achevées », afin d'être livrées au regard du spectateur : elles n'ont pas d'achèvement. Il se constitue avec ces œuvres une sorte de *double lien* ; elles dépendent du créateur-opérateur, et celui-ci de ce qu'elles finissent par signifier dans une large indépendance. Philippe Quéau admet qu'il se forme, avec ces créations artificielles, des rapports pour le meilleur et pour le pire : « Le meilleur, c'est la possibilité d'inventer des mondes infinis ; le pire, c'est d'être pris au piège de la fascination et de se couper du réel. » L'alternative reste virtuelle, cependant que l'incertitude et l'interrogation inquiète sont bien réelles. Paradoxe de ce temps : alors que l'art est tenté de se réduire à sa plus simple expression et de signifier le moins possible, la technologie du virtuel engendre des formes foisonnantes errant à la recherche de leur signification.

Les techniques consomment la nature, les images prolifiques mangent la culture. C'est de celles-ci, de leur accompagnement par les flux de paroles et de sons, de leur excès, que procèdent les configurations du monde présent. Elles le façonnent, le constituent en un *hyper-monde*. Elles entraînent tout et tous dans leur mouvement, en abolissant toute relation à la transcendance et en obscurcissant les repères de réalité qui orientent les parcours de vie. Elles concourent, et avec elles la communication dans son ensemble, à l'avènement d'un « homme sans intérieur », défini par sa projection dans l'univers englobant-absorbant qu'elles composent. Les polémistes, occupant la ligne de front de la bataille pour la culture d'ancienne façon, attaquent les « grandes machines à broyer les sens ». Ils veulent endiguer le « torrent d'images et de voix fantomatiques », ils dénoncent ce qui contribue, en consommant et consumant « toutes les substances de l'esprit », à une « pornographie de l'imaginaire ». Les contestataires plus modérés n'en mettent pas moins en cause l'envahissement par le *factice*, qui s'accomplit derrière les avancées du *visible* ; ils veulent ouvrir des refuges où la création pourrait se maintenir hors écran ; ils s'efforcent d'accorder du temps au temps des œuvres majeures, celles qui, par l'imaginaire et ses fictions, rapprochent du réel et éloignent de ses simulations. Il faut parvenir à ce que les œuvres fortes soient possibles et reconnues sans laisser prise au doute. Octavio Paz indique une voie lorsqu'il prononce l'*éloge de la négation*, lorsqu'il rappelle la nécessité d'« apprendre à dire *non* », lorsqu'il évoque l'urgence de retrouver l'« élan initial » des écrivains qui ont donné à la grande littérature du XXe siècle sa tradition.

PARANOTES

Lorsque Gaston Bachelard entreprend de contribuer résolument à une métaphysique de l'imagination et à une philosophie de l'imaginaire, de fonder une poétique de la rêverie, il confie ironiquement qu'il faut « faire grouiller les microbes pour ramener la vie ». Il limite l'emprise de la raison, car elle ne va pas au fond des choses ; seule l'imagination peut y parvenir. Il présente l'imaginaire comme un appel et une évasion, comme l'« expérience même » de l'ouverture et de la nouveauté. Il élabore — dans *L'Eau et les Rêves*, Paris, Corti, 1942 — une doctrine de l'« imagination cosmique » :

recherche de la sympathie originelle par laquelle les êtres et les choses sont unis dans une universelle analogie. L'écologie philosophique d'aujourd'hui reprendra la leçon, en d'autres termes. Une bonne présentation de l'œuvre de Gaston Bachelard, due à Jean-François Mattéi, se trouve dans le tome III de l'*Encyclopédie philosophique universelle*, Paris, PUF, 1992.

Jean-Paul Sartre définit l'imaginaire comme la faculté du « pur possible » et l'ouverture à une « quasi-observation » (*cf. L'Imaginaire*, Paris, Gallimard, 1940). Jean Starobinski, dans *La Relation critique* (Paris, Gallimard, 1970), attribue à l'imagination un « pouvoir d'écart ». D'une part, elle esquisse les contours du réalisable, nous arrache à l'immédiat, nous aide à concevoir « un avenir d'abord indistinct ». Mais d'autre part, elle peut refuser toute adéquation avec le réel et rompre les amarres. C'est bien cette déréalisation qui est maintenant refusée ; elle résulte surtout des machines à simulation, et peu de la fonction imaginante.

Hélène Védrine guide le parcours qui conduit à la découverte des grandes conceptions de l'imaginaire dans *Les Grandes Conceptions de l'imaginaire. De Platon à Sartre et Lacan* (Paris, Livre de poche, « Biblio essais », 1990). Elle en montre le terme, cet état actuel où « réel et imaginaire se mélangent, deviennent indiscernables » ; elle en souligne les effets : plus de succession temporelle dans la littérature ou le cinéma, plus d'espace perspectiviste dans la peinture, et puis la « sortie de la représentation ». Mais le brouillage des références n'a pas encore déraciné les croyances, aboli cet « espace où se déploie le dynamisme de l'imagination ». Gilbert Durand, utilisant une méthode structurale, différencie les régimes syntaxiques de l'imaginaire visuel ou verbal ; il décrit le sémantisme des images, des symboles et des mythes dans *La Structure anthropologique de l'imaginaire*, Paris, Bordas, 1960, Dunod, 1984. L'imaginaire social apparaît dans certaines analyses de Marx, en relation avec la théorie des classes sociales ; Pierre Ansart les a reprises et renouvelées ; Cornélius Castoriadis, dans une perspective ouverte sur la psychanalyse, révèle en toute institution sociale une création investie d'imaginaire (*cf. L'Institution imaginaire de la société*, Paris, Seuil, 1975).

La raison a longtemps été engagée dans un ferme combat contre le pouvoir de l'imagination, contre le crédit accordé à l'imaginaire : Paul Valéry a glorifié cette lutte ravageuse entreprise contre les « choses vagues », Ernst Cassirer a exalté l'épopée philosophique faite d'attaques contre la pensée mythique. Aujourd'hui, l'opposition est moins frontale, la science elle-même défend moins son exclusivité territoriale. Henri Atlan pratique l'« intercritique de la science et du mythe », Ilya Prigogine conclut une « nouvelle alliance ». Heinz Pagels, physicien, montre comment les sciences de la complexité — et leur instrument, l'ordinateur — redonnent des rêves à la raison. Il réintroduit le mythe de la frontière en faisant de la complexité la « dernière frontière » à conquérir, et le mythe du démiurge, en annonçant, par la maîtrise du complexe, la création de « nouveaux mondes et de nouveaux êtres » (*cf. Les Rêves de la raison. L'ordinateur et les sciences de la complexité*, trad. franç., Paris, Interéditions, 1990). Cette conquête de l'inédit, création de mondes et d'êtres, qui est également proclamée par les techniciens de l'imagerie virtuelle, est présentée avec humour par le physicien Richard Feynmann (*cf. Vous voulez rire, monsieur Feynmann*, trad. franç., Paris, Interéditions, 1987).

A côté de la science, peu accessible par la seule connaissance ordinaire, mais fascinante par ses réussites, s'étend et s'élargit le territoire de l'occulte, du paranormal, du parascientifique. Voir les travaux du colloque *La Pensée scientifique, les citoyens et les parasciences*, organisé par Dominique Lecourt à la Cité des sciences de La Villette. Celui-ci, philosophe, identifie moins un défi à la science que des pratiques défiant les « objectifs sociaux, éthiques et politiques » assumés naguère par les grandes religions. Ce sont des substituts dont s'empare la croyance, et avec elle ce qui lui fait cortège : les désirs, les fantasmes et les attentes.

Le corps, la mort, l'amour sont évidemment les domaines des investissements imaginaires forts. Seuls quelques repères bibliographiques récents (et considérés en cours de texte) peuvent être retenus. Sur le corps, les travaux novateurs de David Le Breton, *Anthropologie du corps et modernité* (Paris, PUF, 1991), et *Des visages. Essai d'anthropologie* (Paris, Métailié, 1992) — le visage dans son rapport au symbolique, à l'imaginaire et à l'expressivité. Sur la mort, l'œuvre exceptionnelle de Louis-Vincent Thomas, notamment le classique *Anthropologie de la mort* (Paris, Payot, 1975), *La Mort en question. Traces de mort et mort des traces* (Paris, L'Harmattan, 1991), et l'ouvrage d'Annick Barrau, *Mort à jouer, mort à déjouer* (Paris, PUF, 1993), où l'imaginaire est révélé, avec certains archétypes, comme conjuration du temps et de la mort. Sur l'amour, le nouveau monde amoureux et son nouveau désordre, on lira la contribution théorique de Niklas Luhmann, *Amour comme passion* (trad. franç., Paris, Aubier, 1990), on trouvera un bilan actuel avec référence aux vieux mythes et aux rêves inavoués dans l'ouvrage de Michèle Guisset et *al.*, *Paroles d'amour* (Paris, Siros-Alternatives, 1991). Voir aussi Bernard Arcand, *Le Jaguar et le Tamanoir. Anthropologie de la pornographie* (Paris, Montréal, Boréal-Seuil, 1991).

Deux des scènes sur lesquelles se livrent les combats les plus actuels — la nature et l'univers-images — sont celles où l'imaginaire est le plus rudement mis à l'épreuve, menacé d'effacement par l'emballement technique et par l'immersion imagière. L'opposition classique (philosophique et anthropologique) entre la nature et la culture, le naturel et le social ne va pas sans ambiguïté. Sur la séparation monde sauvage/monde des hommes ou dehors/dedans, et sur les « passages » de l'un à l'autre, voir Georges Balandier, *Le Désordre. Éloge du mouvement*, Paris, Fayard, 1988 (chapitre IV). Ce qui est donné à l'observation scientifique, c'est la diversité des relations que les hommes entretiennent avec la nature, les diverses façons de l'habiter selon les civilisations et le cours de leur histoire propre ; sans que s'impose un système de représentations unique, car le regard porté sur la nature est toujours « pluriel ». Voir Dominique Bourg (dir.), *Les Sentiments de la nature*, Paris, La Découverte, 1993. Le cas japonais mérite une attention particulière : il allie le sauvage et l'artifice, il a associé — avec la montée de l'hypermodernité — la valorisation de la nature et l'indifférence à son saccage. Voir, pour leur richesse propre et le renouvellement théorique (théorie de la « médiance »), les travaux d'Augustin Berque, et notamment le classique *Le Sauvage et l'Artifice. Les Japonais devant la nature*, Paris, Gallimard, 1986.

La forêt a longtemps été identifiée comme la seule véritable nature sauvage ; c'est contre elle, en la « mangeant », que la civilisation s'est faite, que les institutions ont été fondées. Elle a nourri l'imaginaire culturel de l'Occident : les mythes, les symboles, les traditions populaires en portent les traces, et de grandes œuvres s'en inspirent. Robert Harrison, dans le plus passionnant et le plus nécessaire des livres, guide l'exploration d'une *mémoire culturelle*, d'une *histoire de l'imaginaire* effectuée sous le couvert des forêts. (*Cf. Forêts. Essai sur l'imaginaire occidental*, trad. franç., Paris, Flammarion, 1992.) Il achève son parcours en soulignant la nécessité de cette « frontière d'extériorité », celle qui nous permet de résider non *dans* la nature, mais *en relation* avec elle. Robert Harrison évoque le romantisme allemand, la relation « génétique » entre les forêts allemandes et la *Naturpoesie*. Albert Béguin a publié dans les années trente l'une des études les plus complètes, les plus riches de suggestions, du romantisme allemand, des rapports entre la « philosophie de la nature » (sa vision cosmique) et la poésie et le rêve. (*Cf. L'Ame romantique et le rêve. Essai sur le romantisme allemand et la poésie française*, Paris, Corti-Livre de poche, 1991.)

De la nature-mystère à la nature protégée, à la nature-prétexte, à la nature-problème, puis à la nature resacralisée, les chemins se multiplient et se brouillent ; la raison technique, l'imaginaire, les passions et les intérêts s'y croisent. L'écologisme fait de la question de la nature le résumé de toutes les autres ; il se convertit en une philosophie qui déloge l'homme de sa position centrale, qui abolit l'humanisme issu des Lumières et l'anthropomorphisme ; il se transfigure en une foi nouvelle orientée vers Gaia, la Terre, vers la biosphère — « entité quasi divine », écrit Luc Ferry —, ou vers un nouveau culte de la Vie. Toutes les dérives sont possibles, l'imagination peut égarer autant que l'aveuglement techniciste et économiste. La littérature abonde sur le sujet, entretenue par les polémiques. Quelques jalons nécessaires : Dominique Bourg (dir.), *La Nature en politique, ou l'enjeu philosophique de l'écologie*, Paris, L'Harmattan-Association Descartes, 1993 ; Luc Ferry, *Le Nouvel Ordre écologique. L'Arbre, l'animal et l'homme*, Paris, Grasset, 1992 ; Hans Jonas, *Le Principe responsabilité*, trad. franç., Paris, Éd. du Cerf, 1990 ; Michel Serres, *Le Contrat naturel*, Paris, François Bourin, 1990 ; Edgar Morin et Anne-B. Kern, *Terre-Patrie*, Paris, Seuil, 1993.

La planète-images est cet autre univers — issu des artifices, cette fois — où l'imaginaire se déforce, mais dans l'excès surmoderne et non plus dans l'effacement du domaine où il s'est longtemps déployé, la nature. L'image change radicalement de statut dès lors que la technique permet sa production et sa reproduction massives. L'« image de masse » va pouvoir apparaître, l'ère du visible s'établir définitivement et la culture du regard entrer en expansion. Sur les effets du passage aux « multiples », voir : Walter Benjamin, *Illuminations*, Londres, Fontana, 1973.

L'image accompagne le parcours de la pensée philosophique, du discrédit initial jusqu'à l'exaltation par François Dagognet : *Philosophie de l'image*, Paris, Vrin, 1986. Louis Marin, dans *Des pouvoirs de l'image. Gloses* (Paris, Seuil, 1992), montre comment l'image opère, quelle force cachée dans le visible elle met en jeu. Elle est interprétée en qualité d'image fixe avec son éloquence propre par Pierre Fresnaut-Deruelle dans *L'Éloquence des images* (Paris, PUF, 1993) et en qualité d'image en mouvement par Gilles Deleuze, qui en montre les effets sur les représentations du temps et de l'espace dans *L'Image-mouvement* et *L'Image-temps*, Paris, Éd. de Minuit, 1983 et 1985. Un ouvrage collectif, dirigé par Maurice Mourier, pose la question de la nouveauté des nouvelles images : *Comment vivre avec l'image*, Paris, PUF, 1990.

Le livre d'Alain Gauthier *L'Impact de l'image* (Paris, L'Harmattan, 1993) montre comment le « vaisseau image » nous embarque pour une destination inconnue ; c'est un bon guide, qui aide à définir l'identité de l'« image de masse » et à repérer les effets de la « visualisation ludique ». Sur les nouvelles images — numériques, de synthèse, virtuelles —, voir Edmond Couchot, *Images*

(Paris, Hermès, 1988), Philippe Quéau, *Le Virtuel, vertus et vertiges* (Seyssel, Champ Vallon-INA, 1993). Et le numéro spécial des *Cahiers internationaux de sociologie*, Georges Balandier (dir.), « Nouvelles images, nouveau réel », janvier-juin 1987.

Les images banalisées sont celles de la télévision et des vidéos : c'est par elles que tout peut se traduire en fiction, en effets spectaculaires. Par elles s'effectuent une véritable immersion dans l'univers-images et le brouillage du réel. Le dossier « télévision » est surabondant ; du côté défense, on lira le plaidoyer du sociologue Dominique Wolton : *Éloge du grand public. Une théorie critique de la télévision* (Paris, Flammarion, 1990) ; du côté accusation, l'attaque porte principalement sur la dégradation du politique et de l'information par l'effet conjugué de l'image et du spectacle : voir François-H. de Virieu, *La Médiacratie* (Paris, Flammarion, 1990) et Georges Balandier, *Le Pouvoir sur scènes* (Paris, Balland, 1992, chapitres 4 et 5). La considération des effets sur l'imaginaire s'effectue par la critique psychanalytique. La mise en évidence de l'« état nébuleux » où se mêlent le médium et le réel au profit des simulations et des simulacres, de la constitution d'une sorte d'hyperréel, est l'objet des ouvrages récents de Jean Baudrillard ; on trouvera une présentation générale de ses recherches dans Jean Baudrillard, *L'Autre par lui-même*, Paris, Galilée, 1987. Des images encore rares créent des espaces, des mondes, des êtres virtuels ; elles révolutionnent l'histoire de la représentation et celle de l'image (*cf.* Philippe Quéau, *op. cit.*) ; elles produisent des « œuvres » mal classables, présentées en France au salon Imagina ; voir, à propos d'Imagina 93, l'interview de Philippe Quéau, « Clones et nouveaux scribes », *Le Monde*, 18 février 1993.

La critique générale de la communication, comme idéologie ou utopie, ou comme quasi-religion, a été reprise par Philippe Breton, *L'Utopie de la communication* (Paris, La Découverte, 1992) ; elle dénonce l'émergence de l'« homme sans intérieur ». La dénonciation du délabrement culturel, avec un rejet extrême de la culture orientée et assistée par l'État, est formulée dans le pamphlet de Marc Fumaroli, *L'État culturel. Essai sur une religion moderne* (Paris, Éd. de Fallois-Livre de poche, 1992). A peu près au même moment, George Steiner pose la question de la possibilité des grandes œuvres sous un « bombardement incessant de sons, de rythmes, d'images », et Octavio Paz plaide pour un affrontement de la littérature avec la modernité afin de la « transcender » et de ne pas « être dévoré par elle » ; *Cf.* « *Éloge de la négation*, à propos de la Foire du livre de Francfort (1992) », trad. franç., *Le Monde*, 1er octobre 1992.

V

Les retours et détours du sacré

Les dieux se retirent

C'est Hölderlin qui annonce le retrait. Il proclame la « fuite des dieux », il prédit l'avènement des Titans, « ceux qui sont en fer ». Ernst Jünger retient l'image et affirme que la « grande relève » est celle qui s'opère entre les dieux et les Titans, qui ont déjà pris le dessus. Il prévoit que le XXIe siècle élèvera au plus haut le « rang prométhéen » — avec une complète « mise en chiffres du monde », qu'il sera aux prises avec des forces immenses, avec une puissance qui pourra surmonter l'espace et le temps dans un ordre technique toujours plus proche d'une *suprême magie*. C'est-à-dire, peut-on préciser, d'un pouvoir-faire dont l'ampleur et la compréhension dépassent ceux-là mêmes qui lui ont donné naissance, et qui opère alors au-delà de toute prévision et de toute maîtrise ; il ne relève plus de l'ordre des raisons. Ernst Jünger, dans son essai intitulé *Les Ciseaux*, évoque une sorte de temps mythique à venir où l'Aladin de la surmodernité agit avec sa « lampe d'uranium » (voilà pour la magie), où règnent les Titans du « feu nucléaire » assoiffés d'énergie et obsédés par l'action immédiate (voilà pour la puissance fatale). Cet essai prolonge la réflexion amorcée dans un livre précédent publié au début des années trente (*Le Travailleur*), qui portait la nouvelle de l'installation sur la planète d'un « nouveau venu » inquiétant, vêtu de l'uniforme de la technique, parlant de celle-ci la langue universelle et ayant pour visée l'exploitation totale du réel. Aujourd'hui, Ernst Jünger précise que le Travailleur n'a pas, pour lui, « une dimension sociale, nationale, économique, mais une dimension mythique » : « La figure du Travailleur est celle d'un des grands Titans. » Il exprime dans le langage du mythe ce que Heidegger formule en langage philosophique.

Il considère que les questions scientifiques et techniques dominent tout, et que chaque avancée importante « change la société cent fois plus que toute la Révolution française ». Mais le temps des Titans n'est que celui d'un *intérim*, d'une sorte d'interrègne dont les désordres évoquent, à l'insu de l'écrivain, ceux que les anthropologues décrivent en considérant le chaos des périodes de vacance du pouvoir dans les sociétés de la tradition. Le désordre ravive le désir d'ordre, l'attente des figures de la Loi. Les dieux ne se sont retirés que pour mieux revenir : « Il y a toujours eu des dieux, et il y aura toujours des dieux. » Ernst Jünger annonce un très long interrègne, séculaire. Ce n'est qu'au XXIIe siècle que s'ouvrira une ère nouvelle avec le retour des valeurs qui expriment la trascendance, l'intemporel, le sacré. Et, peut-être, l'émergence d'un *sens nouveau* pour « ce qui se cache derrière le mot "Dieu" ».

Le cas Jünger, indépendamment du caractère monumental de l'œuvre, est révélateur d'une tradition maintenue (une part de l'héritage des romantiques) et d'une attitude qui fait de la considération du sacré et du divin le point d'où se juge le monde présent. L'homme lui-même, fascinant pour les uns, inquiétant pour les autres, occupe une place singulière à la croisée des chemins de la littérature, de la philosophie, et de la science — Jünger est zoologiste. Mais il ne crédite pas la science du pouvoir d'aider les hommes d'aujourd'hui à voir au-delà de la « caverne », du labyrinthe obscur, où ils « errent comme des chauves-souris ». Il dit être du côté de Montaigne en commentant son propre et dernier essai ; il récuse l'autorité de la pensée systématique, qui est « un tel corset que l'imagination n'a plus assez de marge de manœuvre » ; il rejette tous les formalismes — expériences tentées « quand on n'a plus rien à dire » — afin de mieux valoriser l'intuition. Il opte pour ce qui s'appréhende par les mythes, les rêves, les visions et les prophéties. Aux Titans, « maîtres du temps », il oppose les dieux qui « habitent l'intemporel ». Ernst Jünger fait de la critique de la technoscience, du constat désolé d'une nature « rétrécie en îlots », du regret de voir l'art perdre la « relation avec la divinité » sans laquelle il n'est rien, de la dissolution de la langue, source de la « grandeur », concurrencée par les langages des artefacts, les pièces à charge du procès de la surmodernité. Tout y est, y compris le refus de l'Histoire, dont il souhaite qu'elle « prenne fin une bonne fois pour toutes ». L'écologisme philosophique radicalisé recourt d'ailleurs, indépendamment, mais en restant dans le sillage de la critique de la technique formulée par Heidegger, à certains de ces thèmes. Ernst Jünger marque nettement ses choix : le temps de la contemplation plutôt que celui de l'action obsessionnelle et de l'éphémère, le destin orienté par les dieux plutôt que par les maîtrises de la matière et la puissance des artifices. Tout en reconnaissant que rien « ne semble devoir freiner » l'évolution en cours.

Les versions vulgarisées de l'exploration conduite par la science, de la performance croissante dont la technique fait preuve, sont parfois présentées comme propices à un autre cheminement vers le sacré. La *religion de la science* pourrait se convertir en religion retrouvée par et au-delà de la science, ou, inversement, la connaissance de cette exploration et de cette performance acheminerait vers la découverte d'une *sorcellerie* puissamment appareillée et exerçant sur tout un effet de contagion. Ou bien les dieux renaîtraient déjà en dépit de la force des Titans, ou bien ceux-ci disposeraient d'une puissance sans partage, ils seraient les maîtres du réel et des hommes, des maîtres parvenus et mauvais. Dans la première interprétation, l'ouverture s'effectue sur un monde inconnu, entrevu comme autant de mystères révélés par la percée des sciences et qui éveille à la fascination, à l'interrogation et à une autre conscience, encore confuse, du sacré. Les nouvelles cosmologies, éclairées par des images jamais reçues jusqu'alors, sont sous ces aspects les plus efficaces des *révélations* dont la science est la source. Elles retrouvent une part de ce qui leur appartenait au temps où les mythes les abritaient : dire *le* commencement de l'univers, faire le récit de son histoire, situer l'homme dans le cosmos. Elles mettent la Genèse en images inouïes, en fables modernes, après l'avoir mise en théorie et en équations inaccessibles au profane. Elles donnent une version scientifiquement créditée de ce par quoi les religions constituent leur fondation symbolique et dogmatique, une *nouvelle Genèse* — où il est aussi question de la naissance, de la mort, du temps — qui annonce peut-être une sacralisation et une religiosité de *forme inédite*. Déjà, le culte de cette parcelle cosmique qu'est la Terre, Gaia, a une fonction de préfiguration et il entretient une *éco-mythologie*.

L'au-delà où germe la croyance n'est plus alors le siège des puissances transcendantes, mais celui que l'homme découvre par ses avancées de connaissance, par les pratiques qui les accompagnent et le renouvellement des interrogations qui en résulte. Les astrophysiciens les plus célébrés, les plus médiatisés aussi, font déboucher les chemins de leur physique complexe sur les terres de la métaphysique, puis sur ces espaces flous où l'émerveillement, la fascination, la crainte de la perdition aussi peuvent engendrer des *moments de religiosité*. A l'éphémère, d'où la surmodernité tire son excitation, Hubert Reeves oppose la « patience dans l'azur » et la temporalité de l'évolution cosmique. Et Stephen Hawking, auteur d'*Une brève histoire du temps*, traduite en images par le cinéaste Errol Morris, rappelle que « non seulement Dieu joue aux dés, mais [qu']il les lance là où personne ne peut les voir » — dans les trous noirs du cosmos. Aucun de ces deux astrophysiciens ne pratique le mélange, comme Kepler le faisait en accueillant les savoirs ésotériques, en affirmant l'existence d'une âme du monde, en captant lors de l'observation des mouvements planétaires « une hymne à la gloire de Dieu ». C'est ce qu'ils permettent aux profanes d'imaginer qui restitue à leur science des croyances qu'elle n'excluait pas autrefois.

La métaphore de la *sorcellerie* intervient surtout en deux domaines : celui de la mise en œuvre d'une source d'énergie potentiellement capable d'accomplir l'anéantissement du monde humain, là où règnent selon l'image d'Ernst Jünger les « Titans du feu nucléaire » ; celui où se déploient les technologies du vivant, où s'effectuent les manipulations (recombinaisons) génétiques et la production programmée d'êtres — le langage vulgaire le désigne comme gouverné par les « sorciers de la Vie ». Dans les deux cas, ce qui se trouve ainsi considéré, c'est une puissance née de l'œuvre des hommes, dont la maîtrise n'est pas certaine et dont l'enjeu peut être dit de vie et de mort. D'une part, resurgit l'idée faustienne de l'excès, du refus des limites repoussées à l'infini ; ce qui se traduit en langage ordinaire par le « jusqu'où vont-ils aller ? ». D'autre part, l'idée prométhéenne reparaît, portée jusqu'à la transgression suprême : prendre la place des dieux et faire un monde dont l'homme devient l'artisan par sa *seule* entreprise. Le monde, désenchanté par l'interdiction de séjour notifiée aux dieux, devrait se réenchanter par les succès toujours renouvelés du pouvoir-faire humain. Mais l'accomplissement reste impossible, et c'est l'oscillation entre l'émerveillement, devant tant de réussites acquises en une fraction si brève de la longue histoire humaine, et la peur d'un retournement qui multiplierait les risques fatals. Cette structure d'attitude est aussi celle qui opère dans la sorcellerie ; celle-ci conduit ses actions hors des domaines où agissent les dieux, indépendamment d'eux ou contre eux, en usant d'une puissance qui lui est propre pour des fins qui sont soit intensément désirées, soit redoutées avec effroi. Les réactions négatives face à l'emportement des technologies du vivant sont homologues à celles que la sorcellerie a nourries ; elles dénoncent le pouvoir accaparé et exercé sur la vie et la mort d'autrui, de l'espèce humaine et des autres êtres naturels ; elles marquent le refus d'accomplir la transgression qui outrepasse toutes les autres : le « viol du sanctuaire de la Vie ». Et les progressistes sans état d'âme accusent, de façon significative, ceux qui résistent d'utiliser la logique du soupçon (comme dans les cas d'identification du sorcier) et de se convertir en « nouveaux exorcistes ».

En marge des sciences, en dehors des religions historiques et majoritaires, se reforme l'espace indéterminé des savoirs et des pouvoirs parallèles, du parascientifique et du parareligieux conjugués. C'est là où se fait une recherche nomade et confuse du *sens*, des objets auxquels croire et des raisons de croire, où se forme l'attente des *réponses* qui ne sont pas reçues d'ailleurs. L'espoir se place dans l'accès à des connaissances autres, mais occultées, à des pratiques refoulées et condamnées par les institutions dominantes, gardiennes de la vérité, de la norme et du conforme. Les montreurs de choses cachées sont de retour, nombreux ; ils travaillent afin de rendre praticables les vieux chemins du *surnaturel*, et beaucoup d'entre eux y établissent leur négoce. Ce qui est en jeu apparaît explicitement dans l'œuvre d'un théoricien de l'occulte Colin Wilson, célébré en Angleterre. Il ne craint pas de revendiquer la reconnaissance de l'occulte « au même titre que l'énergie atomique », il demande que soit ravivée la « sensibilité aux forces invisibles », il rapporte à une certaine « faculté X » — capable de remédier à l'« étroitesse de la conscience » — tout un ensemble de phénomènes paranormaux. Plus que cette dotation de pouvoirs, importent les *rejets* formulés ; celui d'une civilisation qui a dépouillé l'homme d'un grand nombre de ses « facultés les plus profondes » ; celui d'une conscience rationnelle qui sépare de « la pleine puissance du courant de vie » ; celui des religions — christianisme inclus, dont il est dit incidemment qu'il « fut plus une épidémie qu'une religion » —, qui conduit à proclamer que « l'homme est positivement un dieu ». L'occultisme retrouve par ses thèmes majeurs la tradition qui fut la sienne aux XVIIIe et XIXe siècles ; il la transforme en s'accordant le pouvoir insensé de conduire l'homme à la place des dieux. Il entraîne comme la science vers la conquête de la puissance, mais d'une puissance autre et par des voies secrètes. De façon paradoxale, Colin Wilson doit légitimer ses affirmations, non pas seulement par l'autorité des initiés, des mystiques, des écrivains occultistes, mais aussi par la caution sollicitée de preuves scientifiques. Il détourne à son avantage une partie de ce qu'il combat.

Les mutations du spiritisme, dont Allan Kardec fut en France l'initiateur, révèlent elles aussi le cheminement des légitimations, en sauvant une part de la « révélation divine » et en lui associant des éléments de la « révélation scientifique ». Le spiritisme se constitue comme l'instrument du voyage mental qui permet de franchir des frontières du temps et de l'espace, il se veut moyen de la communication avec le passé, avec les disparus. Du XIXe siècle industrieux et industriel, il reçoit la fascination de la machine. Les spirites recourent alors aux métaphores de la science, de la technique, de l'outil, du travail ; les esprits obéissent aux lois d'une sorte de physique, le médium devient une machine de communication de la parole et les dispositifs dont il use sont les transmetteurs des messages émis par des entités désincarnées. Des sociétés de recherche psychique, au cours du XIXe siècle, tentent de produire des preuves en recourant à la « neutralité » d'appareillages mécaniques étranges. Sous le règne de la communication, le spiritisme se trouve plus facilement en accord puisqu'il se présente lui-même comme une affaire de communicateurs mentaux : lien avec les espaces de l'au-delà du mal et de la mort, pouvoir d'échange avec les entités qui les peuplent et ont la capacité de transmettre des révélations. Les enregistreurs de paroles, puis d'images, sont employés afin de *prouver* en « fixant » les témoignages la *vérité* des mots et des apparitions. Plus récemment, l'univers dit de la transcommunication, aux confins du spiritisme et de la science, recourt au techno-imaginaire et convertit certains ingénieurs en techniciens du caché et de l'extraordinaire. Il appareille la relation recherchée avec les mondes différents, ceux des esprits et des êtres tout autres. Une forme de la communication est ainsi élevée au-dessus des autres ; elle est postulée capable d'outrepasser leurs limites, d'ouvrir l'accès à des connaissances et à des langages qui n'appartiennent pas à l'ordre humain. Ces voyages où la conscience est poussée au-delà de ses états reconnus, effectivement modifiée, transposent dans la culture technique des pratiques dont les sociétés de la tradition ont institué le recours, et pour lesquelles elles disposaient de spécialistes, techniciens eux aussi, selon des conventions tout à fait différentes. C'est, peut-on dire avec l'excès de toute formule parodique, le *chamanisme* plus les machines de l'ère électronique.

La recherche de légitimation ravive la question de la croyance, en ce qu'elle comporte d'apparemment irrationnel. Il s'agit de l'appréhender en tant que « mode de croire », système des « bonnes raisons » qui, contre la raison, poussent certains à accorder un crédit entier à l'incroyable. Si les croyances sont des monstres au regard des logiciens, elles sont des « monstres intéressants » selon les anthropologues et les sociologues. Ceux-ci, parce qu'ils ont à considérer la dynamique des croyances autant que celles des besoins, des intérêts et des passions, ne peuvent céder à la facilité d'expliquer la croyance par l'irrationnel de l'Autre, de celui qui ne se situe pas à l'intérieur du champ de la rationalité dans la même position que soi. Ce qui importe dans l'acte du croire, c'est ce qui le *constitue* dans une assez large indépendance par rapport aux contenus — maintenant fort mouvants — des croyances. Il manifeste un ordre de convictions qui ont une autorité par elles-mêmes, qui contribuent à donner du sens et de la cohérence à certaines des expériences humaines, individuelles et/ou partagées en groupe. Il ne s'impose pas seulement comme l'accueil d'un ensemble d'évidences, mais aussi comme l'un des modes de *traduction* ou de métaphorisation des désirs et des attentes, et de conjuration des incertitudes. Il met en œuvre une formulation, une forme de discours, qui affirme et fait de cette affirmation le moyen d'instituer la croyance, tout en la légitimant par des arguments empruntés à ce que l'on peut qualifier d'« air du temps » ou d'ensemble des répertoires disponibles ; il pratique l'allusion circonstancielle à des confirmations prétendues scientifiques, depuis l'avènement de la modernité.

Dans les sociétés de la tradition, le croire peut être *généralisé*, porter sur ce qui relève du surnaturel — par exemple, les génies des lieux — de même façon qu'il porte sur les êtres et les choses imposant leur évidence dans la vie quotidienne. Il s'efface de ce fait même, en conférant une égale qualité d'existence à tout ce qui s'inscrit dans le champ de l'expérience : des représentations, des savoirs, des êtres, des choses et des pratiques. Il n'y a pas à croire, mais à s'ajuster à tout ce qui existe ; le génie *est* en tant que génie, l'outil en tant qu'outil. C'est là un cas limite où la croyance ne se forme pas selon notre acception, parce qu'il n'y a pas de *distance* établie entre celui qui croit et ce à quoi il croit. Dans les sociétés de la tradition où il existe une nette séparation entre le sacré et le profane, où le religieux institué introduit par la transcendance la plus grande distance, la croyance est formée et agie, hiérarchisée selon ses niveaux de manifestation, les objets sur lesquels elle porte. Elle est constitutive de puissances radicalement différentes des hommes, de mondes séparés, d'au-delàs. Les Églises deviennent avec le temps les techniciennes et les gardiennes de la croyance sur laquelle elles se fondent ; elles la lient à un dogme, l'intellectualisent par le commentaire, la magnifient par la liturgie, l'entretiennent par les pratiques et la donnent à vivre dans les moments d'intensité que crée la participation communielle. Elles convertissent la croyance en une *foi* qui règle le cours des vies, et la relation sacrale en un pouvoir potentiellement exclusif. Elles instituent un régime de croyance, mais en faisant de leur croyance la suprême référence elles donnent au fait de croire une valeur extrême, dont se chargent les croyances concurrentes ou parallèles. Il se produit une sorte d'aspiration qui élève et emporte dans l'univers turbulent des croyances, là où se heurtent les certitudes et où s'opposent les hommes qui y adhèrent.

La modernité soumet le sacré à l'épreuve des grands changements, et la religion n'apparaît plus clairement définie par les fonctions que la tradition et l'institution lui ont attribuées sur la longue durée : proposer à la conscience une image cohérente du monde ;

conférer une légitimité aux valeurs et aux règles qui régissent les conditions individuelles et collectives ; offrir les recours qui permettent de répondre aux aléas et aux épreuves, à l'événement et à l'inattendu. En bref, faire surgir du *sens* et fournir les moyens d'affronter les circonstances contraires. La modernité réduit les espaces du sacré tels qu'ils ont été tracés par une longue histoire, elle apporte progressivement aux hommes les moyens idéels et pratiques de rationaliser et de produire le monde où ils vivent, de le prendre en charge sans avoir à dépendre de puissances transcendantes, et d'accéder ainsi à une responsabilité qui ne leur est plus déléguée. Tel est l'ensemble des processus qui contribuent, selon le terme de Max Weber tant de fois repris, à la *sécularisation* de la société et de la culture. Le régime du croire est profondément transformé. La croyance traditionnelle cède devant les certitudes que les savoirs expérimentaux établissent, les vérités démontrées, et devant les accomplissements du pouvoir-faire. Elle ne concède cependant qu'une partie de son domaine, car les connaissances et les pratiques positives laissent sans réponses et sans secours des interrogations et des préoccupations existentielles toujours vives. Mais, la brèche ouverte, le cantonnement de la croyance traditionnelle et son déforcement ouvrent les voies à ce que l'on peut qualifier de *laïcisation du croire*. Celui-ci multiplie ses points d'ancrage dans le terrain séculier, les cheminements du sacré suivent ce parcours et il en devient plus diffus, plus détaché de sa forme religieuse ; il se donne à connaître dans la dissémination. A un point tel que la tendance actuelle pousse à voir du sacré partout et de la religion nulle part.

L'ambiguïté qui affecte toute définition du sacré est accentuée lorsqu'il ne reçoit plus sa forme de l'institution religieuse. Avec la modernité exaspérée, ce qui est nouveau, c'est son extrême mobilité, cette fluidité aussi qui lui permet de s'investir dans des objets changeants. Ce sont aussi ses métamorphoses, qui résultent de la diversification des expériences subjectives et de sa gestion plus individualisée. Libéré, redevenu *sauvage* selon Roger Bastide, il pourrait alors retrouver ce qui a été à son commencement : une énergie issue de l'exubérance d'une vie collective non encore régulée et poussée à la recherche de son sens. L'*excès*, qui est le propre de la surmodernité, est la forme de cette exubérance se nourrissant d'elle-même et incapable de s'ordonner dans des configurations culturelles déjà stabilisées. Le sacré subit cet entraînement. Il ouvre de multiples voies, il sacralise sur son passage en engendrant des attachements fragiles, il est aussi engagé sur des chemins sans issue où ne se manifestent que des apparences auxquelles les médias prêtent parfois leurs écrans. Malgré ses errances, sa divagation, le sacré n'en reste pas moins ce par quoi les actions humaines s'attribuent du sens et de la valeur, ce par quoi l'expérience subjective peut acquérir de la densité. Il reste toujours présent, au moins en qualité de besoin, d'*exigence de dépassement* que l'actuel culte de la performance ou de l'extrême ne peut évidemment satisfaire. La demande de sacré est d'autant plus forte que les manques s'expriment, plus nombreux et plus intenses. Ce qui est le cas en période de grande transformation culturelle et sociale, de multiplication des points d'émergence du sens faible et du non-sens. Malraux, à la fin de sa vie, portait l'obsession de ce déficit spirituel et prédisait un retour, de *forme imprévisible*, de la mystique et implicitement d'un sacré moins inconstant. On doit considérer comme un signe l'intérêt croissant accordé à la considération du sacré. Il fait aussi écrire, s'il aide d'abord à tenter de mieux vivre. Il est à nouveau recensé, reconnu dans la diversité de ses réalisation selon le cours du mouvement historique et la différence des civilisations. Son exploration reprend et l'on se met en quête de parcours ignorés afin de mieux saisir en quoi il est une puissance qui attire et subjugue tout à la fois, en quoi et comment il devient capable de renouvellement. Son expérience s'accomplit à travers les épreuves, dans une sorte d'avancée à l'essai dont la vie et l'œuvre de René Daumal, l'auteur du *Mont analogue*, donnent une illustration annonciatrice. La méditation et les stupéfiants, le surréalisme et la pataphysique, la conduite anarchique de l'existence débouchent finalement sur une réconciliation avec soi acquise par un détour, celui de l'Inde et de ses sagesses. La démarche produit ses éclairages à la façon dont le kaléidoscope produit ses formes colorées, hors de tout système.

L'institué et le flou

Aujourd'hui, la sociologie religieuse est déconcertée et déconcertante. Danièle Hervieu-Léger a tracé les contours d'une nébuleuse où le sacré et le religieux s'inscrivent dans des configurations théoriques fluctuantes. D'un côté, l'effacement des systèmes religieux traditionnels, qui nous laisse « la religion pour mémoire », et la crise des Églises établies, ancrées dans la tradition, qui fait d'elles l'enjeu de forces discordantes et de dogmatiques opposées. D'un autre côté, l'extension extrême du sacré afin d'y incorporer tout ce qui relie, et se relit comme mystère, émission de sens, invocation de transcendance ou absolutisation de valeurs. Cet « agrégat composite et non spécialisé » ne tient que par défaut, en occupant l'« espace libéré par les religions institutionnelles ». C'est ce second aspect qui fixe l'attention des spécialistes du religieux ; il s'appréhende comme un défi — univers flou, il *semble* échapper à toute exigence de connaissance rigoureuse — et il excite l'imagination sémantique qui tente de l'identifier et de le nommer. « Sacré moderne » ou « cosmos sacré » des sociétés de la modernité, « sacré diffus » ou « informel » (en analogie avec le secteur informel de l'économie), « religion invisible » et « religiosité », telles sont les principales dénominations proposées. Imprécises, elles déplacent la rigueur vers le partage entre l'avant et l'après, entre le temps des religions incontestées en cette qualité et le temps du sacré détaché de l'institution religieuse historique, en mouvement, comme l'est la modernité dans son ensemble.

Les tentatives conduites afin de rétablir une continuité, de réduire la coupure ainsi tracée, font du sacré un englobant présent dans *toutes* les expériences et pratiques vécues comme religieuses, un englobant constitué de catégories, de significations, de symbolisations, de codages qui sont combinables afin de s'adapter aux croyances particulières. Vu ainsi, on peut l'imaginer à l'aide d'une métaphore informatique comme une « mémoire » exploitable et programmable, où se trouve « stocké » ce qui a été produit au cours de l'histoire religieuse antérieure et reste disponible pour une « exploitation » actuelle. Le sacré devient le pourvoyeur de ce qui se constitue en nouvel agencement de signes et de symboles, de rites et de pratiques, le générateur de significations, de convictions et de croyances que les autres systèmes d'interprétation et d'action ne peuvent proposer. Le sacré est alors un recours face aux défaillances du reste. Il est moins « de retour » qu'il n'est à l'origine de configurations culturelles, de métamorphoses du croire, de transformations des façons d'être qui n'ont ni une égale valeur ni une égale chance de durée. Son prétendu retour actuel, c'est la manifestation des résultats du *travail* qui s'accomplit maintenant avec les ressources et les « outils » qu'il pourvoit. Un travail dont les « produits » sont d'autant plus diversifiés qu'il n'y a plus de tradition forte, prévalante, pour l'orienter, que le risque et l'incertitude accrus par la surmodernité multiplient les raisons de le solliciter. L'individu dispose d'une large liberté de le commander en fonction de sa demande particulière. Le sacré, aujourd'hui, *éclaire et égare* tout à la fois, par la profusion même de ce qu'il livre à l'expérience de chacun. Cette surabondance a pu inciter à caractériser le sacré et le religieux, dans leurs expressions présentes, par l'avènement d'un *néopolythéisme* qui s'attache à des « forces », à des « puissances », plutôt qu'à des entités divinisées clairement identifiées.

L'institution religieuse, l'Église d'une religion *fondée* sur une longue histoire, n'est pas épargnée par la grande transformation. Elle conserve de plus en plus difficilement sa position d'*extériorité* par rapport à l'univers séculier auquel elle avait imposé ses propres contraintes, et souvent consenti des accommodements. Les frontières qu'elle a tracées et longtemps défendues avec une vigueur absolue deviennent perméables. Sa légitimité se déforce, sa Loi est contestée, son autorité régulatrice se décrédite. Son emprise sur les consciences se dilue en raison de la concurrence des autres croyances, désormais accessibles par la mondialisation du « marché du sacré », en raison de la liberté que l'on prend de construire pour soi-même une sorte de religion privée, et des effets d'une indifférence molle qui conduit à accueillir des croyances changeantes. L'Église, bien qu'on la dise historique, se tient dans l'intemporel. Elle se veut anhistorique, inaccessible aux turbulences qui emportent les hommes, les sociétés et les civilisations. Elle est dans l'éternel, comme la divinité dont elle exprime la présence et assure le service. Elle est la plus puissante des machines sociales opposées au temps. Elle l'attache au moment initial, au moment de la Parole originaire et de la fondation, à la référence qui inaugure sa mémoire et sa tradition. Elle ne l'admet que dans la forme d'une *continuité*, dont la lignée des pontifes est une preuve autant que la gardienne. Le temps des hommes et de la société ne doit l'atteindre qu'en surface, tout est entrepris afin qu'il ne la pénètre pas en y introduisant des discordances. Il ne lui est cédé que pour mieux tenter de contenir son cours. La surmodernité rend cette vigilance de moins en moins opérante, cependant qu'elle bouleverse l'expérience de la temporalité et brouille les chemins de la mémoire. Elle engendre les réactions offensives-défensives de ceux qui savent que les religions meurent aussi, que les disparues dépassent en nombre, et de beaucoup, les vivantes.

L'Église catholique, depuis la période conciliaire des années soixante, devient révélatrice de cette nouvelle difficulté d'être, de s'accorder au temps présent tout en refusant de se laisser emporter par lui. La crise de la prêtrise, la désertion de la majorité des fidèles, la contestation de l'Église en tant que structure hiérocratique contribuent à rendre plus aigu le « malaise du peuple de Dieu ». L'aspect politique est le plus remarqué, parce qu'il révèle les menaces pesant sur la pérennité de la plus ancienne monarchie ecclésiale, et sur son universalité, sa catholicité. C'est le pouvoir de l'Église, défini par les premiers théoriciens de la théologie civile comme « souverainement autonome par rapport à la société », qui se trouve mis en cause. Au point de rejeter, comme le fait Eugen Drewermann dans sa radicalité, les « fonctionnaires de Dieu » pris dans l'engrenage de l'appareil du pouvoir, et d'en appeler à la vigueur régénératrice des expériences de refonte de la communauté ecclésiale. L'institution est attaquée de l'intérieur, à sa base et dans sa périphérie — les Églises nationales les plus éloignées de Rome —, en sa doctrine par les théologies alternatives ou de la dissidence, et en sa façon de gouverner la foi vécue alors que celle-ci est confrontée aux exigences des temps nouveaux. En moins de trois décennies, le retour s'effectue : « De Vatican II au Vatican perpétuel », écrit Franco Ferrarotti. Le centre rétablit son autorité, consolide sa hiérarchie, rappelle ses affirmations doctrinales par la publication du *Catéchisme universel* ; il tente de tarir les courants réformateurs d'où pourraient naître une Église « souterraine » et des Églises « parallèles ». Le pape doit, à la fois, maintenir la primauté romaine, imposer le Saint-Siège « comme instance fondamentale d'expérience et de jugement », et entretenir une ouverture filtrant les demandes des croyants, toutes informées par la condition moderne.

L'Église ne peut pourtant pas se soustraire aux poussées et contre-poussées qui résultent d'une modernité suractivée ; elle ne contrôle plus la totalité de l'espace que le catholicisme irrigue, pour une large part indépendamment de l'administration sacerdotale ; elle ne parvient pas à contenir toutes les forces sociales, culturelles et politiques qui lui sont contraires, en tant qu'elle est une institution marginalisée par sa fixité anhistorique. Elle se définit contre la modernité *et* dans la modernité. Le cardinal Josef Ratzinger, qui a la charge de la Congrégation pour la doctrine de la foi, l'a révélé au cours des entretiens qu'il a accordés. D'une part, il marque la nouveauté totale d'une période historique caractérisée « par des schémas de pensée, de science, de technique, de culture et de civilisation, en rupture complète avec tout ce que nous connaissions auparavant ». C'est le tracé de la coupure qui indique l'entrée dans l'inédit, en direction de l'inconnu où est entraîné l'« homme en mouvement ». D'autre part, le cardinal, gardien du dogme, dénonce « l'envahissement du relativisme et du subjectivisme, conséquence inévitable d'un monde écrasé par les prétendues certitudes de la science naturelle ou appliquée » ; il conteste la limitation du rationnel à « ce qui peut être expérimenté, prouvé », et dont résulte « l'obscurité quasi totale sur des dimensions essentielles de la vie ». L'homme livré au pragmatisme, abandonné à la seule subjectivité, se trouve dans « une situation de vide » où « surgit le terrible danger du nihilisme ». La modernité une fois reconnue dans ce qu'elle a en propre — le mouvement, la production de l'inédit, l'ouverture du possible — est congédiée par le rejet catégorique de ses effets.

Mais elle ne peut être entièrement repoussée, sauf à faire le choix d'un enfermement fatal, d'une séparation d'avec les forces vives. Il lui est consenti des concessions plus qu'apparentes dans le domaine social, même si l'intouchable reste intact : le ministère et le célibat des prêtres, le statut sacramental des divorcés, le rôle des femmes, la contraception. Il lui est surtout emprunté des moyens, par lesquels l'Église manifeste sa présence au temps actuel, dispose de toutes les techniques de communication et remédie à sa marginalisation culturelle. C'est la raison pour laquelle Jean-Paul II n'est pas identifié comme un pape antimoderne, selon une tradition dont Pie XII a été le dernier défenseur, mais comme « le premier pape postmoderne ». Il recompose l'institution, reste intransigeant sur l'orthodoxie, mais il est moderne par son style de vie, par son influence planétaire qui le constitue premier messager de la foi. Il illustre, au niveau suprême, l'avènement de la spiritualité médiatisée. Chacun de ses voyages dans le monde est l'occasion de rendre manifestes, spectaculairement, l'universalité et la vitalité de l'Église, de provoquer au-delà de la séparation — par l'effet de la proximité médiatique — la communion des croyants, de délivrer un enseignement adapté aux lieux, aux circonstances, tout en rectifiant ou censurant les déviations. La parole directe, le paraître, le spectacle cérémoniel transmis par les télévisions composent ainsi les fragments de quasi-encycliques mises en images.

Il ne suffit pas que l'autorité pontificale se présente sous l'aspect d'une autorité éclairée, et non plus seulement imposée et protégée par son repli sur elle-même. Dans l'espace qu'elle contrôle, les chemins se brouillent, les parcours se contrarient. Certains, tracés par les théologiens de la libération, tentent de relier le christianisme des origines à l'histoire présente, de provoquer la rencontre de la vie religieuse et de la vie sociale, d'orienter la foi dans le sens de la pratique historique libératrice. Le projet révolutionnaire est en quelque sorte déplacé et repris, confié à une foi reformulée qui doit trouver sa pleine réalisation dans une Église transformée en « structure de service » et non plus de pouvoir. La sécularisation pénètre ainsi à l'intérieur de l'institution ecclésiale, elle la subvertit en projetant la révélation et la parole divine sur le plan de la quotidienneté, en liant la pratique religieuse à l'engagement, à la solidarité avec les pauvres et les peuples assujettis. Ces chemins, qui ont leurs principaux points de départ en Amérique latine, éloignent d'une théodicée pour mener à une sociodicée, sous la conduite du Messie « historisé » et restitué à l'histoire présente.

Ces chemins en recoupent d'autres, plus européens d'origine, qui sont jalonnés par les théologiens de la dissidence. Ils conduisent moins à une nouvelle pensée de la révolution qu'à l'accueil de la modernité et à une audace libérant de la charge dogmatique, moins à l'engagement personnel qu'à l'effacement des limites entre la vie dans la foi et la vie dans la société. Ils recherchent les ouvertures par lesquelles le christianisme peut se diffuser, imprégner le domaine social et la culture, introduire son influence « au-delà de la frontière visible de l'Église » et être plus actif en devenant « anonyme ». Il est des chemins qui portent aux extrêmes. Celui d'Eugen Drewermann trace la route d'une nouvelle « virulence prophétique ». Il a pour mémoire les grandes contestations religieuses de l'Antiquité chrétienne, du Moyen Age, et les expériences réformées de l'ère moderne. Il mène jusqu'à ce point où pourront être abattues « les colonnes sur lesquelles repose la manière d'être de l'Église actuelle ». Eugen Drewermann introduit la modernité sous la forme de la psychanalyse, afin de mieux s'attacher à la destinée personnelle des croyants. Il *individualise* l'attitude religieuse ; il en extrait le péché qui culpabilise et érige Dieu en juge, il lui substitue l'angoisse personnelle face à ce qui reste le mystère de la vie et de la mort en ce temps. Il fait de la religion le lieu de la « Parole qui guérit », de la proximité avec un Dieu présent jusque dans la quotidienneté et qui se manifeste comme le « thérapeute suprême ». C'est l'annonce d'un recommencement au cours duquel l'institué actuel s'abolit.

A l'autre extrême mènent les chemins suivis par les défenseurs d'une totale restauration, d'une reconquête sans aucune concession. Ils se présentent comme les soldats d'une nouvelle contre-réforme : le changement est leur ennemi, la tradition disciplinaire leur guide. Ils opposent un néo-intégrisme résolu à l'esprit du concile Vatican II ; ils en rejettent toutes les innovations — y compris celles d'ordre liturgique, considérées comme diaboliques. Ils exigent le respect de la hiérarchie ecclésiastique, la stricte obéissance des prêtres ; ils refusent toute liberté à l'intérieur de l'institution et affirment la nécessaire soumission à la « raison d'Église » ; ils redoutent l'attention portée à la justice sociale, car elle est susceptible de fissurer la pyramide du pouvoir. Ils exercent un effet attracteur sur les forces catholiques les plus réactionnaires. Ils prennent tous les risques, jusqu'à celui de la rupture schismatique. L'évêque français Marcel Lefebvre, issu du missionnariat colonial, fut la figure emblématique de ceux qui luttent contre l'« anti-esprit » et qui voient en toute influence extérieure et en tout contact avec la culture dite postmoderne l'occasion de la perversion hérétique. En se constituant défenseurs intransigeants du pouvoir de l'institution, ces gardiens de l'intégrité de l'Église allient à nouveau le religieux et le politique. En retraçant les contours de l'espace où l'institué devrait se tenir comme une forteresse résistant aux assauts de l'Histoire, ils révèlent par contraste l'espace flou où la demande religieuse fluctue. Elle s'y diversifie, obéit moins à la prescription qu'à une nécessité individuelle — ne serait-ce que celle de l'accord avec soi-même — ou collective — ne serait-ce qu'un partage du sens accepté dans sa précarité. Entre le « silence de l'Histoire » et la parole affaiblie des Églises s'affirme l'incertitude propice à la recherche devenue confuse, opportuniste, des sources d'une *religiosité* libre de toute entrave institutionnelle. C'est là ce qui fonde deux affirmations apparemment contradictoires : celle de la catastrophe des religions établies, celle de l'implantation de contenus religieux dans de nombreux domaines séculiers. La première affirmation est la condition de la seconde ; les contenus libérés circulent et se fixent précairement, sans s'organiser au sein d'une institution spécialisée et dominante.

Du sacré en expansion, du religieux diffus : les voies sont ouvertes à toutes les appropriations individuelles, qu'elles s'effectuent en relation distante ou distendue avec l'institution ecclésiale, ou de façon autonome par un recours syncrétique aux diverses offres de croyances, ou dans un rapport d'adhésion et de soumission à l'égard des nouveaux dispensateurs de règles de vie et de moyens de salut personnel. On évoque alors la « privatisation du religieux » ou la « religion à la carte ». C'est, en fait, l'inscription sur le territoire du sacré, selon les marquages propres à celui-ci, de ce dont la surmodernité est porteuse. L'individualisation, la valeur accordée à l'autoproduction de soi et à la « culture de soi » (comme l'a montré Michel Foucault) se traduisent en exigence d'autonomie lors de la négociation de la croyance. Le brouillage des références à la transcendance permet d'évaluer les croyances à la mesure des besoins de la quotidienneté, des questions et des expériences immédiates ; la relativité des situations existentielles prévaut, le relativisme et le subjectivisme progressent au détriment de l'expérience de l'absolu. Le foisonnement et l'instabilité de l'imaginaire et des systèmes symboliques offrent au bricolage, dans la constitution de la croyance, des possibilités renouvelées. Les matériaux du croire sont dispersés, il peut donc se former sur des assises très diverses, dont certaines paraissent inouïes. Le déforcement des instituants traditionnels, la fragmentation du social, le poids des relations médiatisées, la mobilité des repères de vie entretiennent une quête incessante de croyances susceptibles de fortifier le sentiment d'appartenance ; au besoin, par le recours à des croire excentriques.

Ces expériences multiformes contribuent au renouveau de l'*émotionnel*, principe fondateur du sentiment religieux selon William James. Elles expriment la revanche de l'émotion, des « élans de croyance » qui engagent la totalité de l'être, dans des sociétés où la raison instrumentale et calculatrice domine, dans des cultures où la surabondance des événements et les dramatisations médiatisées livrent l'émotionnel à l'éphémère. Elles aident à échapper aux cercles de l'enfermement dans la quotidienneté, à transfigurer le vécu dans des moments d'intensité où les servitudes et les maux ordinaires sont occultés. Elles donnent du neuf et de la chaleur à des pratiques conduites dans l'*ailleurs* et le *tout autre* — domaines du sacré ou du religieux —, alors que celles prescrites par la religion établie, codifiées par la tradition et les rites, paraissent refroidies, dévitalisées en raison de leur formalisme et de leur répétition. Ce qui importe justement, c'est la qualité de l'expérience en sa plénitude, c'est la possibilité de créer des îles de vie différente à l'intérieur des espaces que la surmodernité envahit et se subordonne. Des lieux où l'accomplissement personnel trouvera de meilleures chances de se réaliser, où une relative cohérence intérieure paraît s'acquérir. Mais, si ces *mondes d'à côté* peuvent se constituer en communautés émotionnelles — ainsi, celles qui naissent des mouvements charismatiques —, ils apparaissent aussi comme propices à un accommodement avec le monde présent. Ils le font accepter en exerçant un effet de compensation.

Les sociologues de la religion restent indécis quant à la portée qu'il convient d'attribuer aux nouvelles religiosités, aux nouveaux mouvements religieux. Selon les uns, ils sont d'abord les *indicateurs* d'une déconstruction de la société, de la culture, de la personne : à une anomie en expansion répond une sorte de sacré anomique ; ils n'ont d'importance que dans l'usage privé, à des fins personnelles ; ils peuvent contribuer à l'excès d'un individualisme conduit jusqu'à son « point a-social extrême » (Norman Birnbaum). Selon les autres, ces renouveaux du religieux, nonobstant leur caractère réactionnel initial, contribuent à l'entretien de l'ordre encore dominant. Ils dérivent la contestation ; ils permettent de recombiner des symboles, des valeurs, des affects, des attentes qui finissent par donner un habillage neuf aux légitimations de ce qui est en place. Ils ont un effet de revitalisation, en expérimentant des modes de comportement éventuellement incorporables aux manières d'être établies qui s'en trouvent ainsi rajeunies ; en bref, ils réactivent *indirectement* ce qui fait « tourner les rouages des grandes bureaucraties impersonnelles » (Harvey Cox). Au terme de son étude des renouveaux émotionnels contemporains, Danièle Hervieu-Léger suggère que la « décharge émotionnelle de l'expérience religieuse » peut être interprétée « comme l'une des modalités paradoxales de son adaptation — sous une forme désutopisée — aux données culturelles de la modernité ». Le renouveau du religieux, dans ses dynamismes actuels, serait alors l'un des cheminements d'une *acculturation interne*, au profit de ce qui définit le monde dit postmoderne. L'un des moyens d'accompagner de celui-ci le mouvement.

Les dérives du sacré entraînent dans des explorations aux orientations changeantes, aux repérages imprécis ou instables. La « nébuleuse mystique-ésotérique » se place sur ces itinéraires. Elle est de composition très hétérogène et ménage des passages de l'une à l'autre des configurations qui la constituent, elle contribue à la circulation des expériences et de ceux qui s'y adonnent. Elle est propice à l'association et à la transformation des contenus, à la multiplication des formes syncrétiques de la croyance et de la pratique, à la mobilité des attentes et des recours aux connaissances qui les entretiennent. Les sources ésotériques anciennes, les courants gnostiques, les grandes religions orientales, les disciplines spirituelles et les techniques de la méditation, les arts divinatoires, les moyens de la guérison spirituelle et du bonheur intime, les procédés d'accès à une conscience nouvelle et planétaire avant l'avènement du *New Age*, et les apports d'un scientisme spiritualisé sont les principaux fournisseurs des éléments qui entrent en combinaison et recombinaison au sein de la « nébuleuse ». Toutes les formules sont possibles, les variations s'effectuent selon la personnalité du pratiquant — de là l'importance des emprunts faits à la psychologie — et selon la nature et la pression des circonstances qu'il doit affronter. Françoise Champion, exploratrice de cet ensemble flou, constate que l'impulsion initiale conduisant à y entrer résulte « de l'attrait des conceptions qui y sont développées, de la promesse d'une intensité intérieure, d'un monde d'unité, de certitude, de mystère déchiffrable ». C'est la recherche du remède opérant contre la fragmentation du social, la dispersion de la vie individuelle, avec ses moments de vide et de dépression, contre la fausse visibilité donnée à un monde mis en images, et contre l'incertitude propre à une période historique ouvrant des chemins brouillés. La nébuleuse mystique-ésotérique apparaît alors comme « un libre-service culturel particulièrement riche en offres de toutes sortes ». Elle est propice à la versatilité.

La société de masse, la culture en mouvement issue des grandes villes et de leur périphérie, la quotidienneté médiatisée, la spectacularisation technicisée orientent les *effets de sacré* vers les objets les plus divers. Il s'agit d'effets banalisants, par lesquels la confusion des religiosités est extrême. L'enflure du langage la révèle, tout en véhiculant des fragments de mythes : les vedettes du sport restent les dieux du stade, celles du cinéma relayé par la télévision — si elles ne sont plus des divines à la façon de Greta Garbo — deviennent des idoles et disposent de chapelles ou de clubs entièrement voués à leur culte, celles de la chanson, qui bénéficient de la transfiguration par la musique, entrent également dans la catégorie des idoles qu'accompagne la cohorte des fans et des dévots, collectionneurs d'icônes (les posters) et de reliques. Ce qui est d'abord en jeu dans ces qualifications et dans les représentations associées, c'est la position exceptionnelle de celles et de ceux qui en bénéficient. Ils sont situés hors de la condition ordinaire, « élevés » par le talent réel ou supposé et le succès, par l'audace des transgressions. Ils sont des générateurs d'émotions et d'admiration inattaquable durant un temps, des figures propices à une identification ou à une *imitation* qui est le pseudo de celle des dévotions d'autrefois. Ils sont consacrés parce qu'ils ont acquis une visibilité, une façon de *présence réelle* pour le très grand nombre, à la faveur des rassemblements spectaculaires, des mobilisations médiatiques, et du système qui les promeut en négociant leur valeur marchande. Ils ne relèvent plus tout à fait du monde profane, bien que leur consécration n'ait rien d'un sacre. Leur parole n'est pas la Parole, mais elle a de l'efficace ; ce qui incite certains d'entre eux à délivrer des messages, à transmettre les fragments d'une éthique simplifiée. Ils participent d'une sorte de transcendance laïcisée produite par artifices, soutenue par une adhésion enthousiaste et massive. Ils disposent parfois d'un charisme livré aux foules et géré par les communicateurs. En ce sens, le chanteur pop Michael Jackson — personnage rendu an-humain par les transformations imposées à son apparence physique, par ses singularités quotidiennes, par ses « apparitions » publiques et ses dramatisations scéniques propices à l'émerveillement et à la ferveur — est le médiateur sacralisé d'une large part de la jeunesse mondiale. Il apparaît comme une sorte de pontife des jeunes sur fond de fête médiatisée, à la façon dont un pape des enfants surgissait des fêtes du bout de l'an durant le premier Moyen Age.

Dans tous ces montages quasi sacralisants, le spectaculaire, véritable moteur des émotions, met en situation de soumission, d'abandon à une ferveur partagée. Il se fait copie des dramatisations liturgiques, avec leurs moments d'intensité communielle ; il ritualise par le recours à une gestuelle, à des codes, à des moyens musicaux et sonores, à des artifices qui créent une ambiance propice à une participation collective programmée. Le spectacle se constitue à la façon d'un mystère — drame joué et révélation de choses cachées —, mais l'ensemble des techniques utilisées l'attire du côté des effets spéciaux. Il devient un lieu où la « société du spectacle » produit sa propre célébration, avec des figures surpersonnalisées, une transcendance artificielle, une communion par imitation et contagion, une ritualisation à composante ludique. Ces manifestations révèlent un autre aspect de la surmodernité : l'entraînement à l'excès, au paroxysme ; et le fonctionnement d'un imaginaire qui n'existe que dans l'intensité.

Tout y est montré et donné à vivre sous le régime du *plus* : le volume des audiences et leurs débordements, la surabondance des moyens scéniques, des jeux de lumière, la puissance sonore propice à une sorte d'envoûtement, la provocation et la transgression jusqu'à l'invocation maléfique ou satanique, la débanalisation de l'apparence physique, le flamboiement du vêtement et des signes distinctifs et, surtout, le déchaînement des corps. Ces caractéristiques apparaissent à plein dans les grands rassemblements de musique rock, notamment ceux de la variante *hard*. Elles se retrouvent lors des événements sportifs majeurs où le culte des vedettes, le patriotisme de club, l'exaltation des passions peuvent pousser jusqu'à cette transgression ultime qu'est la violence sauvage. Certes, l'excès est le propre de toute pratique festive, et le sacré comporte une part *impure* (par dédoublement selon Durkheim) l'associant à la démesure et au désordre, mais les religiosités d'aujourd'hui infiltrées dans des manifestations de masse sont aussi (ou d'abord) entraînées dans les excès de la surmodernité.

Celle-ci exerce un effet indirect d'une autre nature. Elle multiplie les réseaux de communication, elle donne sa force à l'injonction de *communiquer* tout en entretenant un déficit dont les creux de la vie personnelle, les solitudes et les marginalisations témoignent. Les religiosités séculières, vécues au sein des groupes et des rassemblements agrégés par la manifestation spectaculaire, sont des formes de communication intense qui se substituent aux autres, défaillantes. Elles unissent, lient par des conventions dont celles du langage, par des connivences et des audaces verbales subversives, par la participation émotionnelle partagée, par la proximité des corps, l'excitation physique qui accentue le sentiment d'avoir acquis ensemble une part de puissance. Ce sont des « machines » qui produisent de la socialité chaude à l'intérieur d'un monde où la socialité froide a la primauté, où le lien social se distend. Ce sont aussi des moyens par lesquels sont retrouvés les valeurs corporelles et ce qu'il y a de primordial dans le geste, le rythme et l'être-ensemble qui en procède. La surmodernité fait alors reparaître des sources cachées qui ont longtemps fortifié les rapports de l'homme à la nature et au monde, et des hommes entre eux.

Cet autre ensemble flou, où de la sacralité et de la religiosité sont investies, reste peu délimitable et mal interprétable tant il paraît fluctuant et ambivalent. Les modes, les engouements, la versatilité des dévotions y agissent. Il définit les espaces où s'effectuent des engagements de substitution, où s'exercent les cultes et les ritualisations juvéniles, où les marginalités recherchent la possibilité d'une réalisation personnelle par l'affirmation, la création singularisée et l'émission d'une parole capable de se faire entendre, au besoin par l'outrance. Une autre culture, multiforme, qui a l'émotion pour moteur, la fusion par participation pour but, la confusion des attentes pour espérance, s'inscrit ainsi dans le tissu d'une culture encore dominante ; sans qu'elle parvienne à s'en détacher, notamment en raison des concessions faites aux médias (par lesquels se réalise la consécration) et aux symbolisations de la réussite (attachement à l'argent et consommation ostentatoire). Ces phénomènes ont été surinterprétés autant que reconnus dans leur nouveauté et leur fonction révélatrice. Ce qui a été ignoré, c'est la différence des significations et des intérêts personnels pour ceux qui en sont les initiateurs-acteurs d'une part, et ceux qui en sont les participants-spectateurs d'autre part. Il est souvent attribué à ces phénomènes plus de sacré, de force de contestation ou de dissidence, d'efficace durable qu'ils n'en contiennent. On a pu y voir une manifestation indirecte de l'éclatement du social, et son remède par le retour à la *tribalisation*. C'est oublier l'effet de masse qui s'exerce, et surtout la mondialisation sous l'effet d'un syncrétisme qui s'accomplit par la circulation des influences et par contagion. Bien que la différence et la personnalisation forte soient recherchées par les initiateurs et leurs proches, il ne s'y retrouve pas ce qui est le propre de l'univers des tribus : la constitution d'une société close définie par sa généalogie, singularisée par sa longue tradition, hostile aux relations menaçant son identité. Il s'agit surtout d'un *communautaire tribal métaphorique*, complaisant à l'égard de la reconnaissance extérieure. On a aussi évalué certains de ces phénomènes à la mesure des anciennes initiations, qui marquaient le passage de l'adolescence à la maturité sociale. Là encore, il y aurait remplacement, par défaut de ces pratiques maintenant disparues. Mais le substitut manque de puissance symbolique au profit de la facticité, de force sacrale, réduite à une religiosité vague, et de cet accord qui liait les initiés d'autrefois à la société globale dominante. Les *cultes juvéniles* sont le produit de générations imprécises, aux positions mal fixées dans le jeu social, lancées à la recherche des moyens d'une affirmation et d'une identification propres. De la modernité, elles épousent le mouvement. Elles jouent de ses excès, de ses faiblesses, et de l'avantage que leur donne l'actuelle façon de vivre qui fait obligation de « rester jeune » et d'être performant. En tentant de convertir la faiblesse et l'incertitude en leur inverse, elles se font productrices de significations et de pouvoir pour leur propre compte.

Les chemins sombres du sacré détourné

Ces chemins-là sillonnent l'Amérique. A plus d'un siècle de distance, une affirmation de Tocqueville s'en trouve démentie : celle qui faisait de la religion « la plus grande garantie de la sécurité de l'État et de la sûreté des particuliers » au regard de l'Américain moyen. Il est vrai que la société, et la nation elle-même, se sont longtemps définies dans l'idéal par la référence religieuse et la rigueur morale. Il est également vrai que l'aventure spirituelle a pu capter la force de l'esprit pionnier, multiplier les colonisations du sacré parallèlement aux conquêtes que les entrepreneurs réalisaient dans le domaine temporel. C'est au XIXe siècle, période de la grande recomposition américaine et de ses traumatismes, que le « réveil » du protestantisme entraîne le débordement des Églises établies, l'apparition de courants qui se démultiplient et deviennent autonomes en se différenciant. La séparation constitue ainsi un premier ensemble de *sectes* aux destins inégaux ; les plus vivantes ont pu négocier ensuite leur place dans l'espace religieux officiel, dont elles occupent à leur tour, une fois constituées en Églises, la périphérie.

Voici revenu le temps des sectes, ouvert au début des années soixante, lorsque monte la révolte jeune et que la contre-culture informe le radicalisme et transforme les expressions de la violence. Les mouvements sectaires foisonnent, naissent du déclin des institutions ecclésiales historiques, de la perte de crédit des télé-prédicateurs, et des dissidences en chaîne qui les multiplient. Ils sont entretenus par les crises non résolues, dont souffre désormais le monde américain. Ils se décomposent, puis se recomposent à partir d'apports divers — évangélisme, fondamentalisme, ésotérisme — et parfois acculturés — en particulier ceux des disciplines et religions orientales. Ils charrient en conséquence des éléments hétéroclites qui s'allient et se désallient selon l'opportunité : du « littéralisme biblique », du catastrophisme et de l'espérance millénariste, des révélations et des recettes de guérison, des procédés de méditation et de développement du « potentiel humain », des techniques d'expérience personnelle extrême, et même des pratiques de transgression absolue inspirées du satanisme. Ils entraînent dans leur cours les déserteurs des religions de la tradition et, de plus en plus nombreux, celles et ceux qui se trouvent déjà *séparés* par la misère et la marginalité, par le déclassement et l'impossible intégration. Et non pas seulement celles et ceux qui recherchent la cure de leur mal-être.

Ce qui spécifie ces mouvements, ce n'est pas le flou des croyances et des religiosités qu'ils diffusent, la solution qu'ils prétendent donner aux maux résultant de la surmodernité, c'est le détournement des êtres, qu'ils effectuent en organisant la clôture des adeptes et en radicalisant le refus de l'*extérieur*. Ils font de cette exclusion leur force. Ils en tirent leur pouvoir d'attraction, ils constituent la communauté des fidèles en une petite société enclavée ayant la charge de tout pour tous et où s'accomplit en apparence une possession mutuelle. La dynamique des sectes de tous les temps se retrouve à l'œuvre, mais elle change de nature et d'intensité par le possible recours aux ressources de la modernité, dont celles de la communication technicisée. Ces ressources peuvent être utilisées au renforcement de l'emprise des fondateurs, guides, maîtres ou chefs charismatiques, et contribuer à l'instauration d'un *quasi-totalitarisme* au profit des manipulateurs et des pervers. Dans son enfermement, la secte allie alors le pouvoir de vie (c'est sa promesse) et le pouvoir de mort (c'est sa discipline). La fin tragique de la secte des davidiens de Wacko au Texas, en avril 1993, après cinquante jours d'un siège tenu par les forces de police autour de la ferme-forteresse qui constituait le territoire sacré disposant d'une défense armée, en fut une nouvelle manifestation. Le « mage de Wacko », David Koresh, qui préparait ses adeptes à l'attente du Jugement dernier, a lui-même déclenché l'Apocalypse, choisi la destruction et la mort collective par le feu plutôt que la reddition.

Il réitéra ainsi le suicide massif des membres de la secte du Temple du peuple conduite par Jim Jones, qui avait ordonné en 1978 ce choix fatal à la communauté établie au Guyana. Dans les deux cas s'observe un même partage : d'un côté, le pouvoir sans bornes des maîtres, de l'autre, la soumission-abandon de soi des adeptes, échangée contre la Promesse. Vu de l'extérieur, le charisme structuré par bricolage déconcerte par son efficacité : il obtient la servitude volontaire. David Koresh, élève médiocre et immoral des adventistes, rocker raté, diffuseur d'un enseignement confus, se présente tantôt comme l'annonciateur du Messie, tantôt comme le Christ lui-même. Sa « théologie » s'exprime en un discours terrorisant qui porte sur la proximité de l'Apocalypse, et l'élection des Justes qui seuls seront sauvés. Sa domination s'exerce à partir d'une *double coupure*. Celle qui sépare les adeptes du monde extérieur : ils ont rompu tout lien social antérieur, ils ont fait don de tous leurs biens et revenus actuels, ils ont accepté un confinement austère qui les décharge de toute initiative et les astreint au travail, à la défense collective et aux exercices spirituels. Celle qui sépare le maître des membres de la communauté : il est le Suprême plus que le sauveur, il est la Loi, il impose la discipline et les sanctions, il est le Guerrier, il organise la défense du groupe, il est la Vérité, il délivre de l'incertitude et trace le chemin du salut personnel au temps des désastres, il est l'Élu, il dispose de privilèges — de l'accès aux femmes, d'une diète moins stricte, du monopole des relations avec le dehors et de l'usage des médias.

La secte du Temple du peuple a mis en place la même structure. Elle isole, au Guyana, à l'intérieur d'un vaste domaine organisé sur le modèle d'une coopérative agricole. Elle requiert l'abandon total et la soumission aveugle, elle enferme sous surveillance, elle refuse toute intrusion, même au prix de l'exécution des indiscrets traités comme des agents de la trahison. Le « révérend » Jim Jones se présente sous l'aspect d'une triple réincarnation : Bouddha l'éveilleur, Jésus le sauveur, et Lénine le révolutionnaire. Il est élu afin d'assumer ces trois fonctions, il les inscrit dans une doctrine dont les thèmes évoquant les trois sources sont confusément mêlés. Il dispose seul de la Parole, il séduit et châtie conformément à une hiérarchie de sévices, il possède la puissance confirmée par son privilège sexuel. Il obtient l'obéissance jusqu'à ce moment ultime où il entraîne dans la mort — suicide de groupe présenté comme un « acte révolutionnaire » — 923 de ses fidèles.

Ces deux exemples tragiques ont ravivé l'inquiétude à l'égard du détournement des forces du sacré et de la religiosité ; à l'égard de l'invitation instante à sortir de la « forêt obscure » — ce monde-ci où chacun cherche le passage — et à découvrir la « Voie unique ». Ces cas extrêmes, par leur excès même, révèlent avec un grossissement outré ce qui est en jeu. Dans des sociétés et des cultures où prédominent le mouvement, l'inédit, l'incertitude, l'ouverture aux effets de la mondialisation, les initiatives sectaires donnent la possibilité d'effectuer un véritable *retrait*. Elles créent de vraies sociétés closes, des îles, où le social se vit dans la fusion, où l'abdication personnelle décharge de toute décision, où tout se simplifie par le tarissement de l'information extérieure et l'acceptation de quelques certitudes, où la foi tient lieu d'identité et où la liberté individuelle — avec sa part de libre arbitre — s'abolit dans une discipline exercée sous haute surveillance. Ce sont des *hors-mondes* pour les adeptes qui ont troqué la liberté de penser contre une illusion de sécurité et de salut, des bases de pouvoir et de puissance pour les maîtres et les guides ; dans l'espace devenu flou du sacré et du religieux, ils se constituent par des *structures dures et fermées sur elles-mêmes*. L'énigme du croire, des croyances, y devient plus impénétrable, ni les abus subis ni le démenti des faits ne parviennent à engendrer la perte de confiance et le doute. Les désertions sont rares, pour des raisons qui ne tiennent pas seulement aux risques encourus. L'engagement total dans une croyance s'accomplit par une « démarche difficilement annulable », l'appartenance à un groupe de fidèles entièrement assujettis affermit la certitude par le soutien mutuel. En fait, le prosélytisme sort renforcé des épreuves où il aurait dû raisonnablement s'abolir.

Les enclos sectaires sont aussi les lieux, aux États-Unis et ailleurs, où du *pouvoir* se façonne, en opposition à la modernité *et en se servant d'elle*. Il s'y retrouve ce qu'enseigne l'histoire des religions considérant les sectes du passé : des composantes prophétiques, charismatiques, initiatiques, messianiques. Les maîtres des groupes et réseaux sectaires actuels composent, en partie, leur image par de libres emprunts à cet héritage. Ils se différencient absolument des détenteurs de pouvoirs temporels, tout en se constituant en puissance économique et en agent d'influence ; ils s'imposent au nom d'une instance transcendante dont ils disent avoir reçu une mission ; ils détiennent la Parole qui guide, protège et sauve ; ils affirment et entraînent ainsi dans leur ordre les vies qui se confient à eux. Ce sont des *simplificateurs*, dressés comme des rocs factices dans un monde turbulent où le cheminement personnel est mal repéré. Ce sont des capteurs de désirs et d'attentes insatisfaites, des convertisseurs d'angoisse ; ils mettent leurs fidèles en état de régression infantile, ils apparaissent comme le père bienveillant et sévère qui peut assurer la protection et ouvrir l'accès à l'impossible. Afin de mieux réaliser l'assujettissement, ils utilisent certains des outils que la modernité pourvoit : ceux de la communication, ceux de la dynamique psychologique et de la persuasion, ceux de la légitimation et de la construction de la preuve. Lorsque le pouvoir fondé sur la dévotion, et établi à l'intérieur des communautés et réseaux sectaires, tend vers une façon d'absolutisme sacré sans bornes identifiables, il devient l'organisateur d'*univers totalitaires*. Il construit des enclaves d'ordre rude, d'intolérance, d'exclusion et de violence actualisable dans l'espace politique des démocraties ; des structures d'attente, déjà disponibles pour une action à l'extérieur, pour une alliance entre la secte et la société englobante *ré-ordonnée*. Certaines connivences avec les mouvements de la droite extrême en portent l'indication.

La religion revitalisée et engagée dans une politique de restauration radicale revêt, aujourd'hui, la forme dite *fondamentaliste*. Elle répond à une fringale de dévotions insatisfaites, à un besoin d'être éclairé et de s'attacher inconditionnellement à ce qui réconforte et rassure. Là encore, ce sont les désarrois américains actuels qui engendrent la puissante vague des fondamentalismes. Elle n'atteint pas seulement les Églises périodiquement entraînées dans la résistance conservatrice — baptistes, évangéliques et pentecôtistes — mais aussi les grandes confessions protestantes de tradition libérale, et même l'Église catholique qui reconnaît à cette vague une fonction « fécondante ». C'est le fondamentalisme baptiste, vigoureux et prosélyte dans les États du Sud, qui exerce la poussée la plus forte. L'un de ses pasteurs exalte la montée d'une génération qui découvre la « faim de vérité, de traditions, de certitudes ». La vérité ne peut être reçue que de la Bible dans son interprétation la plus *littérale*, débarrassée de toutes les traces d'exégèse portées au cours des siècles ; l'erreur à combattre est celle d'une science évolutionniste qui contredit la révélation, le mystère de l'incarnation et de la rédemption. La certitude réside dans l'affirmation que le salut individuel se gagne par la seule et ferme croyance en Jésus-Christ, sans aucune autre médiation. La tradition repose sur trois piliers : la défense de la vie et donc l'engagement dans les actions contre la législation de l'avortement ; la célébration des valeurs familiales et le combat pour la restauration de la famille, bien que le divorce soit toléré ; le respect de l'ordre social au prix de la peine de mort, gardienne inflexible de la loi.

Au Texas, selon l'analyse du responsable de la Conférence des Églises de cet État, « le fondamentalisme unit l'énergie du cowboy, du pionnier, du politicien qui s'est fait lui-même à une philosophie de la religion sanglée dans une botte d'argent ». La réponse à la difficulté d'être et aux misères est l'affirmation que « Dieu est américain », qu'il faut se mettre en règle avec lui et en accord avec la société. Ce *conformisme revigoré* implique le moralisme et le patriotisme, l'adhésion au pouvoir conservateur et aux critères de la réussite personnelle désormais sacralisée par les « théologiens du capitalisme ». Les notables du fondamentalisme font pression sur le législateur et s'efforcent de rendre encore plus floue la frontière entre le politique et le religieux ; l'alliance conservatrice s'en trouve ainsi renforcée. Les confessions qui ont été les plus ouvertes aux courants de la modernité, les plus tolérantes à l'égard des diverses « libérations » effectuées durant les trente dernières années, perdent de l'influence et s'affaiblissent parce que le mouvement les affecte elles-mêmes et y introduit la division. Le fondamentalisme instaure le rejet des valeurs nouvelles au profit des valeurs du passé ; il exerce un effet attracteur en signalant *une seule voie*, toute droite — celle de la tradition — parmi les cheminements possibles, encore confus, que trace la surmodernité ; il élimine les déviations, dans toutes les acceptions du mot. C'est un système de croyances et d'attitudes qui fonctionne à la façon d'un simplificateur. Il efface la complexité des situations, il anesthésie le jugement par ses recettes, il fortifie les quelques certitudes qu'il inculque en pratiquant une démagogie sacralisante mise en forme avec l'aide des communicateurs. Cette double fonction de simplification et d'affirmation s'accorde à celle — toute semblable — que s'attribuent les politiciens qui font carrière en transformant le populisme en un mouvement de salut public. La connivence de fait prépare les futures alliances, puis la confusion des intérêts.

Le fondamentalisme attire en attachant à une *mémoire*, à la fois religieuse et culturelle, qu'il oppose à l'oubli et à l'éphémère engendrés par la surmodernité ; bien qu'elle soit appauvrie, elle fonde des certitudes. Il lie, associe par le partage des convictions, des obligations strictes, des pratiques, en recourant à l'efficace du rite et à l'autorité salvatrice de la loi sacralisée. Il donne la garantie d'un ordre, propice à la sauvegarde individuelle et collective, en effaçant par décret les effets transformateurs du mouvement historique. Il opère en se différenciant totalement des religiosités diffuses, il rétablit des ancrages dans la société et dans la longue durée de la tradition. Il fait de Dieu, retrouvé et rétabli dans sa toute-puissance, le gardien du sens et de l'autorité, le détenteur des sources de l'espérance et du secours dans la vie sociale. Cette forme du retour au fondamental de la religion s'allie en Amérique à une option politique résolument réactionnaire.

Il n'en est pas de même ailleurs, où les conditions historiques, économiques, culturelle et politiques diffèrent, où l'ambiguïté de la rénovation religieuse vide de leur pertinence le recours aux mots fondamentalisme ou intégrisme. Dans les pays européens du post-communisme, lieux de la déconstruction des dispositifs totalitaires, la religion retrouvée devient une force libérée après la longue période de glaciation de la société, de la culture, du politique et de confiscation des libertés. La religion sort du souterrain où elle avait été enfermée — sauf en Pologne — afin de mieux permettre à la religion civile du communisme établi de laïciser et soumettre les esprits. Elle surgit comme une religion vraie, mais cachée, des ruines d'une fausse religion, qui tient sa qualité religieuse du recours à la métaphore, à l'imitation et au détournement des symboles. Elle opère d'abord comme une force de dénégation et d'effacement des conditionnements ayant contribué au façonnage de l'homme communiste, au conformisme identitaire. Elle restitue des repères alors que les contraintes anciennes et les systèmes d'appartenance s'effondrent, alors que la transition et ses effets anomiques placent dans une position d'incertitude quant à la distinction entre l'avant (l'ordre communiste) et l'après (le nouvel ordre naissant dans les turbulences). Le retour de la religion, c'est aussi le retour du passé lointain, la réappropriation de la mémoire, avec ce qu'elle porte en elle de risques d'affrontement dès lors que les manipulateurs des passions politiques l'instrumentalisent. C'est aussi l'ouverture d'un passage aux partisans d'une reconstruction totale, fondée sur la tradition, et substituée au totalitarisme progressiste défait.

La situation actuelle de l'ex-Union soviétique révèle les ambiguïtés propres à ce nouvel état des choses religieuses et des croyances. Il s'agit là d'un ensemble politique où, malgré les offensives tôt conduites contre la religion, le processus de sécularisation modernisante n'a jamais agi pleinement. La religion et la religiosité paysannes, populaires, se sont maintenues. La tradition révolutionnaire russe, antérieure à la révolution d'Octobre, avait comporté une dimension religieuse et millénariste : elle avait attribué au peuple une *mission sacrée*. Enfin, l'État communiste a établi sa domination sur un monopole absolu et sur une *triple sacralisation*, celle de la patrie, de la révolution et du parti. Il a imposé un système de croyances avec le concours de la dogmatique (le marxisme catéchistique), des rites et des liturgiques laïques adaptés. Il a instauré le culte de Lénine, jusqu'au point où il est devenu l'imitation de la dévotion à la personne du roi divin dans les anciennes monarchies. A l'identique de celui-ci, Lénine relève de la théorie des « deux corps » : l'un humain et périssable, l'autre « mystique » et manifestant la pérennité du pouvoir léniniste. Les obstacles à la sécularisation tenaient aussi à la forme impériale de l'ex-Union soviétique. Les liens tissés par le système totalitaire n'ont pu réduire ni les différences — au premier rang desquelles celles de nature religieuse qui régissent de nouveau toutes les autres —, ni les résistances nationales opposées au pouvoir du centre. L'éclatement de l'empire avait été annoncé, le démembrement s'accomplit en multipliant les conflits ouverts. Il engendre aujourd'hui une mobilisation nationaliste des symboles religieux et culturels qui contribue à entretenir les guerres civiles locales tout autant que les dissidences, les contestations territoriales et les luttes pour la conquête du pouvoir. L'islam, qui n'avait jamais été entièrement soumis par l'appareil politique, est désormais sensible aux mouvements radicalisés affectant l'ensemble du monde musulman et retrouve toute sa force d'affirmation identitaire dans les républiques asiatiques.

En Russie, l'effervescence religieuse se manifeste sous des aspects déjà reconnus dans les sociétés de la surmodernité. D'un côté, l'institué ecclésial se reconstitue en manifestant son autonomie et sa puissance à la faveur de l'affaiblissement de l'institution politique, de l'anomie sociale et du désarroi des esprits. Il brise la clôture où l'enfermait une sorte de concordat hostile à l'expression ouverte de la foi. L'Église orthodoxe, par son appel libéré, non libéral, entendu par certains des anciens communistes maintenant convertis, offre un choix, une alternative, un mode d'engagement total substitué à l'ancien — cependant que l'apathie à l'égard du politique reste forte. Elle propose un ordre légitimé par une *histoire inversée*, non plus orientée vers cet avenir qui devait conduire « l'humanité à la plus haute puissance », mais celle du long passé durant lequel s'est faite et fortifiée la tradition. La mémoire occupe la place du projet de grande transformation de l'homme et de la société. La généalogie reporte aux figures fondatrices enchâssées dans les mythes, et non plus aux constructeurs du futur. C'est en ce sens que l'orthodoxie devient restauratrice, que les courants issus des mouvements slavophiles du siècle dernier, opposés à l'occidentalisation, s'y fondent. D'un autre côté, se compose l'espace flou où s'inscrivent les nouvelles offres de croyances, les nouvelles formes de la religiosité. Le marché du symbolique et du croire est, lui aussi, ouvert à de « libres entreprises », tout aussi mouvant que celui de l'économie déplanifiée. C'est l'ouverture non seulement à l'action missionnaire (catholicisme), à la prédication (baptisme), mais également à l'œuvre obscure des mages, des détenteurs de savoirs et de pouvoirs occultes, des thaumaturges et des guérisseurs. Cette recherche confuse de réponses aux attentes, de significations capables de transfigurer une quotidienneté rude et terne, de liens sociaux formés dans le partage des certitudes recomposées, est un phénomène principalement urbain. Elle est l'une des formes du refaçonnage tenté *à l'essai*, par réemploi de matériaux en partie trouvés dans les chantiers d'une société défaite. Là où l'urgence reste la plus contraignante : les grandes agglomérations.

La relation actuelle du religieux et du politique se présente sous des formes très différentes des uns aux autres des pays européens du post-totalitarisme. Aux deux extrêmes, la Pologne et la Yougoslavie. La première est une nation dont l'existence fut souvent menacée, où le catholicisme puissant a maintenu une identité, une culture, une affiliation émotionnelle à travers les turbulences de l'Histoire. Le communisme y a été introduit et surimposé ; il y est resté étranger et subi comme un facteur de dépendance, comme un système entretenant la « soviétisation » de la société et de la culture. L'État communiste n'a pas pu soumettre entièrement l'institution religieuse. L'Église catholique était trop associée à l'histoire même de la Pologne : toujours gardienne du passé, organisatrice des pratiques qui rendent sensible l'enracinement en celui-ci — par les objets, les icônes, les rites et les pèlerinages —, elle a fourni les ressources symboliques propices à une forte *sacralisation du patriotisme*. Elle a été la matrice d'une « religion du patriotisme » opposable à la foi communiste. Engagée ensuite dans la confrontation active avec le régime, l'Église est devenue l'institution visible de la résistance. Elle a pu attirer des « pratiquants non croyants », pour qui le catholicisme pratiqué valait témoignage de refus et affirmation d'une continuité négatrice de la phase communiste. C'est après l'affaissement de l'État totalitaire que l'univers de la religion et du sacré est devenu le champ d'autres forces, divergentes.

La Yougoslavie n'a pu survivre telle quelle à la déconstruction du totalitarisme qui la maintenait par la contrainte, et par la symbolique du chef héroïque qui imposait des coexistences difficiles. Le régime totalitaire y a eu une incontestable fonction modernisante, mais, par l'industrialisation, l'urbanisation, les déplacements de population et la mobilité des personnes, il a accentué l'instabilité des configurations sociales et culturelles et introduit de nouveaux facteurs d'affrontement. La disparition de Tito, puis l'effacement du communisme en Europe centrale et orientale ont tout remis en mouvement et permis le retour du refoulé : l'émergence de mémoires collectives « vendettistes », l'expression offensive de « nationalismes frustrés ». L'implosion pouvait s'accomplir, les pressions extérieures y concouraient. L'histoire conflictuelle reparut, elle retrouva le fil d'une continuité masquée par les artifices autocratiques durant quelques décennies. Elle a d'autant plus multiplié les violences qu'elle avait été longtemps contenue ; elle a conjugué le retour des passions, la vigueur offensive du sentiment ethnique et l'intolérance de religions exclusives qui séparent et opposent. On a évoqué, à ce propos, « l'instrumentalisation des références religieuses et confessionnelles dans la construction des identités ethniques et nationales », et davantage encore la « reconquête ethnico-religieuse des identités » rappelée par Danièle Hervieu-Léger. La Yougoslavie titiste occultait et contrariait ces deux appartenances. L'après-titisme permit à leurs manifestations d'agir de nouveau et de coaliser leurs effets : elles ont rendu possibles l'irruption du pire, la guerre civile et l'expulsion de l'Autre au nom de la « purification ethnique », et la décivilisation opérée par les armes. Cette chirurgie politique sauvage a pour instruments le nationalisme allié à la religion, ces deux expressions de la différence étant à la fois conjointes et portées à l'état d'extrême exaspération. Elles obéissent à des logiques qui ne sont pas opposées, qui peuvent se renforcer mutuellement ; elles se reportent à une même mémoire collective, à un répertoire symbolique partagé, à des références généalogiques excluant ce qui leur est étranger et effaçant les ressemblances. La religion importe moins en ce qu'elle est qu'en sa qualité de pourvoyeuse de moyens propres à nourrir le nationalisme. Cela fut notamment observé à propos de l'islam des groupements musulmans, présents en plusieurs des pays qui ont constitué la fédération. Il a été qualifié d'islam « plutôt nébuleux » et « mythique ». Sa force réside dans sa *valeur emblématique*, dans l'efficacité qu'il a apporté à l'affirmation nationalitaire contre l'homogénéisation communiste d'abord, contre l'expansionnisme serbe ensuite.

La résistance nationalitaire et islamique, dont Sarajevo est devenu le lieu sacrificiel et le symbole, a réveillé par contrecoup les craintes de l'Occident. Certains, déjà, ont imaginé la formation d'une république islamique, qui serait prosélyte et deviendrait une base avancée utilisable par les groupements « intégristes » les plus offensifs. La question religieuse, en Europe occidentale, ne se distingue plus entièrement de celle qui est particulière à un monde musulman emporté par les turbulences. Le pluralisme ethnique, culturel, religieux résultant des immigrations successives donne à l'islam une *présence intérieure*, un caractère à la fois domestique et insulaire par les enclaves qu'il constitue. Le facteur religieux postulé *irréductible* peut alors devenir le prétexte de réactions défensives et agressives qui actualisent, en leur donnant une façon de légitimation, la xénophobie, le racisme et la violence. L'*islam extérieur*, notamment sous l'effet de proximité exercé par la Méditerranée, accentue le phénomène, dans la mesure même où l'intégrisme combattant et le fondamentalisme sont les formes sous lesquelles l'islam est perçu du dehors par le plus grand nombre. Les mémoires collectives ravivées sont ainsi alimentées en images de conflits, auxquelles les fantasmes et les passions apportent la force motrice. Le catastrophisme, qui renaît en Europe occidentale dans les lieux désertés par le progressisme désillusionné, a la possibilité de s'inscrire dans la perspective d'une *libanisation généralisée*, avec son cortège de guerres civiles postulées saintes ou sacrées. C'est évidemment ignorer que le monde musulman — l'*Umma* islamique — ne constitue pas un univers du religieux et du sacré moins diversifié, et moins instable, que celui dont la surmodernité occidentale a été la génératrice. Sous un regard même rapidement porté, des jeux de forces comparables y apparaissent. Mais elles sont engendrées, mis à part quelques pays économiquement privilégiés, par des causes inverses : la sous-modernité et le sous-développement, la surpopulation et la sous-démocratisation. Le langage de la tradition est détourné afin de devenir celui de la protestation des plus démunis, celui de l'impatience, puis de l'engagement fortifié par une espérance. Des politiques opportunistes et simplificateurs attirent vers eux en utilisant à leur profit, à l'aide d'une démagogie habilement revêtue de religion, ce langage de la rupture avec une modernisation malvenue et injuste. Les théologies exclusives deviennent des idéologies de combat.

La sécularisation inachevable

En surmodernité, la sécularisation a apparemment conquis tous les domaines de la vie collective et toutes les retraites de la vie privée, mais dans le même temps, le sacré et le religieux s'insinuent partout en ayant accédé à une extrême mobilité. La rationalité modernisante, mise en œuvre par la science, la technique et l'organisation, laisserait des brèches ouvertes où se glisserait l'irrationalité des croyances, plus propices à des *anamorphoses du croire* qu'au retour des dieux devenus discrets. La puissance de la première n'aurait pu s'exercer complètement, la sécularisation resterait inachevée. Toute la question est de savoir si elle n'est pas inachevable. Il est d'autant plus légitime de la poser que les pays de l'Est européen, soumis à une politique antireligieuse autoritaire et répressive durant plusieurs décennies, n'ont pu la conduire jusqu'à l'éradication du sacré et du religieux. Et non pas seulement parce que l'appareil politique s'en est emparé et qu'il a fait, ou voulu faire, de *sa* religion séculière le seul attributaire de toute foi.

Trois systèmes ou champs ont, sur la longue durée, contribué à l'organisation des représentations du monde, en leur donnant une unité et en pourvoyant les moyens d'action qui en résultent : la rationalité qui entraîne dans son sillage la science et la technique, le pouvoir qui a l'institution et l'idéologie pour instruments, le croire qui unifie par le mythe, agit par la symbolique et le rite. Des communications, de la circulation et de l'échange, des interactions ont limité leur séparation, contenu leur dynamique d'exclusion. Ils ont alors pu orienter leurs relations mutuelles dans le sens de leur conservation ou de leur renforcement respectif. Les actuels dévots du holisme, de la totalité où rien n'est entièrement séparable, portent la nostalgie de cet ancien état de choses. C'est la modernité qui a différencié les fonctions et entraîné la multiplication des spécialisations dans chacun des champs, qui a ouvert le processus générateur de leur autonomie relative et accru la liberté de leur logique particulière, qui les a établis dans un rapport de concurrence. Depuis, le mouvement et l'instabilité les affectent de façon croissante, cependant que le champ de l'économique — de la marchandise et du marché — gagne en force, en capacité d'expansion et en puissance d'interférence. Chacun des champs se comporte comme un « attracteur » capable de se subordonner les forces des champs concurrents, ou de les affaiblir. L'État, l'Église, la Technique, le Marché sont les figures qui ont gouverné ces forces de subordination, en les mettant en œuvre à partir de leur domaine particulier. Chacune d'elles a imposé sa *dominance* pendant un temps, puis aucune n'a plus été en situation de la maintenir exclusivement. La composition des forces s'effectue dans des états d'instabilité, d'incertitude, de précarité qui se succèdent à un rythme de plus en plus rapide.

Il est désormais banal d'associer la modernité contemporaine au règne de la science et de la technique, au pouvoir de la rationalité instrumentale, à la gestion experte des problèmes publics et privés. Le champ du politique s'en trouve complètement transformé, bureaucratisé et machinisé, largement concédé aux compétents, puis aux communicateurs qui tiennent les commandes des dispositifs effectuant *techniquement* la production des messages, des apparences et des émotions. Le champ du religieux, tel que la tradition l'a délimité, se rétrécit ; ce qu'il perd de sa propre substance se constitue ailleurs en « nébuleuses d'hétérodoxies », en configurations sacralisantes et en formes de religiosité. L'un des trois champs paraît donc l'emporter sur les deux autres, ses forces pénétrant plus avant dans l'un (le politique) et contraignant l'autre au repli (le religieux). C'est sur cette apparence que repose la double thèse de la sécularisation — qui libère de la soumission aux puissances transcendantes, extérieures — et de l'autonomie croissante — qui fait de l'homme le producteur de son monde et de lui-même.

L'avancée ne s'accomplit pas en suivant une ligne droite, elle s'égare dans des impasses, elle s'oriente vers des issues dont plusieurs se révèlent trompeuses ou piégées. Elle ne dispose pas de ce qui lui permettrait de définir clairement son sens, son parcours et son principe, son itinéraire et sa signification ultime. La domination de la rationalité et du pouvoir-faire n'est pas aussi fermement établie qu'il est apparu. La raison se trouve souvent en position défensive ; certains la revigorent en retrouvant ses sources classiques, d'autres — dont Leo Strauss, devenu l'artisan d'une « renaissance du rationalisme politique classique » — la rétablissent dans un retour au passé qui détache des seuls « signaux modernes » et contribue à une « liberté de l'esprit » moins imparfaite. La science devient plus interrogatrice d'elle-même, plus consciente de ses limites ; elle fragmente la connaissance, elle accède à une complexité qui la contraint à une exploration toujours plus difficile et inachevable, elle appréhende des mouvements et des possibles, elle découvre des ordres partiels, le travail du désordre et l'imprévisible. François Jacob a désigné, naguère, ce qui est hors de portée scientifique : présenter *une* vision du monde, produire du sens, fonder une morale. Enfin, la technique fascine par ce qu'elle accomplit, et inquiète ou angoisse par la puissance sans cesse accrue qu'elle engendre ; elle ne paraît plus être contenue par des limites, elle semble entretenir l'indifférence aux risques qu'elle multiplie — sorte de mégamachine aveugle dont la pulsion de mort pourrait s'emparer. Il fut un temps où la religion se trouvait considérée, ainsi que l'écrit encore Marcel Gauchet, comme « la traduction intellectuelle de l'impuissance native », le recours de « l'homme nu, complètement démuni, sans prise sur une nature écrasante ». C'était dans les sociétés d'« avant le progrès ». On pourrait actualiser l'argument en l'inversant, faire du retour du religieux la traduction émotionnelle permettant de surmonter une situation d'extrême puissance, de donner une prise au moins imaginaire sur les risques qu'elle recèle sans produire les mécanismes autocorrecteurs.

L'inachevable de la sécularisation se manifeste pleinement dans une période où l'incertitude économique déchire les caches que la croissance, la consommation, la performance et le succès surimposaient. La fragmentation du social, le superficiel d'une culture des apparences et de la jouissance immédiate, le repli individualiste menant à l'indifférence et à la grande préoccupation de soi en sont d'autant plus crûment éclairés. Les manques apparaissent nettement, et avec eux les tentatives, souvent encore confuses, d'y remédier. Il ne suffit pas, comme l'a fait Gilles Lipovetsky, fasciné par le vide et le temps crépusculaire, d'annoncer l'entrée dans l'« âge de l'après-devoir » et de l'hédonisme, la mort de la culture sacrificielle du devoir, le rejet de tout dogme religieux, idéologique et politique. La possibilité du mieux-vivre n'est certainement pas la chose du monde la mieux partagée. Et puis, l'agrégation des demandes hédonistes, à la supposer possible, n'est pas plus à même que celle des intérêts de produire à elle seule du social acceptable et de la culture vive.

Les sociologies de la pure rationalité, comme celles du calcul individualiste, sont défaillantes du fait de leur insuffisante attention au désir et aux désirs, à l'imaginaire et à l'intuition, aux passions et à leur violence, aux attentes et à leur insatisfaction. En bref, à tous ces éléments qui peuvent entrer en composition dans la croyance. L'espace du croire porte les chantiers où un travail de reconfiguration s'effectue maintenant, sans pouvoir se soustraire aux agitations de la surmodernité. De la mémoire s'y recompose, de la continuité s'y rétablit, du sens s'y recherche, ainsi que des *signes* révélateurs d'affinités naissantes avec un monde en transformation continue. Le croire ne se fixe plus durablement, il épouse le mouvement ; il ne donne plus de réponses une fois pour toutes, mais il ne disparaît pas. La labilité des croyances rend cependant leur capture et leur détournement plus faciles. Les simplificateurs, religieux et politiques, s'en emparent afin d'imposer *leur ordre* ; ils dépossèdent de la liberté de produire de la conviction pour soi, afin de mieux posséder autrui par la soumission illusionnée.

PARANOTES

Les journées de juin 1848 ont inspiré à Ernest Renan le texte consacré à *L'Avenir de la science*. Prudent, il ne le publiera qu'en 1890 ; entre-temps, il a traité de *La Réforme intellectuelle et morale* (1870), cependant que la défaite de la Commune oriente ses *Dialogues philosophiques* (1876). Au terme de sa vie, il évoque sa « joie » de constater les accomplissements du progrès, de connaître les merveilles « qui ont prodigieusement multiplié le pouvoir de l'homme » et qui résultent du travail de la raison. Mais il corrige sa passion en observant que « la destinée humaine est devenue plus obscure que jamais ». Il entrevoit un possible « retour à la crédulité », tout en affirmant son espérance qu'un « jour viendra le règne de la raison et du parfait ».

Un siècle plus tard, Ernst Jünger, dans le sillage du romantisme allemand, de Nietzsche, dans la proximité de Heidegger, annonce que les Titans ont actuellement pris le dessus sur les dieux. C'est la « grande relève », celle qui permettra au cours du siècle prochain de porter au plus haut le « rang prométhéen ». Déjà, dans son livre *Le Travailleur* (1932), il avait donné l'alarme face à la montée en puissance de la technique, à l'ambition de parvenir à une exploitation totale du réel. Cette réflexion se poursuit dans *Les Ciseaux*, trad. franc., Paris, Christian Bourgois, 1993. A l'occasion de cette publication, Ernst Jünger a précisé sa pensée dans plusieurs entretiens accordés à la presse ; voir notamment : *Le Monde*, 7 mai 1993, et *Le Figaro*, 2 août 1993. Le temps des Titans est celui d'un très long « intérim », les dieux reviendront.

La fascination par les révélations que propose la vulgarisation scientifique donne accès à une « transcendance » qui peut faire l'économie du divin, mais elle ne parvient pas à ancrer de nouvelles croyances. L'attention orientée vers les chemins détournés de la science, vers le parascientifique et le parareligieux, en est d'autant renforcée. Les montreurs des choses cachées, les explorateurs du surnaturel se multiplient et prospèrent. L'occultisme reprend force en se légitimant dans les langages d'aujourd'hui : voir Colin Wilson, *L'Occulte*, trad. franc., Paris, Philippe Lebaud, 1990. Le spiritisme se revigore, se technicise, et conduit à la « transcommunication ». (*Cf.* Christine Bergé, *La Voix des esprits*, Paris, Métailié, 1990.) Les rapports entre la raison, les passions et les parasciences deviennent l'objet de débats où philosophes et scientifiques se trouvent engagés. (*Cf.*, sous la conduite de Dominique Lecourt, le colloque de la Cité des sciences [février 1993] *La Pensée scientifique, les citoyens et les parasciences.*)

La question de la croyance, du *croire* comme on dit désormais, se trouve au centre de nombreuses recherches. Un point de vue anthropologique est donné, entre autres sources, dans un numéro spécial de la revue *Terrains*, 14, 1990 : « L'incroyable et ses preuves ». Michel de Certeau définit « l'institution du croire » dans une note de travail d'un numéro spécial de *Recherches de sciences religieuses* (1983). Danièle Hervieu-Léger, dans *La Religion pour mémoire* (Paris, Éd. du Cerf, 1993), consacre son chapitre IV à la « Religion, mode de croire ». Léon Festinger et autres contributeurs étudient la psychologie de la croyance et sa résistance aux preuves contraires dans *L'Échec d'une prophétie* (Paris, PUF, 1993). La considération du croire est associée à celle de la laïcisation, à l'étude de la sécularisation dont Max Weber a été l'initiateur : *cf.* Jean Séguy, « Rationalisation, modernité et avenir de la religion chez Max Weber », *in Archives des sciences sociales des religions*, 69-1, 1990.

Dans l'ouvrage déjà cité, indispensable à l'exploration du domaine actuel de la sociologie religieuse, Danièle Hervieu-Léger analyse les obstacles à la théorisation : la crise de l'Église et les fluctuations de la religiosité et du sacré. Certains auteurs ont tôt annoncé la banqueroute de la religion : Bryan Wilson, *Religion in Secular Society*, Baltimore, Penguin Books, 1969. D'autres, sa présence cachée : Thomas Luckmans, *The Invisible Religion. The Problem of Religion in Modern Society*, New York, Mac Millan, 1967. Certains ont considéré le sacré devenu « informel » ou retourné à l'état diffus ou « sauvage », comme Roger Bastide, *Le Sacré sauvage et autres essais*, Paris, Payot, 1975.

Dans l'opposition de l'institué et du flou, l'Église en crise est opposée aux *figures* multiformes du sacré et de la religiosité, aux *mouvements* religieux nouveaux dans les sociétés contemporaines. Le cas de l'Église catholique est exemplaire ; le sociologue italien Franco Ferraroti y a consacré la majeure partie d'un ouvrage intitulé *Le Retour du sacré. Vers une foi sans dogmes* (trad. franc., Paris, Méridiens-Klincksieck, 1993). Il y montre le parcours qui conduit de l'*aggiornamento* du concile Vatican II à une *restauration* de l'institué et du dogme : « De Vatican II au Vatican perpétuel ». Le nouveau *Catéchisme universel. Catéchisme de l'Église catholique* (Paris, Mame-Plon, 1992), qui a connu un grand succès de librairie, est le moyen de cette réaffirmation. Le cardinal Josef Ratzinger en est le théoricien ; *cf. Entretien sur la foi* (Paris, Fayard, 1985) et *Église et Théologie* (Paris, Mame, 1992). Mais les courants contraires ne sont pas taris : celui des théologiens de la libération et de la dissidence ; celui de la « violence prophétique » dont Eugen Drewermann est la source principale : voir *Les Fonctionnaires de Dieu*, trad. franç., Paris, Albin Michel, 1993, et les textes publiés par le journal catholique critique *Golias* ; et puis le courant de l'opposition radicalement restauratrice qualifiée d'« intégriste ». Se reporter à Jacques Le Goff et René Rémond (dir.), *Histoire de la France religieuse*, Paris, Seuil, 1992, t. 4, chapitre 4.

L'individualisation du religieux accélère sa *privatisation*, le soumet à la contrainte des situations existentielles. Toutes les expériences individualisées, qui conduisent au renouveau de l'émotionnel, peuvent engendrer des « élans de croyance ». Les religiosités actuelles, les nouveaux mouvements religieux s'expriment et s'accomplissent dans l'ambiguïté. Les croyances peuvent s'attacher à « des forces, des puissances », plutôt qu'à des « êtres divins personnalisés » ; *cf.* Micheline Milot, « Forme polythéiste du croire et culture plurielle », *in* Daniel Mercure (dir.), *La Culture en mouvement*, Québec, Presses universitaires de Laval, 1992. Certaines formes de l'attachement émotionnel — notamment celles qui composent de façon instable la « nébuleuse mystique-ésotérique » — sont étudiées dans François Champion et Danièle Hervieu-Léger (dir.), *De l'émotion en religion. Renouveaux et traditions*, Paris, Centurion, 1990 (voir notamment le chapitre 6, « Renouveaux émotionnels contemporains »).

La recherche des racines de la religion (voir Henri Hatzfeld, *Les Racines de la religion*, Paris, Seuil, 1993), les tentatives de mieux saisir le sacré (voir Julien Ries [dir.], *Traité d'anthropologie du sacré*, t. I, Paris, Desclée, 1993) s'accomplissent alors que les effets de sacré marquent les objets les plus divers. C'est bien là ce qui pousse Jean Cazeneuve à l'interrogation : *Si plus rien n'était sacré...* (Paris, Perrin, 1991) ; la première partie de l'ouvrage traite de la « sacralisation » qui fait des *idoles*, et engendre des pseudo-cultes, par le sport, le spectacle, le cinéma et la télévision. Sur les dérives de la sacralité, voir : Claude Rivière et Albert Piette (dir.), *Nouvelles idoles, nouveaux cultes. Dérives de la sacralité*, Paris, L'Harmattan, 1990; Claude Rivière, « Rites d'exhibition d'une adolescence marginale », *in Sociologia internationalis*, 31, 1, 1993 ; et Albert Piette, *Les Religiosités séculières*, Paris, PUF, 1993. Il faut aussi se reporter à l'œuvre d'Henri Desroche, et notamment à son livre *Les Religions de contrebande*, Paris, Mame, 1974.

Les détournements du sacré, et la capture d'êtres qui en résulte, se manifestent pleinement dans le phénomène sectaire. Les sectes font périodiquement l'actualité, souvent à l'occasion d'événements tragiques ou de drames individuels ; elles servent de révélateur ; elles engendrent réactions et polémiques. La littérature est abondante.

Voir, pour une présentation globale : Bryan Wilson, *Les Sectes religieuses*, trad. franç., Paris, Hachette, 1970; Jean-François Mayer, *Sectes nouvelles. Un regard neuf*, Paris, Éd. du Cerf, 1985; Jean Vernette, *Les Sectes*, Paris, PUF, 1990. Et l'ouvrage combattant de Bernard Fillaire, *Le Grand Décervelage. Enquête pour combattre les sectes*, Paris, Plon, 1993.

La relation étroite du politique et du religieux apparaît sans équivoque dans le « fondamentalisme » et l'« intégrisme ». Le fondamentalisme américain est présenté par Henri Tincq dans le cadre d'un dossier consacré aux « désarrois américains » ; *cf.* « Religion : une vague de fondamentalisme », *in Le Monde*, 27 octobre 1992. Voir, surtout, l'étude très complète constituant la contribution d'Henri Tincq à l'ouvrage collectif dirigé par Jean Delumeau, *Le Fait religieux*, Paris, Fayard, 1993. Une étude comparative est présentée par Gilles Kepel *(et al.)*, *Les Politiques de Dieu*, Paris, Seuil-CERI, 1992. Sur la dynamique du religieux dans les pays de l'Europe de l'Est, voir les deux ouvrages de Patrick Michel : *La Société retrouvée. Politique et religion dans l'Europe soviétisée*, Paris, Fayard, 1988 ; et Patrick Michel (dir.), *Les Religions à l'Est*, Paris, Éd. du Cerf, 1992. Sur la conjugaison de l'ethnique et du religieux, se reporter à l'élaboration théorique de Dominique Schnapper, « Le religieux, l'ethnique et l'ethnico-religieux », *in Archives des sciences sociales des religions*, 81, 1993.

Le débat sur la sécularisation a été ouvert par Max Weber. Il est sans fin repris, le plus souvent dans une perspective politique. Voir : J.-P. Sironneau, *Sécularisation et religions politiques*, Paris-La Haye, Mouton, 1982 ; Claude Rivière, *Les Liturgies politiques*, Paris, PUF, 1988 ; et l'ouvrage de Marcel Gauchet, *Le Désenchantement du monde. Une histoire politique de la religion*, Paris, Gallimard, 1985. Sur l'effacement de la culture sacrificielle du devoir au profit de la culture individualiste et hédoniste, voir Gilles Lipovetsky, *Le Crépuscule du devoir*, Paris, Gallimard, 1992. Sur le ressourcement par le rationalisme classique et l'éthique dans l'œuvre de Leo Strauss, *cf.* Leo Strauss, *La Renaissance du rationalisme politique classique*, Paris, Gallimard, 1993. Il faut mentionner, en clôture, le texte de Jean-Christophe Bailly, philosophe et écrivain, qui pose la question, reprise de Nietzsche, de l'incapacité humaine à dissiper l'« ombre de Dieu » ; *cf. Adieu. Essai sur la mort des dieux*, La Tour-d'Aigues, Éd. de l'Aube, 1993.

VI
La démocratie confuse

La grande bousculade

Les événements se bousculent, ils entraînent les passions et les intérêts dans leurs turbulences, ils mêlent l'espérance un moment ravivée et l'incertitude récurrente, ils engendrent des avancées inouïes et des régressions qui ne le sont pas moins. Nous vivons une période très variable, la lumière et l'ombre éclairent et obscurcissent les scènes du monde en se succédant toujours plus vite et sans ordre apparent. Et, puisqu'il est si difficile de se repérer, l'égarement et la fuite vers l'extrême — où se produit le mirage des issues — déterminent aussi les parcours, au détriment des cheminements tracés par la raison et le raisonnable, par la juste connaissance des situations.

Ce brouillage a contribué à ruiner le manichéisme politique des Européens d'Occident, tout d'abord en révélant combien la lecture politiste réduite à la différenciation bipolaire de l'ami et de l'ennemi, du juste et de l'inique, du bien et du mal devient simpliste et trompeuse. Des imbrications étranges, des avancées contredites par des reculs, des retournements de situation imprévus, des remontées d'archaïsme sous les puissants courants de la surmodernité, des engouements accompagnés par les poussées de l'indifférence, des certitudes vite abattues par le doute, autant de circonstances et de conditions qui contribuent à répandre la confusion. Aucune position ne peut être définie dans une entière clarté. Ce ne sont pas seulement les scientifiques qui reconnaissent l'obligation de s'engager dans les dédales de la complexité, et de s'attaquer à l'énigme du « chaos » afin d'identifier les ordres possibles que celui-ci recèle, mais aussi tous ceux qui contribuent au gouvernement de l'Histoire immédiate. Ils découvrent ce que Proudhon affirmait déjà : la « fécondité de l'imprévu ».

Les dernières années quatre-vingt donnent à celui-ci le champ libre. Au commencement de la décennie, le système communiste semblait encore établi dans la longue durée, capable d'effectuer les ajustements qui permettent de le maintenir et d'entretenir sa puissance. C'était l'« empire du Mal » pour un nombre croissant de personnes, mais un empire résistant aux forces de dislocation qui le menaçaient de l'intérieur et du dehors. Jean-François Revel, en 1983, continuait à alerter l'opinion en opposant la fragilité des démocraties à la vigueur d'un monde communiste disposant des moyens de remporter une probable victoire. Avant la fin de la décennie, c'est la « divine surprise ». Ce monde s'effondre de lui-même, et la destruction du mur de Berlin — portant les inscriptions et les figures qui témoignent des maux et tragédies subis — exprime symboliquement cet affaissement, tout autant que l'abaissement de la clôture et l'ouverture sur l'autre monde appelé soudain à devenir amical. Le retournement *paraît* total, c'est l'alignement de celui qui pouvait vaincre sur le vaincu annoncé. La démocratisation doit ruiner les structures du totalitarisme, l'économie de marché se substituer à une économie planifiée, étatique dans sa quasi-totalité, tenue par les techno-bureaucrates du parti unique. L'ennemi extérieur d'hier est converti en partenaire à qui il est demandé une collaboration dans la conduite de la nouvelle grande transformation. Ce n'est ni l'aboutissement de la convergence des deux systèmes, un temps imaginée par certains, ni la conséquence d'une sorte d'embourgeoisement des sociétés de modèle soviétique évoqué naguère par Raymond Aron. Cette satisfaction matérielle a plutôt contribué au renforcement des catégories conservatrices — la vieille *nomenklatura* et ses alliés affairistes — qui ont le contrôle du système et en tiennent leur pouvoir et leurs privilèges. L'effondrement s'est accompli malgré elles, contre elles. Le partage du monde et l'opposition radicale qu'il avait instaurée, le duopole de fait, servaient leurs intérêts et simplifiaient leur interprétation des situations. La séparation, la mobilisation contre les ennemis du « socialisme réalisé » restaient leur protection. Et leur certitude que l'univers totalitaire résisterait, tant que la puissance dominante — l'Union soviétique — demeurerait intacte, paraissait fondée.

L'analyse non opportuniste des circonstances qui ont conduit à la dislocation, et à ses effets en chaîne, n'a pu être faite. Tant d'interprétations concurrentes et contraires ont été proposées sous la contrainte de l'événement ! Mais celui-ci ne cesse de bousculer les prévisions. L'imprévu fait la loi dès l'origine. C'est au sommet du parti soviétique qu'est prise l'initiative du « dégel », d'une mise en mouvement qui va à la rencontre du réalisme afin de retrouver l'efficacité, de mettre fin à la contagion de l'inertie. Mikhaïl Gorbatchev accomplit le passage à l'acte qui répond aux attentes d'une élite issue d'une nouvelle génération d'ingénieurs, de technocrates, de cadres du KGB, et d'acteurs culturels. Les manifestations publiques font apparaître pour la première fois le peuple en dehors de la liturgie politique du soviétisme ; mais l'initiative n'est pas la sienne, il sert de support à la violence faite à l'immobilisme intérieur et de preuve de démocratisation à usage externe, par le truchement des médias.

Le changement n'est ni conçu ni concevable, à l'évidence, comme une rupture immédiate avec l'ancien état de choses : ce n'est pas une contre-révolution différée et en voie de s'accomplir. La mise en œuvre de processus démocratiques est cependant incontestable durant une brève période initiale, une effervescence culturelle en résulte d'ailleurs. Il s'agit alors de substituer à l'autorité et à l'arbitraire bureaucratiques, illusoirement avalisés par des élections sans choix, un pouvoir légitimé dans la plus large indépendance possible à l'égard du parti communiste ; et qui tente de se situer au-dessus des *divisions* désormais apparentes. L'entreprise obéit aussi à une nécessité *extérieure* : elle reconnaît l'impossibilité de maintenir l'enfermement à l'âge de la communication et de l'économie mondialisée ; elle admet que la transformation interne conduit à rechercher des appuis auprès des pays démocratiques qui ont la puissance et détiennent le contrôle du marché international. La séparation dans la dissuasion mutuelle doit donc être abolie ; ce qui impliue la pacification des relations, la conduite d'actions concertées et, tout autant, l'effacement de la symbolique d'affrontement et le recours à un langage commun. Ce langage-là est celui du démocratisme, sinon celui de la démocratie réalisée. Il établit un rapport à l'Autre qui n'est plus d'exclusion-agression. L'*autarcie mentale* ne tient plus, la séduction peut opérer — et l'on sait l'engouement pour le gorbatchévisme exporté alors même que son autorité intérieure faiblissait davantage. L'ouverture était faite, élargie, par laquelle le manichéisme partageant le monde allait disparaître avec la guerre froide. La « nouvelle pensée », selon la formule même de Mikhaïl Gorbatchev, conduisait à s'inspirer de la règle du jeu de l'Autre.

La déconstruction, bien que lente, substitue à un univers fortement structuré et presque immobilisé un univers flou, turbulent, imprévisible dans ses réactions. Après l'émancipation des anciens pays communistes de l'Est européen, lancés indépendamment dans la grande entreprise de la transformation, c'est l'URSS elle-même qui se disloque lors de l'échec du putsch réactionnaire de l'été 1991. L'Union se défait, alors que l'économie et la société soviétisées continuent à se dégrader ; le réformisme disparaît avec le président qui en avait été l'initiateur. Une nouvelle fois, et à l'échelle d'un vaste empire, il se révèle qu'un système condamné en raison de sa clôture, de sa rigidité, de son incapacité croissante à s'adapter ne se corrige pas de façon pragmatique, élément par élément, pièce par pièce. On sait que Tocqueville avait tiré cette conclusion en étudiant l'effondrement inéluctable de l'Ancien Régime français. Auguste Comte, cherchant à établir précisément le diagnostic de *caducité* d'une société, parvient à la même constatation. Il en déduit une sorte de loi : à partir du moment où un système est caduc, les pouvoirs qui tentent de le consolider « tombent dans des contradictions perpétuelles, en contribuant par leurs propres actes soit à rendre plus entière la désorganisation de ce système, soit à accélérer la formation de celui qui doit le remplacer ».

Dans cette décomposition généralisée, libératrice de forces contraires, génératrice d'alliances opportunistes, la démocratisation trouve mal sa voie, hésite, risque des avancées et consent à des reculs tactiques. Boris Eltsine, accédant au pouvoir, doit tôt prendre acte du démantèlement de l'Union en lui substituant une communauté vague. Il doit surtout accomplir, en Russie, le passage de la réforme à la révolution instauratrice de la *démocratie de marché*. Il est contraint de tout mener de front, il interdit le parti communiste et supprime le système soviétique de planification, il tente de créer l'irréversible. La nouvelle opposition conservatrice s'organise ; elle fait du Parlement, où elle est fortement présente, son siège ; elle affirme sa légitimité au nom d'une Constitution antérieure, inutilement amendée et peu respectée ; elle finit par créer les conditions d'un affrontement décisif en destituant le pouvoir en place, en désignant un nouveau président proclamé seul détenteur de la légalité. L'issue est fatale : au début d'octobre 1993, Boris Eltsine réagit et recourt à la violence armée ; ses adversaires sont défaits au prix d'une tragédie. Le processus de démocratisation est enrayé, après avoir éliminé en quelques années un certain nombre de ceux qui l'avaient provoqué, puis l'avaient entretenu.

L'improbable reste alors la seule probabilité, peut-on dire. Le fait le plus significatif durant ces journées d'octobre est leur confinement dans l'espace politique devenu une sorte de champ clos ; le peuple semble s'être tenu à l'écart, représenté par des manifestants-spectateurs plus que par des acteurs résolus, comme s'il n'était pas vraiment concerné. Comme si la démocratie en projet n'avait pas de sens pour lui, ni ancrage possible dans la mémoire et l'imaginaire collectifs, ni avenir possible dans les circonstances actuelles. Ayant été sur une longue durée un assujetti et non un acteur libre, un opportuniste ou un figurant incroyant du rituel politique, un promouvable dans le conformisme actif ou un gérant de sa sécurité personnelle dans une réserve constante, l'homme commun a été conduit à juger d'abord de toute chose selon ses effets sur sa vie quotidienne. Les passions publiques ne peuvent apparaître durablement, se renforcer et intervenir dans la vie politique nouvelle alors que la transition multiplie les contradictions, les incertitudes et, pour un grand nombre de gens, les difficultés de chaque jour génératrices d'une précarité croissante. Les épreuves actuelles engendrent une sorte de désir de retour à l'ordre ancien et à sa stabilité, dont les sondages mesurent l'amplitude : les règles du jeu social étaient naguère connues et chacun se trouvait à même de négocier le moins mal son mode de vie. Le changement s'évalue donc en termes d'échange, en fonction de ce qui est promis en son nom. Il n'engendre pas l'adhésion active puisque le postcommunisme ne signifie pas une amélioration mais donne seulement le sentiment d'avoir instauré dans le désordre un autre mode de répartition des pouvoirs et des avantages.

Les analyses sociales, multipliées au cours des dernières années, sont révélatrices. Un sociologue russe définit la Russie d'aujourd'hui (1993) par l'hésitation « entre la mobilisation politique et l'apathie totale ». Il met en évidence quatre sortes de paradoxes : la plupart des innovations économiques sont évaluées négativement, mais la poursuite de la réforme reste souhaitée ; la majorité de la population exprime son désintérêt pour la vie politique, mais elle se mobilise de façon significative lors du référendum d'avril 1993 ; les hommes politiques, y compris le premier d'entre eux, sont dépréciés, mais si les circonstances l'exigent, ils bénéficieront d'un soutien provisoire ; enfin, l'avant-garde a pu contribuer à la mise en mouvement, fournir les « chefs de chantier » de la *perestroïka*, mais elle déserte aujourd'hui la scène politique — ou bien elle se replie sur le professionnalisme, ou bien elle pratique la critique désenchantée, ou bien encore elle s'allie aux nationalistes et aux « patriotes » les plus conservateurs.

Tout bouge, selon les apparences. Les enquêtes sociales révèlent à l'inverse des permanences, des mécanismes, des structures de comportement et des formes de pensée qui ont jusqu'alors résisté à la réforme. Les caractéristiques de l'*homme soviétique* n'ont pas été effacées en quelques années, et d'autant moins que rien ne préparait à l'autonomie des esprits et à l'avènement d'une opinion publique qui ne soit pas préfaçonnée. Le régime soviétique a fait de l'« unité de pensée » une obligation, ne laissant de recours qu'à la ruse qui permet la sauvegarde d'intérêts privés d'ordre quotidien. Il a créé une « conscience de masse » dont les assises sont conservées ; les repérages et les interprétations continuent à s'effectuer en se référant aux détenteurs du pouvoir suprême, qui disposent du soutien des médias ; les sondages montrent l'insignifiance des écarts d'opinion, sauf dans le cas des générations les plus jeunes ; le classement des figures politiques maintient la prééminence constante de celles qui se situent sur le « premier échelon ». Pour l'essentiel, tout paraît fonctionner comme avant, mais moins bien. Le pluralisme officiel n'a pas de prise réelle ; les partis, peu organisés, n'exercent pas une influence notable sur la population russe, ils restent l'affaire des politiques, des élus ; les comportements majoritaires sont ceux de naguère, ils se maintiennent en conformité avec le pouvoir malgré la montée du mécontentement. Une conformité que la consultation de décembre 1993 a cependant révélée déclinante.

L'exécutif soviétique recourait à la « mobilisation de masse », il en connaissait tous les mécanismes. Ceux-ci n'ont pas été enrayés, bien que les recours à la coercition, à l'intimidation et à la désinformation soient en régression. Ils ne sont pas mis en œuvre durant les périodes ordinaires, ce sont des mécanismes que les circonstances exceptionnelles réactivent ; de là cette alternative de phases de « mobilisation politique » et d'« apathie totale ». La poussée aux extrêmes contrarie l'engagement continu nécessaire à l'entretien des processus démocratiques ; elle engendre l'oscillation entre l'engagement émotionnel et l'indifférence. Dans le même temps, ce sont les relations entre l'élite intellectuelle et l'élite dirigeante, mais aussi entre la première, le peuple et les masses, qui se brouillent. Sous le soviétisme (qui finit par se vouloir moderne), les élites avaient pour fonction tolérée de contribuer à « moderniser le pouvoir [les appareils d'État] et le peuple » ; elles étaient incitées à agir en alliées. Durant la période de la *perestroïka* — dont Mikhaïl Gorbatchev fut l'initiateur visible et le théoricien officiel — l'intelligentsia libérale et dissidente a pu conduire la critique de la dictature exercée par le parti communiste, diffuser les idées favorables à l'« humanisation » du régime. Elle a entretenu de façon décisive le travail de déconstruction du totalitarisme soviétique, elle a favorisé l'« éveil politique d'une partie de la population ». Mais elle ne s'est imposé qu'un rôle limité : la mise en mouvement de la démocratisation. Sa tâche historique a été de courte durée car elle n'aspirait pas à une fonction dirigeante, en proposant ses propres programmes et en créant ses propres organisations. Durant quelques années, c'est par les initiatives culturelles et les médias, brièvement libérés, que l'intelligentsia a agi. Puis son influence a décru ; les tirages de la nouvelle presse ont chuté ; les commentateurs politiques utilisant le relais de la télévision se sont effacés au profit des animateurs de divertissements. L'élite innovatrice et critique a été conduite vers les positions d'attente, ou vers les lieux où s'accomplissent les mutations professionnelles issues d'une libéralisation économique à l'état naissant.

Le point de référence le mieux identifiable reste le « leader unique » ; il est désigné comme l'« homme de l'année », même si les sondages révèlent épisodiquement des chutes de popularité. La dynamique politique issue de l'ancien régime continue d'opérer : la source du pouvoir n'est pas encore démocratique, elle est à l'origine d'un démocratisme autoritaire avec l'avènement de Boris Eltsine, à qui le suffrage apporte une légitimité après coup ; l'effet de mobilisation autour du pouvoir, de la « première personnalité », se produit encore lors des périodes de tension. Le ralliement se fait sous la pression du risque, puis se distend une fois la menace disparue. Ces fluctuations, comme l'inadaptation des structures toujours en place, sont observées par les sociologues russes jusqu'à l'automne 1993. Les événements d'octobre créent la rupture, ils inaugurent tragiquement un autre cours de la vie politique. La voie de la transformation graduelle paraît fermée. Boris Eltsine acquiert dans l'immédiat un pouvoir sans partage : ses décrets ne peuvent être contestés, l'information est sous son contrôle, ses adversaires sont neutralisés à Moscou et ses partisans envisagent de lui donner le support d'un parti personnel destiné à lui rallier les masses. La démocratisation, en suspens, dépend de la capacité à contenir les résistances régionales et les coalitions qui allient les communistes réactionnaires, les nationalistes radicaux et les représentants de mouvements marginaux. Elle dépend surtout de la recomposition d'une économie défaite, où des seigneurs de l'argent disposent d'une liberté incontrôlée, où des technocrates de l'ancien régime tentent de parvenir au maintien de leur position éminente.

La volonté démocratique reste officiellement affirmée. Mais ce qui lui fait obstacle apparaît mieux sous l'effet grossissant de l'événement. Tout d'abord, la *transition* manifeste à plein ses faiblesses, ses cheminements confus qui entretiennent les maux et les doutes de l'entre-deux. Les observateurs sociaux insistent sur la désorientation engendrée par la position ambiguë entre un avant, qui est progressivement détruit, largement refusé, mais encore présent sous bien des aspects, et un après, qui reste indéfini, porteur d'épreuves, et a pour horizon une démocratie de marché de forme floue. En ce sens, la *conscience d'insécurité* devient un facteur politique déterminant ; le pouvoir lui-même ne peut se soustraire à cet effet, ses démarches fluctuent selon l'opportunité ou, à l'inverse, ses réactions le conduisent vers le monopole de la décision et l'autoritarisme ; le peuple, quant à lui, découvre qu'il a échangé une insécurité définie et connue contre une insécurité diffuse et imprévisible, et qu'il a perdu dans l'échange des garanties anciennement acquises.

Le communisme soviétique a instauré et institué une double domination : celle de la *totalité* sur les éléments différenciés qu'elle incorpore et qu'elle subordonne en écrasant les différences ; celle du *politique*, dont le parti unique est l'instrument, qui dépouille les autres instances d'une très grande part de leur autonomie. Il en a résulté une rigidité, un système de contraintes et de servitudes qui ne tolèrent aucune modification importante. Le réformisme impossible, mais tenté afin de remédier à la caducité du système, ne peut qu'entraîner la désorganisation de celui-ci, et ensuite l'implosion. La totalité fait alors place aux processus de fragmentation. Le « dégel » ne laisse pas apparaître une société civile longtemps refoulée, et capable de mettre aussitôt ses forces au service de la démocratisation. Les liens sociaux cèdent, ils tentent de se reformer dans l'improvisation, ils se façonnent selon les circonstances. Des agrégats se constituent en fonction d'intérêts partagés. Le *clientélisme* regroupe autour des personnalités influentes dont il est escompté une protection et des avantages de vie quotidienne. Des formes frustes ou archaïques du lien social entretiennent des solidarités précaires, notamment entre les jeunes citadins. Les factions se constituent et se défont au gré de forces politiques instables. Le totalitarisme se décompose en particularismes démultipliés, porteurs d'antagonismes et de violences.

Les nostalgiques de la totalité perdue, qui ne sont pas tous en attente du retour aux formules anciennes du soviétisme, sont à la recherche de formes de substitution, de modes de rassemblement portant remède à la décomposition sociale. Leur espoir est plus orienté vers le passé, la longue histoire russe et la tradition, la mémoire collective et ses ressources symboliques, que vers un avenir neuf, mais indéfinissable. La chute du régime soviétique, c'est aussi l'effondrement de tout un symbolisme politique. Le peuple, la classe, et leurs luttes transfigurées en étaient les supports ; l'un et l'autre ont beaucoup servi en étant asservis. On remonte plus avant dans le temps afin de mieux marquer la rupture, de rassembler en rétablissant une continuité dévoyée par le communisme. Les retrouvailles avec la « nation éternelle » s'accomplissent, la « russité » est retrouvée. Le nationalisme devient une composante de la configuration politique actuelle, avec les passions et les exclusions qu'il nourrit, les emportements réactionnaires qu'il engendre déjà. La démocratie réalisée n'est plus vue comme l'accès à une liberté entière, celle-ci ne pourrait s'acquérir qu'en adhérant pleinement aux valeurs nationales. L'Histoire ne conduit cependant pas à la répétition du passé, ainsi que Marx le nota, elle a « plus d'imagination que les hommes ». Des synthèses, en apparence contre nature, commencent à s'effectuer : notamment celle qui allie un nationalisme radical et dévot et un néo-communisme qui cache le désir de restauration derrière le patriotisme reçu du soviétisme. Après les journées d'octobre 1993, l'entourage proche du président réduit l'événement à une « mutinerie communisto-fasciste » ; il en appelle cependant à la lutte contre le « nationalisme agressif », il évoque le risque de reproduire une situation de type yougoslave avec des conflits générateurs de « purges ethniques ».

A la passion purement nationale doit être opposée la confiance accordée au leader, au *Suprême* estimé capable de rassembler et de maîtriser le mouvement en réduisant les désordres. Les supports sur lesquels il peut actuellement prendre appui sont fragiles, faibles ou délabrés. L'économie administrée, héritée du régime soviétique, régresse, mais sa déconstruction libère des espaces pour l'affairisme, pour la dérégulation « sauvage », sans que les assises nécessaires à l'économie d'entreprise et de marché soient construites ou consolidées. L'administration est mal adaptée aux nouvelles situations, sa hiérarchie n'a pas résisté à l'effacement du parti communiste, ses codes sont brouillés et son incapacité à répondre à des demandes inédites devient paralysante. Elle n'a été préparée en rien à se convertir en une instance de régulation relativement neutre. Les partis politiques à l'état naissant, sans programme susceptible d'informer l'avenir et sans enracinement populaire suffisant, n'apparaissent pas encore comme des instruments nécessaires et efficaces. La « mobilisation » de masse n'est plus un recours sûr ; le désintérêt à l'égard du politique est né du repli sur les préoccupations de la vie quotidienne et, surtout, du fait que la démocratie attendue reste toujours en suspens, attaquée par la concurrence des factions rivales avant même d'être constituée.

L'âge postcommuniste a été annoncé, mais il ne paraît pas clairement présent. La démocratisation a été décrétée, elle se réalise peu, et les épreuves multiplient les raisons de différer son accomplissement. La déconstruction inachevée des structures de l'ancien régime a ouvert une période où révolution, désordre et inattendu se conjuguent. Elle laisse du champ libre aux rapports de force, publics et privés. Elle ruine les légitimités éphémèrement acquises, elle permet à des quasi-féodalités de facture moderne d'imposer localement leur ordre, elle entretient les divergences conflictuelles et les dysfonctionnements au sein même de l'exécutif. Dans la confusion, l'image du *Suprême* prend davantage de relief, la capacité d'être le foyer vers lequel convergent les attentes devient décisive. C'est en fonction de celle-ci que se mesurent les limites opposées à l'action du leader, celles qui tiennent à son origine ; il est issu, ainsi que son entourage, du système aboli : parti, police, propagande ou armée ; il parvient difficilement à convertir un pouvoir induit par les « appareils » du soviétisme en un *charisme* qui le constituerait guide et maître de la situation, et porteur de l'espoir. Boris Eltsine, pourtant élevé par l'événement lors du putsch raté de l'été 1991, n'a pas longtemps bénéficié de cette conversion. L'effet fut de courte durée. L'équation personnelle (celle qui définit la figure politique) ne se transforme décidément pas en équation historique. Il est d'autres limites, celles qui tiennent à la contradiction entre l'affirmation du choix de la démocratie et la continuelle adaptation à des circonstances reconnues peu propices à son actualisation. Par le jeu d'une nouvelle ironie de l'Histoire, l'univers ex-soviétique, où la critique de la démocratie dite formelle avait été érigée en dogme, découvre la difficulté d'accéder à cette démocratie imparfaite — mais dont la valeur propre est estimable à la mesure des résistances conservatrices qui empêchent sa réalisation. La culture démocratique n'a, en cette phase de transition, ni force suffisante ni extension ; les conservateurs nationalistes la traitent avec suspicion, ils y voient une *acculturation* mal conciliable avec la tradition retrouvée de la culture russe ; les autres, conservateurs néo-communistes, reprennent la vieille théorie de l'« étape transitoire », qui permet de justifier la non-démocratisation immédiate. Il semble ne rester que deux issues : l'une, déjà essayée, est celle du populisme autoritaire ; l'autre, inexplorée, est celle de la « démocratie suspendue » — variante de la dictature provisoire, pondérée par des procédures démocratiques. Tout dépend du *Suprême*, de ses qualités et de son civisme, des soutiens qu'il reçoit et de la confiance populaire dont il bénéficie. Le pari est à hauts risques, la démocratie retenue peut longtemps attendre d'être libérée. La Constitution approuvée en décembre 1993 est fortement présidentielle, et la montée imprévue d'un leader au nationalisme brutal et aventureux bouscule encore davantage l'espérance démocratique.

Les Occidentaux démocrates ont d'abord été étonnés, puis euphorisés par des événements qui semblaient confirmer de façon définitive leur propre excellence. Un monde ennemi se trouvait en voie de disparition, le modèle démocratique devenait l'unificateur universel, l'Histoire allait vers sa fin. L'année 1989 finissante et celle qui la suit sont consacrées à la célébration de la contagion démocratique. Un homme, Mikhaïl Gorbatchev, symbolise les temps nouveaux et suscite l'engouement ; il va restituer à la démocratie ce qu'un autre, Staline, lui avait confisqué. La passion de l'Est pousse encore plus avant l'oubli du Sud, cet ensemble des pays du dénuement et des maux nombreux. L'Est seul a désormais une importance. Le postsoviétisme rallie à l'Occident cette partie de lui-même que la révolution russe, puis la dernière guerre mondiale avaient séparée et isolée. Il rend aussi possible une large concentration de puissance que l'option démocratique consolide politiquement, que l'économie de marché pourra entretenir par ses dynamismes. La « maison commune », selon la formule de Mikhaïl Gorbatchev, sera européenne d'abord, plus largement occidentale ensuite. Avec la certitude d'avoir gagné, l'Occident démocratique acquiert l'illusion qu'il sera nécessairement imité.

L'épreuve du réel ne tarde pas. Le président-symbole doit s'effacer, au cours de l'été 1991. Son successeur, Boris Eltsine, ne parvient pas à empêcher l'irruption du doute et de la méfiance. Certains commentateurs lui attribuent une « double nature », imprévisible et autoritaire, démocratique d'intention et populiste de pratique. La découverte d'une Russie moins démocratisée que désorientée inverse les certitudes, les plus pessimistes des analystes étrangers évoquent alors la République de Weimar ou l'échec du gouvernement provisoire de Kerenski. Dans les deux cas, le naufrage de la démocratie est annoncé. Il faudra que le danger de restauration prenne corps, avec la rébellion du Parlement conservateur en septembre-octobre 1993, que Boris Eltsine reconquiert par la force armée son autorité, pour que les gouvernements démocratiques lui confirment leur appui. Il ne s'agit plus, cette fois, de célébrer le triomphe de la démocratie, mais de lui laisser une chance de reprendre son cours, plus tard. Le désenchantement et la difficulté de comprendre progressent d'autant plus vite que l'ensemble de l'espace post-totalitaire est ouvert aux incertitudes, à l'imprévisible, à la tragédie. La Yougoslavie défaite, déchirée, livrée à la violence armée et aux passions ethniques révèle un double échec démocratique. Intérieur : la nation exclusive et ravageuse des différences rassemble en désignant un ennemi, l'*Autre à expulser* ; les droits nationaux abolissent les droits individuels ; le pluralisme, respectueux des minorités et tolérant la divergence des convictions, est combattu. Extérieur : les démocraties européennes montrent leur incapacité à intervenir politiquement dans une guerre civile conduite au nom de la « purification ethnique », du nationalisme intégriste, et à maintenir contre ces perversions et les passions ensauvagées la possibilité d'un avenir démocratique. Ailleurs, sur des scènes moins apparemment tragiques, plus rien ne paraît acquis. La Roumanie reste encombrée de son passé communiste. La Tchécoslovaquie se divise. Toutes deux sont ouvertes à des forces d'exclusion, qui entretiennent l'intolérance de l'Autre. Et la Pologne accomplit mieux sa conversion économique que sa conversion politique ; ses figures historiques, formées dans les luttes contre le totalitarisme, s'effacent ; ses institutions parlementaires et son exécutif se désaccordent, le processus électoral entraîne le retour aux affaires de partis issus du régime passé, mais autrement habillés.

L'Occident démocratique pressent que la victoire sur les totalitarismes européens pourrait être illusoire, et que le sort de ses propres démocraties en serait alors affecté. Le regret du temps où l'inacceptable n'avait qu'un seul visage, où l'ennemi unique contribuait à renforcer l'attachement aux valeurs démocratiques, reparaît sous les couleurs de la nostalgie. L'identifiable d'hier paraît alors préférable à l'imprévisible d'aujourd'hui qui multiplie les menaces et désoriente. Le triomphalisme rend aveugle lorsqu'il est déçu, il égare encore davantage s'il ne réveille pas la raison critique. Les mésaventures du jugement dans l'appréciation de l'après-communisme ont pour origine lointaine la méconnaissance de la nature du totalitarisme. Hannah Arendt en avait pourtant montré la singularité, qui ne le réduit pas à une variété du despotisme. Il fonctionne à la terreur, et son principe est de l'ordre de l'idéologie. A l'identifier par ses seules causes, par l'explication des événements qui provoquent son avènement et son développement, on perd la possibilité de parvenir à sa « compréhension véritable ». On le diabolise sans le comprendre, et sans mesurer à quel degré il a rendu étrangère l'idée de la liberté et modelé les configurations psychologiques. Une méconnaissance entraîne l'autre, celle du post-totalitarisme et de ses cheminements imprévisibles. La croyance que le monde est désormais sans *négativité*, prémuni contre les virtualités du mal, se forme et s'accueille avec complaisance. Les effets retardés de la séduction démocratique en deviennent incompréhensibles, et les chances de la libéralisation paraissent avoir été gaspillées. Vaclav Havel, dans ses *Essais politiques*, observe avec inquiétude que l'Europe occidentale ne comprend pas les systèmes totalitaires « tels qu'ils sont en dernière analyse, c'est-à-dire comme un miroir grossissant de la civilisation moderne en son entier et une invitation pressante — peut-être la dernière — à une révision générale de la manière dont cette civilisation se conçoit ». En ce sens, les épreuves où l'Est s'empêtre apparaîtraient comme le reflet grossier de celles vers lesquelles nos crises inachevables nous entraînent.

Il s'agit de mieux apprécier les jeux de l'illusion, de l'ignorance volontaire et intéressée, par lesquels l'Occident a pu se forger cette certitude que le monde se façonne désormais sur son propre modèle. Deux d'entre eux sont en quelque sorte conjoints. L'accoutumance démocratique a fait oublier que la démocratie est un *pari sur l'Histoire*, qu'elle ne surgit pas d'un coup parce que le décret proclame son avènement, qu'elle se construit progressivement avec des risques qui compromettent son avancée. Le passage à la démocratie n'obéit pas à une nécessité capable de dominer tous les accidents du parcours; il requiert une volonté collective constamment à l'œuvre, une attention critique qui prévient les détournements et les perversions, qui met en garde contre les simulacres démocratiques occultant une réalité contraire. La démocratie n'est jamais achevée, son commencement peut l'engager sur des chemins imprévus où elle s'égare, se transforme ou se dénature. Elle n'est pas acquise dès le départ, et sa réalisation ne s'accomplit pas en se conformant à une sorte de standard de l'universel démocratique. L'Occident, pourtant diversifié par les formes qu'il a données à la démocratie, se présente comme l'inventeur et le gardien de ce standard; il fait de ses sociétés un modèle absolu, il oublie que l'Histoire est moins imitative que génératrice d'inédit. Une seconde faute d'interprétation conduit à établir une équivalence de fait entre la démocratisation et la libéralisation de l'économie, entre le pluralisme politique, la libre concurrence des opinions, des projets et la concurrence des entreprises sur un marché libéré et dynamisé par la consommation. La relation n'est pas nécessaire, la dissociation a été vérifiée. La différence entre les totalitarismes, elle aussi, se formule pour une part selon ce critère. Le système soviétique est le seul qui ait éliminé l'économie de marché, les autres l'ont conservée en la contrôlant et en en tirant un profit politique. Si l'échec du communisme s'est manifesté sur le plan économique, il n'est pas d'abord et exclusivement d'ordre économique. Le primat du politique, la soumission totale de l'économie à des schémas de pensée qui lui sont extérieurs et sont crédités du pouvoir de modifier sa réalité, de lui faire violence afin de la mieux maîtriser, sont tout autant en cause. La déconstruction du communisme, la transition vers d'autres formes, ne peut s'accomplir sur ce seul terrain, naguère subordonné. L'apparition du marché, des places boursières et du profit ne signifie pas que la démocratie les accompagne déjà. Mais l'Occident a semblé plus attentif à ceux-là qu'à celle-ci : selon sa propre logique, et ses intérêts, la démocratie est inscrite en filigrane dans la nouvelle économie. Elle « suivra ». La certitude est aujourd'hui ébranlée.

L'économisme des Occidentaux a d'autres conséquences. Il attribue une efficacité immédiate, quasi magique, à la régulation par le marché. Il fait sous-estimer les effets d'abord négatifs et les maux subis en raison du démantèlement de l'économie autoritairement administrée : la fin du plein emploi à vie; la garantie perdue d'un salaire médiocre, mais associé à un travail souvent relâché et libérant du temps; la dégradation d'un mode de vie en grisaille, mais bénéficiant de protections maintenant amoindries; et puis, la confrontation avec la brutale richesse d'une minorité parvenue vivant dans l'ostentation. Les laissés-pour-compte de la transition sont moins soucieux de la sauvegarde des libertés et d'une démocratie incertaine que d'eux-mêmes, de leur survie quotidienne. Ils sont nombreux, ils font masse, ils peuvent devenir le support populaire de ceux qui les engageraient dans l'aventurisme politique avec des promesses trompeuses.

L'économisme produit la fascination du présent et néglige la considération du passé, il privilégie la raison calculatrice et les valeurs qu'elle désigne par rapport aux autres valeurs, il évalue mal en ne leur concédant qu'une importance résiduelle la fonction de l'imaginaire et l'effet des passions. Pour ces raisons, notamment, les Occidentaux ont eu une vision simplificatrice des situations post-totalitaires. Il a été oublié que l'Histoire avance sans faire table rase ; elle détruit, mais elle conserve aussi ; elle met en réserve, elle stocke ce qui sera repris et « programmé » pour des remplois en d'autres temps. A l'Est, les mémoires collectives se délivrent de leur enfouissement, se reconstituent et redonnent vigueur à des affrontements refoulés ; on a évoqué à leur propos une « émancipation cacophonique ». A la mémoire proche, celle du communisme qui nourrit les rejets ou les regrets inavoués, s'opposent les mémoires d'avant. Celles-ci alimentent les passions nationalistes désentravées, tout autant que l'imaginaire d'une « russité » mythifiée, qui reconstitue la tradition en lui attribuant un contenu politique, culturel et religieux adapté aux circonstances du présent. Des dynamismes, des intérêts et des passions concurrents, opposés, sont à l'œuvre ; la transition trace des dédales plus que des chemins droits et déjà déblayés. Le pari démocratique reste ouvert, il n'est pas encore gagné, il ne le sera certainement pas dans toutes les nations nées de la dislocation du monde soviétique naguère unifié par la force. Face à ces incertitudes, les démocrates occidentaux, désillusionnés, seront peut-être conduits à une autre appréciation des risques encourus par leurs propres démocraties.

La démocratie énervée

Une étonnante symétrie inverse s'impose à l'attention, pour peu que le regard s'y prête. D'un côté, à l'Est, la démocratie est en difficulté d'être. Ce qu'elle requiert afin d'exister ne peut surgir soudain d'un univers monolithique où tout se tient sous la contrainte, où tout est lié par l'imposition d'une idéologie et d'un symbolisme politique exclusifs, où les esprits sont astreints sous menace permanente à la conformité. L'immobilisme politique en résulte ; un ordre aussi longtemps et aussi fermement conservé se déconstruit dans le désordre, avant que la société ne soit plus brisée et qu'elle ait acquis l'état de plasticité nécessaire à la démocratisation. D'un autre côté, à l'Ouest, la démocratie est en difficulté de se maintenir. Pour des raisons inverses des précédentes : c'est le trop de mouvement que nos sociétés innovatrices et dynamisées par la concurrence, la performance et le profit engendrent qui entraîne dans une autre transition sans terme assignable. Tout y devient plus complexe et plus instable, moins identifiable parce que l'inédit surgit en de multiples lieux, et donc moins maîtrisable. La *production du social* a toujours été une astreinte qui laisse peu de répit ; maintenant, elle a changé de rythme et s'impose de façon permanente, elle contraint à une intervention constante, faute de quoi le désordre l'emporte et s'étend par contagion. La gestion du mouvement, son orientation la plus positive et la moins injuste, constitue le plus exigeant des défis. Elle ne s'accommode ni d'une démocratie de routine, ni d'une démocratie de conservatisme ; elle exige de s'opposer à l'inertie, tout en sachant que la pratique démocratique, plus que toute autre, a pour essence d'être inachevée, d'être *ouverte*.

Les avancées du démocratisme au-dehors ont d'abord apaisé les doutes que les vieilles démocraties d'Occident avaient à propos d'elles-mêmes. L'enchantement se relâchant, l'interrogation retrouve une nouvelle vigueur. Après l'optimisme, la « mélancolie démocratique », qui rend plus modeste et conduit à se demander — écrit Pascal Bruckner — si n'est pas perdu « le goût de vouloir la démocratie pour nous et pour les autres puisque rares sont ceux qui désormais la contestent ». C'est aussi la découverte du « chemin court qui mène de l'illusion à la déception lorsqu'il y a malentendu originel ». Philippe Braud, qui fait ce constat, évoque alors nos faiblesses démocratiques : la corrosion des croyances fondatrices, le peu d'écho des débats relatifs aux notions définissant l'exercice de la démocratie, le pluralisme s'enlisant dans les stratégies partisanes, la faible prise des instances politiques « sur les tendances lourdes de l'économie, de la culture ou du travail ». La consolidation institutionnelle des démocraties occidentales est néanmoins reconnue, mais ses raisons ne sont pas celles ordinairement invoquées : elles relèveraient de l'ordre des émotions. La démocratie pluraliste se révélerait « remarquablement performante pour anesthésier l'agressivité sociale, réguler les frustrations à un niveau acceptable, offrir des issues (authentiques ou imaginaires) aux attentes... ». Mais on doit se demander si cette fonction thérapeutique attribuée à la démocratie n'opère pas finalement contre elle, en contribuant à l'énerver. L'interrogation, formulée par d'autres, porte sur l'inachèvement particulier à nos propres démocraties, et justement sur le « gel de l'inventivité démocratique et politique qui est si caractéristique de l'époque récente », comme le rappelle Alain Caillé. C'est l'invitation à redonner de la vigueur à l'invention démocratique, à prendre en compte l'« indétermination essentielle » du rapport social et du sujet, comme « la pluralité qui est constitutive des positions de subjectivité ». La commémoration de l'universalisme des Lumières et la célébration ritualiste de l'État de droit ne suffisent plus. L'inventaire des perplexités et des doutes radicalisés s'allonge, du constat désormais banal — configuration qui associe le déforcement du politique, l'effacement de la figure du citoyen et la chute de l'intérêt accordé au discours du pouvoir — jusqu'aux formulations les plus critiques. Ainsi, lorsque Guy Hermet, par une sorte d'investigation clinique, met en évidence les stéréotypes et les faux-semblants du système et oppose le peuple à la démocratie. Et, plus encore, lorsque est proclamé l'« âge post-politique » d'un monde qui devient un tissu de réseaux (financiers, économiques, communicationnels, culturels), qui n'a plus les moyens politiques de « créer des valeurs » et de faire face aux dangers de ce « nouvel âge ». Un monde dont le mode de fonctionnement laisserait une large place aux effets de « contagion ».

Ce n'est pas du désamour dont souffre la démocratie occidentale, mais plutôt de l'indifférence ; même les Français, dont la singularité a longtemps été de s'entre-déchirer à son propos, sont maintenant apaisés, trop apaisés. D'une certaine façon, la démocratie va de soi et les consultations électorales ne font que lui donner des couleurs différentes, sans affecter notablement son cours. Celui-ci comporte des phases plates — de routine et d'indifférence accentuée — et des phases en pointe qui indiquent les brèves poussées d'intérêt lorsque les problèmes et les événements surgissent, lorsque la confrontation politique s'intensifie. Les sondages sont les *révélateurs* de ces épisodes, en même temps qu'ils sont un moyen de forcer l'attention, d'orienter l'opinion publique et de provoquer une relative réanimation de la vie politique. Il est d'ailleurs significatif que la naissance de la démocratie dans les pays de l'Est européen soit accompagnée par la multiplication des instituts de sondage ; comme si c'était un efficace recours, nécessaire en tout cas à la mise en mouvement de populations que le soviétisme avait laissées en état d'indifférence politique. Dans les vieilles démocraties, l'indifférence ne tient pas seulement à l'accoutumance. Elle se situe dans un contexte où la préoccupation individuelle — la culture de soi — a progressé, où les solidarités sont circonstancielles et émotionnelles, proches et concrètes beaucoup plus que définies par des principes généraux. L'engagement personnel s'effectue peu au nom de valeurs abstraites, mais surtout au profit d'actions dont les effets sont apparents, locaux et immédiatement perceptibles. Et le civisme lui-même, nourri autrefois par la catéchèse laïque dans les écoles françaises, prend une forme ritualiste et commémorative ; il ne prépare guère qu'à une citoyenneté en retrait.

L'indifférence des citoyens est aussi engendrée par le *doute* et le *soupçon*, le doute quant à l'efficacité des appareils politiques, le soupçon quant à la volonté des gouvernants d'assumer leur charge en communiquant avec les gouvernés en vérité et responsabilité. Hannah Arendt, définissant la « condition de l'homme moderne », insiste sur le fait que celui-ci a accru de façon continue et accélérée sa capacité de « libérer des processus », de « déclencher des réactions en chaîne » sans avoir acquis la capacité égale d'en prédire les conséquences et de les contrôler. Propos qui reproduit, en écho, l'affirmation provocatrice de Nietzsche : « On ne connaît pas l'origine, on ignore les conséquences [...] la valeur de l'action est inconnue. » Si l'indétermination affecte toujours l'action, son incidence pèse de plus en plus dans un monde en mouvement généralisé, où la complexité progresse par des chemins obscurs, où les interrelations et les intercommunications se densifient. Les prévisions, les prospectives, les scénarios du futur perdent une part de leur crédibilité lorsque s'additionnent les démentis de ce qui advient. La confiance mise dans les pouvoirs d'organiser rationnellement la société, de répondre à ses crises et d'avoir prise sur ses évolutions perverses s'affaiblit. En période de grande transformation, les gouvernants doivent composer avec l'incertitude, affronter des situations dont la connaissance entière et le contrôle total leur échappent ; ils ont moins qu'auparavant la possibilité de manifester l'évidence de leur réussite, et leurs insuccès dans l'immédiat cachent ou dévaluent les résultats positifs et durables de leur action. Le scepticisme quant à leur maîtrise des maux sociaux s'enracine dans l'esprit des gouvernés. L'indifférence est la traduction, infidèle et injuste, de la mise en équivalence des politiques proposées par les partis adverses, considérées comme égales dans leur faible efficacité. La conséquence en est la dispersion des initiatives, ponctuelles et localisées, exprimant des revendications particulières dont le contrôle échappe de plus en plus aux institutions de médiation et de régulation. Le réformisme paraît dépourvu des moyens de répondre en temps voulu à l'urgence, la révolution comme attente n'entretient plus l'espérance et fait place aux extrémismes qui veulent imposer des certitudes simples, réveiller des passions élémentaires et ruiner une démocratie proclamée déforcée, incapable ou néfaste. En fait, ce qui se vit comme crise inachevable, c'est la découverte — sous l'effet d'événements plus nombreux, plus rapides, et des contraintes inédites et cumulées — de l'*inachèvement* qui brise l'illusion du « bon régime » possible, qui astreint les affaires humaines au règne de la précarité et de l'imprévisibilité relative. C'est aussi la prise de conscience, en le vivant comme transition sans terme, de ce qui est l'état propre aux sociétés surmodernes : l'état toujours plus problématique et mouvant dans lequel elles se constituent.

Il est des systèmes politiques qui fonctionnent au mensonge et à l'imposture ; la démocratie par essence doit être vertueuse : tolérer le plus de vérité et respecter au mieux la légalité. Elle se dégrade lorsque le soupçon progresse, lorsque la confiance décline et laisse place au discrédit ou à l'indifférence à l'égard de ceux qui l'ont en charge. Alors, les apparences ne servent plus de cache, la contagion s'étend insidieusement et le mal devient soudain l'impitoyable révélateur d'une démocratie affaiblie. Le délabrement de la République italienne née de la défaite du fascisme en est l'illustration ; la corruption a fini par être le seul attribut visible de ce régime finissant, et l'opération « mains propres » pousse ses attaques jusqu'au point d'atteindre la magistrature suprême livrée au soupçon. Vue de l'extérieur, la situation pourrait laisser croire que le système parlementaire, bien que contraint de se corriger, ne se maintient que par l'indifférence populaire ou par une pauvre certitude — ce qui le remplacerait serait pire. C'est à la dénonciation de l'abus du mensonge dans les mœurs démocratiques actuelles, les nôtres, qu'Alain Etchegoyen consacre un ouvrage remarqué. Il s'attaque à bien davantage qu'aux perversions les plus manifestes : les ruses de la raison d'État, le contenu trompeur des programmes politiques, les « affaires » et la corruption masquées, etc. Il recherche, identifie et montre des processus qui faussent l'exercice de la démocratie, distendent la relation entre les acteurs politiques et les citoyens — l'enfermement des gouvernants dans un univers autonome, où leurs préoccupations réelles ne rejoignent pas celles des gouvernés, où leurs moyens d'apparaître sont détenus par les techniciens de la communication et des médias qui construisent leur image et leur présence. C'est la critique, maintenant banale, de la « démocratie du simulacre », peu assujettie à l'« éthique de discussion ». La pauvreté du débat démocratique tient aussi à l'entretien des illusions quant à des différenciations et des clivages politiques maintenant brouillés, quant à la réalité potentielle des options proposées et abusivement inscrites dans des prétendus « projets de société ». Ce qui est suggéré, en dehors des mesures correctives particulières, c'est de parvenir à réveiller la participation raisonnée des électeurs sur des questions essentielles touchant à leur vie immédiate et à leur avenir. La suggestion reste de l'ordre du pragmatisme ; il n'est pas sûr que cette démocratie du quotidien suffise à réduire l'indifférence, mais elle la désigne comme une cause principale de l'assoupissement démocratique.

En France, à la fin des années quatre-vingt, le désabusement à l'égard de la politique et des partis — estimés « en déshérence » — sollicitait l'attention des commentateurs. Un mot, sinistrose, désignait l'humeur dominante dans une démocratie énervée, privée de l'énergie passionnelle naguère générée par l'opposition idéologique de la gauche et de la droite. Le militantisme actif se réfugiait dans les marges de l'espace politique, à la droite extrême, à la gauche extrême, gardienne envers et contre tout du projet révolutionnaire, et ailleurs, là où paraissaient les divers courants de l'écologisme. Le rejet et le discrédit de la classe politique dite traditionnelle se radicalisaient à la périphérie, au-dedans se multipliaient les « orphelins du militantisme » et les indifférents. Alors, nombreux sont les gens qui se découvrent désintéressés, versatiles dans leurs choix politiques ou abstentionnistes lors des consultations électorales. Les raisons données, enregistrées au cours des enquêtes directes ou traduites sommairement par les sondages, sont simples et répétitives : les hommes politiques sont peu différenciables et déconnectés de la réalité, la médiatisation outrée entretient la politique politicienne des apparences, les votes n'ont qu'une faible incidence sur les problèmes de la vie courante, et notamment sur le chômage qui devient le *test de la crédibilité* pouvant être accordée à l'action politique. Mais si la classe politique, parfois qualifiée de caste ayant rite et langage propres, est attaquée, le système démocratique ne l'est pas encore ; ses ennemis mêmes simulent son acceptation. Et puis, l'indifférence peut se relâcher en ouvrant largement le passage à une majorité nouvelle, étonnée de son succès massif, comme il advint lors du scrutin législatif de mars 1993. Selon les analystes les plus sceptiques, celui-ci n'accorderait qu'un répit.

La difficulté d'*être encore* de la démocratie résulte de circonstances qui la dépassent : conjugaison des transformations mal maîtrisables qui ne laissent rien en l'état, ni la société et la culture, ni les relations avec l'extérieur. Les assises sociales sur lesquelles elle repose ont été chamboulées, le pluralisme sur lequel elle fut fondée est devenu autre. Les « pays », qui ont longtemps défini la géographie des opinions, s'effacent en se banalisant au profit des villes. Celles-ci s'élargissent en agglomérations où le pluralisme n'exprime plus la seule séparation des classes sociales, mais les effets de la mobilité des personnes et de la diversité des origines, de la différence des cultures juxtaposées, où l'inégalité des conditions est fluctuante et donne un caractère flou aux hiérarchisations, où joue le poids des masses et où les relations d'exclusion tracent des nouvelles frontières. Là encore, la représentation politique se trouve sur un terrain instable, elle dépend davantage de conditions rapidement changeantes et des émotions génératrices de réactions peu prévisibles. Quant aux cadres sociaux, il est désormais banal de souligner leur précarité, leur faiblesse ou leur défaillance lorsqu'ils ont à définir les identités et les positions individuelles. Il est d'ailleurs éclairant de signaler le renversement complet des interprétations au cours des deux dernières décennies : à la fin des années soixante, le *système* et ses contraintes étaient contestés et attaqués ; à la fin des années quatre-vingt, la fragmentation du social et son repérage imprécis par des institutions affaiblies sont l'objet de la réflexion, et des préoccupations les plus communes.

Cette *déliance* n'est pas vécue comme un progrès de la liberté personnelle, de la capacité de choisir, mais comme une cause d'incertitude constante dans un milieu social confus et mouvant. Tout en celui-ci apparaît soumis à l'alternance de destructurations rapides et de restructurations fragiles et bricolées. C'est bien là ce qui donne une sorte de crédibilité à des explications contradictoires, parfois réduites à de simples jeux de métaphores ; alors que la pensée de l'actuel, lorsqu'elle n'obéit pas à la précipitation et aux modes fructueuses, fait éprouver la difficulté croissante de *comprendre* — tout simplement comprendre, afin d'introduire un peu de clarté dans les dédales où la surmodernité entraîne. L'homme contemporain reste un être social mal identifiable. Il est à la recherche des clés qui lui donneraient accès à des moyens de se définir, en même temps qu'à des garanties contre les aléas répétés et traumatisants de la vie quotidienne. Il mesure mieux à quel degré il dépend désormais d'un monde extérieur devenu instable et morcelé, sur lequel le pouvoir politique a une moindre prise. Un monde où il soupçonne des puissances établies usant librement de leur force, des réseaux de relations cachées qui le lient sans recours, des espaces incontrôlables d'où peuvent surgir des menaces redoutables. Toutes ces circonstances conjuguées conduisent à corriger deux des affirmations les mieux reçues. D'une part, la célébration de l'individualisme : elle oublie que, dans sa forme présente, celui-ci résulte moins d'une conquête desserrant les contraintes d'une société contraire que de l'état relâché des choses sociales ; c'est plus un *individualisme par défaut que par volonté*. D'autre part, la célébration du *retour du sujet* : elle est fondée dans la mesure où les systèmes de pensée et les idéologies ayant provoqué son éviction sont maintenant discrédités ; elle tient cependant peu compte de la faiblesse identitaire des sujets individuels et collectifs, de l'opportunisme ou, plus néfastement, de l'archaïsme de leurs engagements. Du point de vue de la pratique de la démocratie, l'incidence est considérable. Des sujets peu ou faussement déterminés ne sont pas des acteurs politiques convaincus et résolus, dans un cas, ou ne le sont qu'à contre-époque et à risques réels, dans l'autre.

Le démocratisme n'est pas l'exercice de la démocratie, il relève de cet « angélisme » si vivement et justement critiqué par Alain-Gérard Slama. Il se présente comme une foi de substitution propice à une adhésion molle, à une sorte d'œcuménisme politique qui a pour nom *consensus*. Il conduit finalement à une mise en équivalence où tout relief, tout contraste se trouvent effacés, alors que la pratique démocratique requiert la confrontation, des convictions fortes et informées, des valeurs investies dans les passions publiques. Il laisse le champ libre à la décision experte (selon les seuls critères de la compétence) plus qu'à la décision politique (selon les choix valorisés commandant la configuration de la société en devenir). Il ouvre aussi la voie aux engagements émotionnels, au politique à l'état diffus, spontané, dont les circonstances produisent la manifestation et dont les médias réalisent la mise en images et la dramatisation. On peut dire, en chargeant la formule, que le démocratisme est dans l'ordre du politique ce qu'est la religiosité dans l'ordre du sacré. Ce sont des engagements à ancrage faible, et en conséquence versatiles, et de contenu pauvre.

La fadeur de la politique ordinaire a pour arrière-plan la fascination par les effacements. L'inventaire de ce qui finit ne cesse de s'allonger, en faisant naître un attrait pour ce qui inaugure une ère du « vide » et de l'« éphémère », célébrée notamment par Gilles Lipovetsky. Dans cette perspective, une sorte de main invisible travaillerait, sans qu'il y ait à lui prêter assistance, à engendrer du progrès et accorder les mœurs à la démocratie, à entraîner l'avènement d'un « pandémocratisme » supérieur aux réalisations antérieures. Le consentement à l'ordre des choses serait d'autant plus facile qu'il s'assimilerait à une variété du quiétisme, ou à un laisser-faire habillé de neuf et introduit dans le domaine politique. Mais les effacements engendrent aussi la critique et l'alarme. Ainsi lorsque la « maladie des élites » est désignée et révélée dans ses effets sur la démocratie : ceux d'une contagion qui menace d'être fatale. Toute une distance est évoquée par cette métaphore, celle qui sépare l'ancienne démocratie républicaine, exhaussant l'État éducateur et civilisateur, de la démocratie de masse et de consommation, fonctionnant principalement à la communication. Ce qui se trouve placé en évidence, c'est l'effacement des élites ayant des fonctions d'éducation, de formation et d'orientation, et liées à des métiers de longue tradition. Les *professionnels* les supplantent, en leur qualité de serviteurs de la compétence et de la gestion, de la marchandise et du profit, de la machine médiatique et de l'influence. Le savoir-faire, le savoir-gagner et le savoir-communiquer ne suffisent pas à l'accomplissement de toutes les fonctions assumées par les élites en voie d'effacement. Ils contribuent ensemble à *façonner du présent*, ils éclairent peu sur les cheminements possibles dans un monde mal repéré, ils laissent dépourvu d'orientations et de choix suffisamment définis quant au futur immédiat. Le débat public perd sa vigueur, sauf lorsque les pulsions de l'opinion le réaniment, et cette asthénie amplifie les effets de masse, donne prise à la manipulation simplificatrice et émotionnelle. Le populisme apparaît alors, à mesure que l'obstacle des idées contraires se défait, comme l'une des formes en lesquelles une démocratie énervée peut se dégrader.

Lorsque la Révolution française donne naissance à la République, les fondateurs, et particulièrement Condorcet, chargé de rapporter sur l'instruction publique, préfigurent l'État éducateur en lui donnant ses assises — le peuple, l'école, les institutions savantes — et sa doctrine — en affirmant que la souveraineté populaire requiert le partage de la raison, et la liberté, l'accès de tous au savoir. Les créateurs et les diffuseurs de connaissances sont appelés à devenir les premiers artisans de la démocratie et à vivifier son esprit. Les intellectuels ne sont pas ainsi nommés, mais le service de la chose publique auquel ils sont conviés les désigne par cette fonction. C'est sous la Troisième République, qui leur attribue un état de cléricature laïque, qu'ils affirment une exigence morale servante de la vérité et des valeurs démocratiques. Péguy peut alors reconnaître l'existence d'un *parti intellectuel* qui ne dispose pas d'une organisation, mais de la force des idées ; un quasi-parti respecté et honoré en ses membres les plus illustres. C'est le temps où Durkheim et les sociologues de son école définissent l'État par sa spiritualité et son contenu moral ; ils imposent à leur discipline le devoir de contribuer à la construction sociale et morale de la République.

Cette vertueuse simplicité s'accorderait mal aux situations actuelles. Tout a bougé, tout bouge, et toujours plus vite. La République est désormais de forme monarchique. Les anciennes colonies sont indépendantes et leur libération a ruiné la croyance en la « mission civilisatrice ». La poussée des techniques et de l'économie, à travers les écueils des crises, continue à promouvoir les *professionnels* et les *organisateurs* en marginalisant les autres. La communication et les médias tissent des réseaux toujours plus serrés, des sortes de structures arachnoïdes où se localise le pouvoir des médiacrates. Le « tout-culturel » progresse et accompagne l'essor des masses et des publics qui composent autant de marchés, définis chacun par une consommation spécifique. Les références idéologiques s'effacent, ou deviennent plus confuses et plus éphémères encore, en cédant à la sollicitation des modes. Et la décennie quatre-vingt s'achève sur l'événement qui obscurcit le partage des passions politiques, la presque disparition des régimes communistes. Le naufrage de la révolution, après qu'elle eut été une nouvelle fois dévoyée, entraîne celui de l'attente des grandes transformations accomplies par volonté collective, celui de la certitude que les *nouveaux commencements* — ainsi que les nomme Rousseau — peuvent naître de l'action collective. La vision historiciste à laquelle le progressisme accordait ses idées mobilisatrices régresse. Et ce retrait met à nu des idées enfouies, moins exaltantes mais plus constamment contraignantes lorsqu'elles sont reconnues : la lutte contre l'inachèvement n'a pas (n'aura pas) de fin, et cela s'appelle l'Histoire; l'avenir se fait en reconnaissant sa part d'indétermination; la démocratie se façonne de façon continue, elle disparaît lorsque des formes préfabriquées lui sont imposées.

Le paysage intellectuel est brouillé, comme l'est l'espace public à l'intérieur duquel il se situe. Il devient moins identifiable, et ceux qui le peuplent avec lui, sans qu'ils aient pour autant disparu en ne laissant subsister qu'une sorte de catégorie sociale résiduelle. On sait ce qui entretient la confusion, en plus des mutations qui affectent le statut de la parole et de l'écrit, et donc le mode de production-diffusion des idées. Les passions faiblissent avec la perte des certitudes, le pluralisme des convictions et la vigueur des langages s'altèrent dans le compromis avec le marché, et la logique du spectaculaire fait prévaloir des contraintes qui façonnent l'expression selon les attentes du moment — qui tendent à imposer la règle du *médiatiquement correct*. Dans ces conditions, la définition des intellectuels par rapport au politique, par référence à l'*écart critique* qu'ils se sont imposé en faisant naître la modernité, semble avoir perdu une part de sa validité. Certains d'entre eux, comme le philosophe américain Richard Rorty, les invitent d'ailleurs, on l'a dit, à « cesser d'adopter une attitude critique radicale envers les institutions de la société », à ne jouer ni au « prophète » ni au « rédempteur », à faire l'option d'un pragmatisme modéré qui convient à la fonction d'un « conseiller » au service de la société démocratique. En France, le pouvoir des intellocrates, qui allie des intellectuels, des leaders d'opinion et des politiques, est attaqué par les uns, cependant que les autres déplorent le « silence des intellectuels ». Alain Caillé, désignant précisément les spécialistes des sciences sociales et humaines, dénonce l'enfermement disciplinaire qui s'accorde bien à l'« oubli du politique ». Il montre comment celui-ci s'inscrit au cœur même de théories qui ne cherchent ni à « interroger l'époque » ni à « répondre à l'exigence démocratique », qu'il estime ravivée ou ravivable.

L'époque peut être vue sous l'aspect de ce qui s'achève en elle et sous celui de ce qui y prend naissance en des formes souvent inédites. Le négatif de la disparition cache le positif de l'avènement, et réciproquement. Le renouvellement de la pensée sociale requiert la prise en considération de l'un et de l'autre, des contradictions et transformations qui naissent de leurs rapports, de ce qui rend intelligibles les *passages* et éclaircit ce qui devient *problématique*. En ce sens, la déconstruction du social ne doit pas cacher ce qui s'effectue en de multiples lieux, les milliers d'initiatives qui accomplissent, avait dit Félix Guattari, une sorte de « révolution moléculaire ». En d'autres termes, il s'agit de manifester du *possible*, de composer une carte de tous les lieux où l'invention du social est à nouveau au travail. Il en est de même lorsqu'est formulé l'appel au réveil de la politique et des politiques, au dépassement de l'économisme qui fut durant les décennies prospères (ou « glorieuses ») une sorte d'idéologie commode du tout-efficace remplaçant les idées par les moyens. Maintenant, celles-là font défaut, ceux-ci deviennent moins abondants et moins appropriés à des situations toujours plus complexes. Ce qui est attendu, c'est une sortie du pragmatisme établi qui ouvrirait sur un avenir progressivement *visible*.

La démocratie hors scène

Il est une perversion majeure de la pratique démocratique, celle qui concède trop à la culture du regard et du spectaculaire. En moins d'un demi-siècle, nous avons perdu la capacité d'imaginer clairement ce que serait l'univers politique en l'absence des images transmises par les médias. Elles en sont désormais constitutives et entretiennent son omniprésence quotidienne ; c'est par elles que l'espace public s'insère dans les espaces privés dont les clôtures ont été forcées. La figure politique est moins connue par la présence immédiate — la proximité effective et la parole directe — que par la présence-image — la proximité médiatique et les effets du paraître. Cette *représentation*, dont l'écran cathodique devient le lieu banalement accessible, l'emporte progressivement sur ce qui « fait » les représentants de la souveraineté populaire : l'exercice de la démocratie, le lien créé par l'élection et le contrat qui le définit. De plus, l'information et le débat politiques résultent moins d'une présentation et d'une argumentation communiquées par la parole vive et par l'écrit que d'une rhétorique technicisée assurant la mise en images la plus propice à la dramatisation efficace. Si le recours à la narration se maintient, celle-ci est d'une forme souvent brève et soumise au spectaculaire.

La médiatisation est généralisée, rien n'échappe à son emprise et ce qu'elle produit se substitue à d'anciennes façons de construire la réalité. Le politique s'en trouve affecté dans ses moyens — la parole et le texte — et dans ce qui le constitue par l'idéologie et la symbolique. Et lorsque la démocratie est en jeu, le risque devient apparent ; elle ne relève pas d'abord d'un fonctionnement « monstratif », mais de procédures démonstratives ; elle résiste mal à la surexposition aux nouvelles technologies. Autrefois, le pouvoir des mots et les mots du pouvoir n'étaient ni pauvres de contenu ni affaiblis par le grand doute. La puissance investie dans le langage politique contraignait à en régler strictement l'emploi, à en charger des dignitaires, à le maintenir dans des espaces consacrés. Le langage du pouvoir et le langage du sacré, intimement alliés dans les sociétés des plus vieilles traditions, avaient une autorité qui tenait à leur monopole du *sens*, des significations et des orientations gouvernant le cours des vies. La laïcisation républicaine n'a pas d'abord instauré une coupure totale ; elle a fondé un autre régime de sacralisation, au service de la Raison et du Progrès ; elle a engendré une autre foi illustrée par des images pieuses qui lui sont propres ; elle a attribué aux mots une fonction d'éducation de tendance progressiste et d'enseignement du civisme, et au langage politique une autorité fondée sur l'art de convaincre. Ce qu'elle retenait des anciens procédés l'était au détriment du langage religieux désormais refoulé. Aujourd'hui, dans les sociétés soumises aux injonctions d'une nouvelle trinité — information, communication, technique — les langages se multiplient, interfèrent, se concurrencent et se hiérarchisent de façon instable. Dans les pays de régime démocratique, les hommes politiques savent maintenant que leurs mots s'exposent aux effets de l'inflation verbale, de la comparaison avec les langages « experts » et de la suspicion.

Ils ont le sentiment que le déficit de la communication politique reçoit mal son remède, alors que les moyens dont ils disposent n'ont jamais été aussi nombreux et autant définis par les spécialistes. Ils s'engagent dans des détours langagiers et recourent à des habiletés sémantiques. Les récepteurs de la parole politique doivent se faire décrypteurs. Ils recherchent le texte caché à l'intérieur du discours convenu et appauvri par la répétition : le mot qui produit un effet de surprise ou de choc, la « petite phrase » à quoi se réduit le message, le décalage entre la formulation manifeste et celle qu'elle masque selon la recette du double langage. Mais l'exercice de la démocratie — à l'inverse des pratiques totalitaires qui cléricalisent la « langue de bois » — ne peut s'accommoder d'un langage qui impose des certitudes opportunes. Le débat français, de façon régulière, promeut vertueusement mais sans trop d'illusions le recours au « parler vrai », en l'opposant implicitement au parler faux d'un usage devenu trop fréquent. Le problème du statut de la vérité dans l'espace politique est ainsi une nouvelle fois posé. Ce serait simplement banal, et à inscrire au compte des poussées moralisantes, si le contexte ne lui donnait une tout autre dimension. La culture hypermédiatisée, qui multiplie les capacités de produire des apparences génératrices de sens, des simulations et du virtuel, engendre aussi les pièges où les gardiens de la démocratie s'empêtrent ; et celle-ci avec eux.

L'image et le texte sont engagés dans une compétition inégale, dans une course où la première semble avoir acquis un avantage décisif. Certains affirment déjà que l'écran pourra absorber l'écrit. La valeur éminente et irremplaçable de celui-ci est cependant reconnue, proclamée ; le livre et la presse bénéficient toujours d'une large audience ; la puissance publique contribue à leur défense et à leur promotion — elle en fait un point d'honneur, une obligation de défense de la culture et des valeurs nationales, de la diversité des œuvres et du pluralisme des convictions. Mais un univers où prévalent ensemble la médiatisation conquérante, la concurrence et la logique de la marchandise, le renouvellement rapide des techniques, la vitesse et la performance, change le statut de l'écrit. Il s'établit de nouvelles hiérarchisations et de nouveaux rapports de force. Le livre doit vite s'imposer pour une vie souvent courte, accéder à l'existence et à la reconnaissance par l'intervention des médias qui lui donnent une visibilité. La presse s'ajuste progressivement aux autres modes d'expression et de communication, elle adopte une part de leurs procédés en escomptant un profit dit de synergie. Elle se maintient avec une difficulté croissante, elle sauvegarde une certaine capacité réflexive malgré la relation concurrentielle inégale. L'écrit conserve une valeur supérieure à celle de l'image, mais il a moins d'importance relative et subit les effets de sa nouvelle dépendance.

L'image ordinaire, peu spécialisée, a un pouvoir plus grand parce que immédiat, et agit par diffusion massive constamment entretenue. Elle force l'attention et l'émotion, bien qu'il ne subsiste d'elle que des traces. Elle brise en partie l'obstacle des langues en ayant elle-même acquis, indépendamment de son contexte, les caractères d'une langue universelle. En donnant à voir, elle paraît donner à comprendre et faire connaître sans autre truchement qu'elle-même, comme si elle était par nature détentrice de vertus didactiques. En ce sens, elle contribue à l'expansion d'une forme d'autodidactisme qui se banalise en alimentant l'impression immédiate d'être informé et de savoir. Elle agit en surface, avec une incontestable efficacité dans l'instant. Le risque est identifié par certains des communicateurs, ils invitent à exercer des effets compensateurs, ils expriment notamment le souhait que l'écriture sorte du « ghetto » où elle est progressivement confinée. L'image de masse, comme l'on dit maintenant, opère dans l'instant par irruption du *vécu* ; elle se situe à l'opposé de tout ce qui exige du recul, de l'écart et ne prend forme qu'en étant placé sous le régime du *différé* ; elle est au service de l'émotion, alors que le différé sert la réflexion. Or l'écrit est toujours différé. Il tient de cet état sa force et son épaisseur, même lorsqu'il exprime, presque à chaud, la réaction à l'événement et son commentaire — ce qui marque, par exemple, la différence entre le texte de l'éditorialiste et l'image qui est son équivalent dans le journal télévisé. La pensée qui s'exprime uniquement sous la forme image-message est, par nécessité, simplificatrice et condamnée à une relative indigence. L'écrit seul peut s'accorder pleinement au temps de la réflexion, qui permet d'élaborer une compréhension moins exposée au choc de l'émotion et de se tenir à distance critique. La démocratie véritable a pour exigence de donner à tous l'usage de cette capacité, de desserrer le plus possible les déterminations qui conditionnent les opinions, les préférences et les choix, alors que la démocratie livrée aux médias, à l'entreprise des grands communicateurs, serait condamnée à s'abolir dans un populisme dont l'autoritarisme serait maquillé par l'effet des mises en scène imagières. Autrefois la République s'est fortifiée en instaurant le culte du textuel et du droit, aujourd'hui la vigueur de la démocratie dépend de la volonté de redonner à l'un et à l'autre place, espace et force.

La constatation ne doit pas, pour autant, engendrer une espérance naïve. Le pouvoir a toujours été dépendant des dramatisations — il a un aspect théâtrocratique — et des composants symboliques et imaginaires qui lui apportent une efficacité fortifiant le consentement. Il en dépend, et non pas exclusivement de la légitimité et de l'argumentation, qui permettent de ne pas l'établir sur la seule contrainte, sur la capacité effective d'exercer la coercition. Machiavel, déjà, rappelait au Prince que le jugement des sujets se forme selon ce qui est donné à voir : il faut donc faire correspondre les apparences à ce que ceux-ci attendent de lui. Dans une culture du visuel, des images, la technologie des apparences, par sa puissance même, contribue à acquérir, à détourner aussi, une part du pouvoir. La communication entre gouvernants et gouvernés s'établit sous cette astreinte. La force du *paraître* s'impose et, avec elle, celle des médias. Jean-Marie Cotteret, politologue, affirme : « Gouverner, c'est paraître » ; désormais, l'homme politique se transforme partiellement en *homo cathodicus*. Il façonne son image avant de prendre le risque de l'affrontement doctrinal, de la confrontation des programmes. On peut dire, sans trop d'outrance, que l'opposition image contre image prévaut souvent sur celle des idées. Ce qui contribue à affaiblir la pensée politique, à briser l'audace novatrice, et à engendrer l'impression d'une faible différenciation dans la gestion des affaires, que seule la dramatisation introduite par les médias désaffadit.

C'est par celle-ci que l'exercice de la démocratie est perverti, se trouve contaminé. Il cède trop au spectacle et à la confusion des rôles, jusqu'au point où le fonctionnement démocratique se dégrade en simulation parodique. La logique communicationnelle déchaînée, active dans tous les lieux de la vie sociale, permet cet emballement. Elle n'opère pas isolément, elle s'inscrit dans un contexte global où elle s'exaspère. Sous l'effet du modèle du marché, qui tend à tout convertir en marchandise, l'échangisme se généralise : les choses, les langages, les compétences, les fonctions, les convictions et même les passions tendent à devenir *permutables*, interchangeables. Les médias contribuent à ces opérations, aux mises en équivalence propices à ces permutations. On comprend alors que l'homme politique sous cette attraction puisse se faire le partenaire des artistes dans un *show*, que le réalisateur de divertissement conduise un débat sur des « problèmes de société », et que le comédien se convertisse en metteur en scène des idées — comme le fit Yves Montand lors d'une émission télévisée mémorable consacrée à la crise. De plus, dans une culture où la performance, l'exploit et l'extrême attirent et séduisent, la dramatisation politique fait des concessions à cette exigence. Elle met en vedette les figures qui, par leur tempérament, leur parcours de vie et leur habileté à communiquer y répondent le mieux. L'art de l'acteur finit par compter davantage que le savoir-faire du politique, et l'éclat l'emporte sur la discrétion des résultats peu spectaculaires, mais d'une autre portée. La surenchère peut conduire jusqu'à ce point où l'excès efface les frontières qui séparent l'acceptable de l'inacceptable. Le « média-choc » désigné par Alain Minc est le produit de cet emballement du système.

La médiapolitique entraîne dans son mouvement les gouvernements et les gouvernés. Les premiers n'ont qu'une existence faible indépendamment de l'image ; c'est par elle qu'ils accèdent à la présence sur la scène politique nationale et élargissent leur espace d'influence. La relation ainsi établie est forte dans l'immédiat, vulnérable dans la durée ; elle a la fragilité des images qui la façonnent ; elle se trouve exposée aux risques du désamour et de la versatilité, des variations rapides du crédit et du discrédit. Tout pouvoir, de tout temps, a su qu'il pouvait perdre la prise et être alors sacrifié ; les sociétés de la tradition disposaient à cette fin de procédures ritualisées et non pas seulement de la violence politique. Aujourd'hui, c'est sur l'écran que le *sacrifice* s'accomplit : l'incapacité et l'indignité sont placées sous le regard du peuple tout entier, et, dans des circonstances plus ordinaires, l'effacement médiatique a pour conséquence la mort politique lente. Le rejet dans le silence et l'absence cathodique, la non-parole et la non-image — après l'éclairage vif et le bruit accompagnant l'événement à partir duquel tout bascule —, telle est la procédure sacrificielle en régime médiacratique. Les renaissances ne s'accomplissent que par le retour sur la scène imagière. Cette dramatisation sacrificielle, dont le peuple est constitué spectateur, peut ravager la démocratie. Elle est perverse dans la mesure même où le danger de dérive vers l'obscène reste constant ; et, plus encore, en ce qu'elle donne à un tiers, ni politique par délégation et mandat, ni citoyen détenteur d'une parcelle de la souveraineté, un pouvoir exorbitant. L'État démocratique a perdu la capacité répressive forte qui était tenue d'un excès de transcendance — Dieu autrefois, l'Histoire et le corps mystique du peuple plus récemment —, mais il a laissé envahir ce déficit par les puissances du visuel qui le dépossèdent toujours davantage.

Le gouverné, quant à lui, devient pour une part un *citoyen-spectateur* ; il entre dans un jeu dont il subit la séduction et qui, en fait, oriente ses opinions et ses préférences. Il accède occasionnellement à l'existence médiatique, lorsque son intervention est sollicitée, lorsqu'il s'identifie aux invités ordinaires des débats télévisés et voisine ainsi avec les panelistes, hommes politiques, journalistes et intellectuels médiatiques, lorsque son évaluation est recueillie par des sondages ou par de brèves implications. Cette interactivité restreinte ne va ni sans complaisance à l'égard de la publicité personnelle que procure le bref accès aux médias, ni sans excitation ludique. Elle ne suffit pas à provoquer un engagement durable dans la pratique de la démocratie. Elle ne corrige pas le désinvestissement idéologique, elle ne distend pas la *dépendance émotionnelle* ravivée au gré des circonstances et entretenue aux dépens de l'activité réflexive.

La forme démocratique du politique tente de s'imposer sur les ruines des totalitarismes, non sans résistances et sans risques de rejet. Dans le même temps, la pratique de la démocratie est devenue plus confuse et moins assurée là même où elle s'est instituée au terme d'une longue histoire d'émancipation politique et sociale. Les dérives médiatiques, et notamment la toute-puissance de la télévision, la fabrication de l'opinion publique par les communicateurs, ainsi rendue captive, le doute quant à la crédibilité de l'information associant dans un même procès les maîtres de la communication et les maîtres du pouvoir : telles sont les raisons ordinairement invoquées face à la dépression de la vie politique. Le possible effacement du politique par le médiatique entretient périodiquement l'alarme, leur relation ambivalente et concurrentielle désoriente. Aux États-Unis, lors de l'élection présidentielle de novembre 1992, le troisième homme, le candidat Ross Perot, a converti ce risque en projet. Il s'est imposé avec un certain succès sans le support d'une organisation de parti, sans véritable programme, réduit à l'opposition absolue aux politiciens « établis » dont la mauvaise gestion financière et les gaspillages étaient dénoncés. Il a acquis l'existence politique en achetant de la présence médiatique, exploitée au mieux par une rare habileté à gérer la communication, et en épousant le mécontentement d'une classe moyenne déclinante. Il a opposé à l'« incurie politicienne » les images de son propre succès, il a flatté le peuple afin d'instaurer un *média-populisme*. Sa proposition n'est pas celle d'un populiste archaïsant ; elle crée l'illusion d'une démocratie directe qui court-circuiterait les institutions parlementaires, et les professionnels du politique, en leur substituant une interactivité constante établie entre le pouvoir et les gens par l'intermédiaire des nouvelles techniques d'information et de communication. Et s'il ne s'agissait que d'un autocratisme, caché dans une visibilité surabondante et trompeuse, technicisé au point qu'on ne puisse ni contrôler, ni limiter le pouvoir occulte des réseaux qui lui fournissent les moyens de s'exercer ?

La démocratie médiatisée engendre, ainsi que Lucien Sfez l'a montré naguère, une crise de la représentation politique. La télévision apparaît alors comme la principale responsable, et ceux qui en ont la charge reconnaissent épisodiquement — sans déjà modifier leurs pratiques — la nécessité d'une déontologie ou d'une éthique des médias. Les passions portent le débat aux extrêmes, bien que l'on ait du mal à mesurer avec précision l'effet télévisuel et ses *incidences propres*, indépendantes du contexte global, sur les opinions politiques. D'un côté, le tout-négatif : le contrôle des images ouvre la voie au contrôle des consciences ; il devient l'équivalent, par le jeu de la séduction, des puissances symboliques qui exerçaient autrefois, par leur discipline rude, la police des esprits ; il unifie et agit ainsi à la façon d'un parti unique générateur de conformité. C'est négliger, ou tenir pour de faible importance, le fait que la multiplication des chaînes de télévision peut réintroduire une part de diversité. C'est oublier aussi que les médias ont su, en des circonstances exceptionnelles, fonctionner comme un contre-pouvoir. Leur puissance ne reste entière qu'à la mesure du laisser-faire de ceux qui en sont les usagers, de la faible capacité actuelle à ne pas se laisser submerger par la culture du visuel, moins acquise que consommée. D'un autre côté, le tout-positif, ou presque. Dominique Wolton, sociologue, a pris ce parti tout en définissant les conditions nécessaires à l'évitement des dérives : contenir la tyrannie de l'image, limiter la télévision à son domaine et la soumettre à un contrôle social effectif. Il retourne la critique vers les producteurs, non vers l'instrument et vers ceux qui en reçoivent les produits : l'offre est trop souvent mauvaise. Il crédite la télévision de possibilités d'agir socialement et politiquement, de façon positive. Elle crée du lien, elle relie, elle « amortit » les processus négatifs alors que la fragmentation du social multiplie les situations de solitude. Elle maintient un espace d'égalité, car elle est la même pour tous, dans des sociétés de la concurrence et de la performance où les inégalités progressent. Elle réduit le nombre des exclus de l'information et du débat public ; en ce sens elle est donc propice à la pratique de la démocratie. Et, en touchant le grand nombre, en atteignant le citoyen à travers le téléspectateur, elle contribue au fonctionnement de la « démocratie de masse ». Le plaidoyer est excessif, il se transforme en traité des vertus médiatiques, il ne met guère en question cette forme démocratique associant les effets de masse et les effets d'image, même si des écrits ultérieurs évoquent les risques d'une « dérive populiste ».

Il faut partir d'une certitude : la surmodernité ne peut se dissocier de la culture médiatique, pas plus que de la culture technique ; elle les suractive selon sa logique de montée en puissance tant que les moyens de contenir cet emballement ne sont pas conçus et disponibles. L'exercice de la démocratie est incompatible avec l'anesthésie cathodique de la vie politique, il requiert la liberté de détermination — non la liberté illusionnée et sous influence — et la volonté d'en faire usage. Le citoyen-spectateur doit opérer la dissociation et redevenir d'abord citoyen. Il lui faut apprendre à s'écarter de l'écran, à établir la distance par laquelle il reprend l'initiative en sachant se soustraire à l'effet-image répété. Ce difficile et volontaire desserrement de la sujétion ne va pas sans une éducation, sans une pédagogie propice à la maîtrise des instruments et des produits de la « vidéosphère ». Elle est tout aussi nécessaire et potentiellement libératrice que le fut, autrefois, celle de la lecture et de l'écriture ; il existe, peut-on dire en forçant le terme, un *illettrisme de l'image* aliénant à l'égal de l'ancien. Mais cette liberté reprise restera incomplète, fragile, tant qu'elle ne sera pas alimentée par d'autres sources, et notamment par celles que les textes lui proposent. L'ancienne relation à l'écriture peut être réveillée et revigorée, à la condition que les textes opportunistes n'aient pas éliminé les textes nécessaires, ou ne les aient pas réduits à un confinement distingué. C'est ce que dit à sa manière, et à propos de l'information du citoyen, Dan Rather, figure célèbre du monde audiovisuel américain : « Personne ne peut être bien informé en regardant seulement la télévision, mais à l'inverse personne ne peut être bien informé sans regarder la télévision. » La nécessité d'autre chose, à quoi l'écran ne donne pas accès, est ainsi reconnue. De son côté, le politique sait désormais que sa dépendance médiatique lui devient néfaste, que la vigueur de la démocratie et de l'État qui la sert s'entretient d'abord à distance du spectaculaire, ailleurs. Il lui faut apprendre à gérer sa présence et son influence par l'image ; à réduire les risques d'être évalué selon des performances comparables à celles des vedettes cathodiques, à faire de ses apparitions sur les écrans une force parce qu'elles seraient plus rares, débanalisées et plus attendues. La démocratie ne peut certes exister dans un état de pure rationalité, le pouvoir qu'elle définit exige, lui aussi, la mise en œuvre du symbolique, de l'imaginaire et du spectaculaire. Mais elle est la forme politique qui marque le mieux leurs limites, qui fait le moins de concessions au gouvernement émotionnel des hommes, alors que le totalitarisme recourt à la mobilisation et à la manipulation des émotions et des passions autant qu'à la contrainte. Elle ne s'entretient que si elle dispose d'un espace où elle se trouve hors scène, où elle est soustraite à la surexposition médiatique qui la dissout dans sa luminescence.

En posant cette question : « Comment séduire les séducteurs ? », Régis Debray est conduit à la dénonciation de l'affadissement des différences par lequel les « Télétats se ressemblent ». Les « révolutions médiologiques du pouvoir » font que la bonne communication vaut garantie de bon gouvernement, que l'État se soumet à la « religion du *médium* ». La charge est vigoureuse, impitoyable, à la mesure de ce qui est estimé ruiné lors du passage « de l'État écrit à l'État-écran ». Les formules se multiplient et se renforcent en écho. Le « Prince photosensible » entretient une alliance complaisante avec l'« État Polaroid ». La politique est « humiliée » par les techniques des communicateurs. L'« État-énergumène [...] racole tout ce qui a le contact, à droite et à gauche » ; il consent à la markétisation de la République. Et ainsi de suite. La spirale des mots épouse la spirale autodestructrice où l'« État-symptôme » se trouve déjà engagé ; il court, « à la longue, les risques de s'hystériser, s'éclater, se banaliser et finalement se stériliser ». Régis Debray prend sur lui les maux de l'État républicain, il lance l'appel à une insurrection inédite qui a pour mot d'ordre : « Enfoncez les murs d'images ! »

Mais les apparences, les images, les simulations ne sont pas seules à ouvrir les dédales où la surmodernité entraîne, bien qu'elles soient les seules à illusionner par les jeux extrêmes du visible. La puissance, le pouvoir, l'autorité se localisent aussi hors scène, discrètement en ce cas, et les réseaux labyrinthiques par lesquels ils opèrent ne sont pas moins réels parce qu'ils sont plus obscurs. La concentration de l'attention sur le médiatique l'a détachée pour une part du technocratique, de ce qui s'impose par l'affirmation du pouvoir-faire, du pouvoir-gérer, du pouvoir-rationaliser par l'exercice de la compétence. Il en a résulté une quasi-disparition du champ intellectuel, alors que les sciences sociales et historiques ont centré un nombre important des recherches sur la technocratie — identifiée, conceptualisée, décrite, dévoilée — jusqu'au cours des années soixante. Le *phénomène technocratique* n'a pas disparu, il a changé d'échelle et de forme ; ses nouveaux aspects le rendent moins identifiable, son extension et ses métamorphoses ont facilité l'intériorisation de son imaginaire spécifique. Il fait partie des choses admises, et devient ainsi une source de la légitimation et du culte ostentatoire de la Raison technicienne. Au nom de quoi s'impose la logique des systèmes et des technologies de l'intelligence qui les servent. Dans le domaine du politique, la démocratie placée sous cette influence concède plus au technocratisme qu'au civisme. Et la « République des bureaux », tournée vers elle-même autant que vers les assujettis, forte de sa permanence, détient un pouvoir caché qui, au nom de la compétence et de la réglementation, peut s'opposer à toute objection possible.

L'actuelle topologie du pouvoir fait apparaître trois configurations principales, trois espaces où il s'exerce. Celui des activités les plus rationnelles où siègent les compétents et les gestionnaires, les gens qui ont la charge du pouvoir-faire humain et de la solution technique des problèmes ; ils rehaussent l'organisation, l'efficacité, le résultat — qu'il soit l'utilité, le profit ou tout autre acquis — et en font les objets de leur foi. Celui des activités régies par la communication, les médias, où le réel se construit par l'information, la parole, l'image et la dramatisation. Celles-ci, conjuguées, donnent l'existence par la visibilité ; elles hiérarchisent selon les degrés du visible ; elles font prévaloir la traduction spectaculaire des idées sur leur contenu et l'argumentation qui les valide. La confrontation s'oriente toujours plus vers les écrans où elle s'expose. La manifestation des vérités se détache davantage de la démonstration et les pouvoirs, quels qu'ils soient, dépendent de leur capacité à tirer une supériorité de cette présentation qui subordonne l'*idéel*. L'adhésion par l'effet du *médium* s'effectue au détriment de l'adhésion par la conviction. Le troisième espace est celui qui souffre de l'extension rapide des deux précédents ; ils progressent à l'intérieur de ses frontières ; ils le réduisent, et cette rétraction l'affaiblit évidemment. C'est le domaine propre du politique, qui s'y transfigure en accédant à une sorte d'existence « mystique ». Le mythe, le symbole, le rite, les valeurs collectives les plus élevées et les émotions qu'elles engendrent y ont pour fonction d'unir en créant (ou en tentant de créer) une solidarité supérieure et généralisée ; ils renforcent ensemble le contrat politique qui définit juridiquement le lien entre gouvernants et gouvernés. La figure suprême, celle de celui ou de celle qui a la charge de la magistrature la plus haute, résulte à des degrés variables, selon les régimes, de cette transfiguration. Elle doit pouvoir résister aux turbulences, notamment en cette époque où le social se fragmente dans l'instabilité, où les incertitudes s'additionnent et entretiennent ce qui donne forme à la *conscience de désordre*. Elle gagnerait d'autant plus en crédibilité qu'elle se révélerait ajustée à ce temps et en ferait surgir du sens, épouserait le mouvement sans le subir, et traduirait dans le langage de l'idéal ce qui est en devenir dans le monde contemporain.

Les sociétés de la tradition ouvraient un large espace au politique et aux puissances issues de la transcendance. Les sociétés du totalitarisme ont pu parvenir à un même état de suprématie du politique sur le social, mais sans les limites qu'impose une transcendance qui n'est pas à la disposition de l'homme. Les sociétés démocratiques ont cantonné le politique, borné son espace propre, elles ont ainsi séparé un domaine civil et défini selon les principes du droit et de la justice, leurs relations mutuelles. L'univers du politique dans les démocraties est aujourd'hui plus confus, les fonctions dont il est investi moins distinctes. Le marché unifie toujours davantage ce dont il avait naguère la charge, en substituant la loi concurrentielle aux siennes, gardiennes d'une part d'équité. Les réseaux de communication et les médias tissent une unité dont le politique avait la principale responsabilité. Ils tendent à la capture des esprits et à la banalisation des émotions selon leurs normes ; ils accaparent au rythme de l'avancée technique le pouvoir de représenter le réel, de le construire ; ils rognent progressivement sur la liberté acquise par l'éducation et la pratique démocratiques. Diminuée par les empiétements, la démocratie est aussi écartelée entre « fragmentation » et « mondialisation ». D'un côté, les individus socialement moins liés, le pluralisme croissant des références créatrices d'affinités, la multiplication des initiatives locales associées à la recherche d'une large autonomie : le jeu de tout ce qui concourt à la dispersion. D'un autre côté, l'inscription dans des configurations économiques-politiques de plus en plus étendues où les identités s'estompent, où les contraintes extérieures se renforcent, et où les volontés démocratiques se révèlent inégales.

Proclamer la fin du politique, c'est donner son acquiescement à la fatalité, s'abandonner au décret de puissances estimées mal identifiables et non contrôlables. Le cours des choses a déconstruit le politique, il devient urgent de le recomposer sans le démunir des moyens dont il peut disposer maintenant — ce qui serait d'ailleurs impossible. Il faut le faire sans tomber dans les pièges déjà évoqués : ceux d'une reconquête encore plus techniciste, au détriment des fonctions spirituelles et morales que la démocratie républicaine lui attribuait autrefois ; ceux d'une revitalisation fondée sur le recours aux forces du passé qui mettent en œuvre le particularisme identitaire, l'exclusion et, finalement, libèrent la violence ; ceux de la remise en ordre, dont les *simplificateurs* font la promesse en se donnant une figure salvatrice.

S'il est vrai que le commencement est la moitié du tout, il importe de ne pas l'abandonner sans avenir et le laisser ainsi dépérir. Les invitations à réveiller le civisme en renforçant les assises de la citoyenneté, les appels à la vigilance face aux menaces de confiscation de l'initiative politique, de négation des droits et des libertés sont nécessaires, mais ils ne peuvent suffire. Il y va de bien davantage, d'une recomposition du politique qui redonne place aux valeurs et aux principes selon lesquels le *vivre-ensemble* est accepté sans nourrir à tout instant le soupçon, et avec lui l'opportunisme ou le cynisme. La démocratie est confuse, malade selon certains, elle n'en est pas moins la forme politique qui survit aux bouleversements et gagne apparemment des adeptes. Elle n'a jamais été achevée car l'achèvement marquerait sa fin, elle a pu être falsifiée, elle a été malmenée dans les emballements de la surmodernité. Elle seule pourtant fournit aujourd'hui des moyens de refaçonner la vie sociale sur une base acceptable par le plus grand nombre. Elle préserve la possibilité d'avancer vers plus de liberté et de justice tout en les sachant inaccessibles dans l'absolu, et pour cette raison elle impose d'en assumer la responsabilité sans relâchement. Le nouveau commencement n'accordera aucune part au triomphalisme de ceux qui se proclament déjà les meilleurs, pas plus qu'à l'attente naïve de ceux qui s'illusionnent sur la durée de la tâche. Il n'y a pas de répit possible sans que la violence et la décivilisation maquillée au modernisme en tirent avantage, et poursuivent leur œuvre.

PARANOTES

En novembre 1989, le mur de Berlin est abattu. La déconstruction de l'univers communiste s'accélère, la démocratisation *doit* marquer des progrès décisifs, le monde divisé, bipolaire, ne tient plus. C'est l'enchantement démocratique, pour un temps. Et pourtant, quelques années plus tôt, au début de la décennie, l'événement paraissait plus qu'improbable, impossible. Dans l'affrontement, la fragilité des démocraties est alors opposée à la puissance du totalitarisme soviétique. En 1983, Jean-François Revel alarme en montrant *Comment les démocraties finissent* (Paris, Grasset) ; il annonce leur disparition, qui les aura réduites à l'état de fragile parenthèse historique ; il prédit la victoire probable, « pour ne pas dire inéluctable », du communisme.

L'imprévu, dont Proudhon avait déjà reconnu la fécondité au cours de l'Histoire, apporte le démenti. Le XXe siècle finissant marque sa signification ultime par l'effacement du totalitarisme en apparence le mieux établi dans la durée ; autoproclamé forme politique accordée au mouvement d'émancipation humaine, il se défait par autodestruction et par décret. C'est l'étonnement, au sens le plus littéral du mot. D'un côté, la surprise conduit à reconsidérer l'interprétation du totalitarisme. Les premiers penseurs du phénomène sont relus, de Raymond Aron (notamment *Plaidoyer pour l'Europe décadente*, Paris, Laffont, 1977, où l'usure de l'« idéocratie soviétique » est considérée, et *Démocratie et Totalitarisme*, Paris, Gallimard, 1965) à Hannah Arendt — ses trois textes consacrés à *La Nature du totalitarisme*, trad. franç., Paris, Payot, 1990, viennent compléter l'ouvrage traitant des *Origines du totalitarisme* publié en anglais en 1951, et disponible en édition de poche au Seuil (coll. « Points »). D'un autre côté, la surprise provoque un retour de triomphalisme dont l'essayiste américain Francis Fukuyama est le représentant : il annonce la *désormais possible* fin de l'Histoire dans un article de 1989, suivi par un diagnostic approfondi présenté dans *La Fin de l'histoire et le dernier homme* (trad. franç., Paris, Flammarion, 1992).

La certitude ne fait pas l'unanimité. Dès le printemps 1990, Pascal Bruckner dénonce une sorte de mal : la mélancolie démocratique, la difficulté d'être « sans ennemi ». Il exprime ses doutes, montre comment l'optimisme — la certitude d'une unification politique de la planète par la démocratisation et l'économie de marché — étouffe la démocratie sous les éloges. (*Cf. La Mélancolie démocratique*, Paris, Seuil, 1990, seconde édition en 1992, avec une préface qui confirme le scepticisme quant à la « contagion démocratique spontanée ».) Michel Henry explique en quoi l'effondrement des régimes dits socialistes de l'Est européen ne résulte pas seulement de circonstances politiques. Il y voit le signe d'une « faillite », celle d'un système qui a nié la réalité au profit d'abstractions et de principes faussement universels. Mais il met en parallèle notre propre « barbarie culturelle », l'empire de la technique moderne et du capitalisme. (*Cf. Du communisme au capitalisme. Théorie d'une catastrophe*, Paris, Odile Jacob, 1990.) Jacques Derrida veut sauver l'« esprit de Marx » de l'enfermement où le tiennent les ruines du mur de Berlin, redéfinir l'engagement politique dans un monde usé où progresse le nouveau désordre international. (*Cf. Spectres de Marx*, Paris, Galilée, 1993.)

Les sociétés post-totalitaires de l'Est sont ouvertes à tous les procès de transformation, livrées à l'imprévu, sans que l'on dispose déjà des outils intellectuels nécessaires à l'interprétation de ce qui advient. Un univers flou, turbulent, remplace un univers fortement structuré et presque immobilisé — condamné à périr de son « vice intérieur » autant que des circonstances externes. Dans l'empire soviétique éclaté, dont l'éclatement avait été annoncé par Hélène Carrère d'Encausse (thème repris dans *La Gloire des nations ou la fin de l'empire soviétique*, Paris, Fayard, 1990), c'est la Russie qui fixe l'attention. Mais, du réformisme de Mikhaïl Gorbatchev à la révolution de Boris Eltsine, l'événement ne cesse de déconcerter et de bousculer les interprétations. Durant l'été 1989, Claude Lefort constate l'« automne du totalitarisme » et exprime sa confiance en la politique conduite par Gorbatchev (*Libération*, 10 juillet 1989). Au printemps 1993, l'historien américain Martin Malia évoque la politique de Boris Eltsine au terme de la première année de la « révolution russe ». Il constate que le « système ne pouvait être réformé pièce par pièce », qu'il faut donc « tout mener de front ». Mais, s'il voit déjà poindre le doute quant à l'avènement d'une démocratie russe, il lui oppose l'identification de « résultats positifs d'ores et déjà obtenus ». (*Cf.* l'article de *The New Republic*, publié en traduction par *Libération*, 26-27 avril 1993 : « L'an I de la révolution russe ».) Les tragiques journées d'octobre 1993 révèlent les impasses politiques et le délabrement économique et social. La consultation du 12 décembre 1993 fait approuver une nouvelle Constitution (fortement présidentielle) et élire un nouveau Parlement, où la présence réactionnaire, droitière extrême, est pesante. Le régime est celui d'une démocratie en attente (ou « suspendue ») et fortement personnalisée. (Voir la série des articles intitulés : « La Russie en campagne », *Le Monde*, 7-11 décembre 1993.)

La *transition*, à partir du socialisme soviétique déconstruit, déconcerte; Antonin Liehm en dresse le constat : « Surprises à volonté à l'Est » (*Le Monde*, 30 octobre 1993). Sous la direction d'Alain Brossat et Jean-Yves Potel, un ensemble de collaborations traite de cette transition : *L'Est : les mythes et les restes*, volume de la revue *Communication* comportant de nombreuses références bibliographiques, Paris, Seuil, n° 55, 1992. Les *Cahiers inter-*

nationaux de sociologie consacrent, sous la responsabilité de Michel Wieviorka, deux volumes d'études internationales aux sociétés post-totalitaires, XCV (1993) et XCVI (1994) ; signalons notamment de Youri Levada, « La Russie d'aujourd'hui entre la mobilisation politique et l'apathie totale. Quelques paradoxes de l'an 1993 », et, de Visua Pusic, « La dictature à légitimité démocratique. Démocratie ou nation », à partir d'une analyse de la situation en Croatie. Pour une mise en perspective, se reporter notamment à Jean-Marie Chauvier, *URSS : une société en mouvement*, La Tour-d'Aigues, Éd. de l'Aube, 1988 ; Moshe Lewin, *La Grande Mutation soviétique*, Paris, La Découverte, 1989 ; Marc Ferro, *Les Origines de la perestroïka*, Paris, Ramsay, 1990 ; Alain Brossat, *Le Stalinisme entre Histoire et mémoire*, La Tour-d'Aigues, Éd. de l'Aube, 1991.

La difficulté des Occidentaux à comprendre le totalitarisme a souvent été rappelée par ceux qui l'ont combattu de l'intérieur, ou depuis l'exil. Alexandre Soljenitsyne a dénoncé *L'Erreur de l'Occident* (trad. franç., Paris, Grasset, 1980). Alexandre Zinoviev a formulé une double critique des sociétés contemporaines dégradées par l'effet de la massification, à l'Est et à l'Ouest (*Les Hauteurs béantes*, trad. franç., Lausanne, L'Age d'homme, 1977). Plus récemment, alors qu'était ouverte l'ère post-totalitaire, Vaclav Havel a expliqué que les Européens d'Occident ne comprennent pas les systèmes totalitaires « tels qu'ils sont en dernière analyse » : ils portent à l'extrême et à l'abominable ce qui est présent dans la « civilisation moderne » (*cf. Essais politiques*, trad. franç., Paris, Seuil, 1991). L'erreur de l'Occident est sa certitude d'être le standard de toute démocratie possible, d'être inévitablement suivi. L'épreuve du réel n'a pas tardé, elle a avivé l'interrogation sur la nature d'une démocratie occidentale exposée à une crise inachevable, et au doute.

A l'Est, la démocratie est en difficulté de naître, à l'Ouest, d'*être encore* sans céder à l'autosatisfaction conservatrice. C'est en ce sens que Pascal Bruckner rappelle la nécessité d'« être critique vis-à-vis du triomphe de nos propres idées ». Un numéro de la revue du *MAUSS* donne le ton en prenant pour titre *La Démocratie inachevée* (8, La Découverte, 1990), cependant que Laurent Cohen-Tanugi étudie *La Métamorphose de la démocratie* (Paris, Odile Jacob, 1989). Philippe Braud, sans ignorer le passage de l'illusion à la déception, donne les raisons qui nous attachent aux « délices démocratiques » : l'apaisement de l'agressivité sociale, la régulation des frustrations, les issues offertes aux attentes. (*Cf. Le Jardin des délices démocratiques*, Paris, Presses de la Fondation nationale des sciences politiques, 1991.) Tantôt la démocratie est considérée d'un point de vue clinique : ainsi Guy Hermet met en évidence les stéréotypes, les faux-semblants, les déviations du système dans *Le Peuple contre la démocratie* (Paris, Fayard, 1989). Tantôt elle est présentée comme condamnée à la disparition avec l'entrée dans l'« âge postpolitique », qui marque aussi l'entrée dans l'« âge impérial », caractérisé par le développement des « réseaux » à vocation universelle : *cf.* Jean-Marie Guéhenno, *La Fin de la démocratie*, Paris, Flammarion, 1993.

La démocratie souffre de l'indifférence et du soupçon. La première ne tient pas seulement à l'accoutumance ; elle résulte du repli sur la « culture de soi » ; elle est aussi engendrée par le doute sur l'efficacité des appareils de pouvoir et des politiques face à la complexité des problèmes d'aujourd'hui. Le second met en cause l'absence de relation « vraie » entre les gouvernants et les citoyens, le manque de « parler vrai », les jeux d'apparence, y compris dans la formulation des programmes, et l'affaissement de la morale démocratique. Voir le dossier à charge d'Alain Etchegoyen, *La Démocratie malade du mensonge* (Paris, François Bourin, 1992). A la fin des années quatre-vingt, en France, la presse souligne la gravité du désabusement civique et l'état de déshérence des partis politiques. Voir notamment la série des témoignages publiés sous le titre « Les partis en déshérence » (*Le Monde*, 22-25 août 1989).

La démocratie souffre aussi de la fragilité de ses anciens supports — ceux sur lesquels la République avait été progressivement fondée. L'affaiblissement des élites, servantes de la tradition républicaine, résulte de la montée des professionnels (au sens anglo-américain du mot) ; les anciens critères de l'excellence ont été peu à peu disqualifiés au profit de ceux qui mesurent le savoir-faire, le savoir-gagner et surtout le savoir-communiquer. Nicolas Tenzer et Rodolphe Delacroix établissent une relation entre le déclin des élites et le retour du populisme dans *Les Élites et la fin de la démocratie française* (Paris, PUF, 1992). L'instabilité du paysage intellectuel ne permet plus aux intellectuels de contribuer clairement, et de façon constante, au débat démocratique. Certains condamnent leur silence, d'autres dénoncent les complaisances et les coalitions qui imposent un pouvoir « intellocratique ». Rémy Rieffel décrit le parcours des intellectuels français sous la Cinquième République, le retrait de l'attachement à l'« idéologie », les concessions faites à la « logique du spectaculaire ». (*Cf. La Tribu des clercs. Les intellectuels sous la Ve République*, Paris, Calmann-Lévy-CNRS, 1993.) Alain Caillé dénonce plus rudement la « démission des clercs », le renoncement des sciences sociales à « se saisir du politique ». (*Cf. La Démission des clercs. La crise des sciences sociales et l'oubli du politique*, Paris, La Découverte, 1993.) Mais des positions inverses sont prises : le philosophe Richard Rorty demande aux intellectuels de ne plus se placer dans la position du « prophète » ou du « rédempteur », de « cesser d'adopter une attitude critique radicale envers les institutions » ; il explique cette position dans un entretien : voir *Le Monde,* « Débats », 3 mars 1992. Alain-Gérard Slama met en garde contre la « tyrannie du consensus », contre ce qui contribue à dégager l'individu de sa responsabilité, et finalement à étendre sur « la société un contrôle social sans précédent ». (*Cf. L'Angélisme exterminateur. Essai sur l'ordre moral contemporain*, Paris, Grasset, 1993.)

L'exercice démocratique reste mal accordé (et donc soumis) à la puissance des techniques de la communication et des médias. Le lien social est dépendant : Pierre Chambat (dir.), *Communication et lien social*, Paris, Descartes, 1992. La vie politique est de plus en plus exposée aux effets de l'image et à la logique du spectaculaire. Voir Georges Balandier, *Le Pouvoir sur scènes*, Paris, Balland, 1992 ; le « mal démocratique » est qualifié : « c'est l'anesthésie cathodique de la vie politique ». La charge la plus ravageuse est conduite par Régis Debray dans *L'État séducteur. Les révolutions médialogiques du pouvoir*, Paris, Gallimard, 1993. La symbolique de l'État résiste mal au « règne du visuel », l'« État séducteur » conduit à la « markétisation de la République » ; au terme, l'État ne parle plus que de lui-même. Dans *Le Média-Choc*, publié en 1992 chez Grasset, Alain Minc impute à l'État et à la société civile la responsabilité des dérives médiatiques : la société façonne et modèle les médias. Sur la dégradation de la parole politique et sur la dépendance à l'égard du paraître, voir Murray Edelman, *Pièces et règles du jeu politique* (trad. franç., Paris, Seuil, 1991), et Jean-Marie Cotteret, *Gouverner, c'est paraître* (Paris, PUF, 1991). La « politique à l'épreuve des images » et la « communication démocratique » sont envisagées par Georges Balandier et André Akoun dans un numéro spécial (*Sociologies du politique*) des *Cahiers internationaux de sociologie*, XCIV, 1993. Philippe Breton démonte les pièges de la communication, « nouvelle idéologie » et quasi-religion, dans *L'Utopie de la communication*, Paris, La Découverte, 1992.

La télévision est désignée comme le principal responsable. François-Henri de Virieu a mis en garde contre *La Médiacratie* (Paris, Flammarion, 1990). Dominique Wolton a adopté la position du défenseur critique. Il considère que la télévision contribue à restaurer le lien social et ouvre un espace égalitaire, qu'elle est propice à l'exercice de la « démocratie de masse ». (*Cf. Éloge du grand public. Une théorie critique de la télévision*, Paris, Flammarion, 1990.) La crainte de laisser s'établir des régimes médiatiques, des pseudo-démocraties à support cathodique, s'exprime désormais; voir Patrick Lecomte, *Communication, télévision et démocratie*, Presses universitaires de Lyon, 1993. Les dossiers consacrés à la télévision, aux médias, à leurs effets sociaux, culturels et politiques, se multiplient; ainsi : *L'Univers de la télé*, Les Collections du *Nouvel Observateur*, 17, octobre 1993, et *Manière de voir*, dossier du *Monde diplomatique*, 14, février 1992. Des exigences éthiques, ou déontologiques, s'expriment avec davantage d'intensité. Félix Guattari a imaginé l'entrée dans une « ère post-médias » ; il a fait de « la question de l'éthique des médias » un des « axes de recomposition d'une pensée de progrès ». Jacques Lesourne et Bruno Frappat, analysant les raisons du discrédit porté aux journalistes, définissent les conditions d'une déontologie de l'information (« Information et déontologie », *in Le Monde*, 12-13 février 1993).

La démocratie requiert maintenant que soient mieux définis les rapports entre le « sur-scène » (l'usage politique des médias) et le « hors-scène » (le retour aux doctrines, aux débats, aux textes, la redécouverte de la fonction éducatrice de la politique). Elle requiert tout autant que soit retrouvée, en se soustrayant à l'éblouissement par les médias, l'ancienne curiosité pour les lieux discrets du pouvoir et de l'autorité, pour ce qui orientait naguère la recherche sociale : l'étude de la « République des bureaux » et des systèmes technocratiques. Mais il faut que les théories nouvelles prennent en compte le double effet de contrainte où le pouvoir se trouve pris : d'une part, pouvoir/communication, d'autre part, pouvoir/expertise.

L'inachèvement

La coupure est effective, mais cette séparation, qui nous livre à nous-mêmes, à la fois nous fascine — elle ouvre l'ère des découvertes tout autres et des conquêtes inédites — et nous angoisse — elle efface les certitudes et engendre des risques inconnus. C'est une grande dérive qui déconstruit l'univers humain encore présent en préparant les configurations futures. Et dont la géologie donne la métaphore fabuleuse, lorsqu'elle décrit la formation des continents, la dissociation et le travail caché par quoi s'exprime la tectonique des plaques de l'écorce terrestre. Les mondes, alliages de société et de civilisation, que notre histoire, nos œuvres passées et nos coutumes ont faits, défaits, refaits, puis mis à notre disposition, s'éloignent eux aussi. L'*actuel* exerce sa puissante poussée sur l'*ancien*, il le démembre, il le tire hors de nos usages et en projette des parties sur les lieux de mémoire. Il sédimente aussi, il crée les conditions d'un travail souterrain à partir d'éléments enfouis qui, recombinés, pourront surgir en des formes neuves sous l'impulsion des circonstances.

Du temps des découvertes, la Renaissance, à celui où s'accomplit la révolution industrielle, et qui se clôt avec la première moitié de ce siècle, l'aventure humaine est celle des maîtrise et possession du monde. L'homme, par toutes ses entreprises, s'efforce de devenir le seul maître de son *lieu*. Il l'explore et l'exploite, il le met toujours davantage à son service. La géographie effectue le recensement, la cartographie et la description des terres habitées, à la suite des explorations et des conquêtes, à la faveur des colonisations et des échanges qui constituent progressivement l'« économie-monde ». Le tableau et la carte de l'univers humain, précisés à chacune des avancées de la reconnaissance, orientent l'action et arment le pouvoir. La géographie ouvre la voie à la géopolitique. La science du social, d'abord *science nouvelle* qui va engendrer les spécialisations modernes, inventorie la diversité des formes sociales et des cultures, elle leur attribue une généalogie, trace le cheminement selon lequel se réalisent l'évolution — la montée en complexité — et le progrès — l'accroissement des capacités et des ressources. Elle tend à rendre les hommes davantage conscients et maîtres de l'Histoire qu'ils font en produisant leurs sociétés et en se produisant eux-mêmes. Elle contribue alors à une possession du monde *voulue* plus rationnelle et moins vulnérable sous les attaques de l'événement. Plus tard, elle se fragmente en se spécialisant et, surtout, se divise en accentuant la divergence entre son activité critique et son action au service d'une construction « éclairée » du social. Plus tard encore, la seconde orientation prévaut sous l'effet d'une technicisation en voie de se généraliser ; le savoir devient un métier qui utilise les connaissances afin de rationaliser les pratiques, l'action et l'organisation, afin de définir *professionnellement* les stratégies et les décisions collectives. C'est toujours la logique de la possession et de la maîtrise, appliquée aux choses sociales. Les disciplines les plus formalisables et les plus propices à une manifestation de compétence — l'économie, principalement — exercent un effet d'entraînement, d'imitation aussi, dans le champ des savoirs relatifs à la société.

Ce sont cependant là des moyens secondaires en partie subordonnés, alors que les moyens primaires, initiaux en quelque sorte, résultent de la conjugaison de la science et de la technique. Ensemble, celles-ci produisent la connaissance et le pouvoir-faire qui accélèrent l'œuvre de possession du monde, qui visent à réaliser totalement la mainmise et l'arraisonnement. La production généralisée multiplie les convertis qui accueillent les Titans annoncés et redoutés par les romantiques. Le monde est mis en chiffres et codé. La puissance le livre à des forces immenses, dans un *ordre technique* de plus en plus capable de se soumettre l'espace, le temps, la matière et le vivant. Arrive le moment de la séparation où la *puissance* agit selon sa propre logique, acquiert la capacité d'un démiurge et crée ses propres « nouveaux » nouveaux mondes, tous en expansion rapide. Alors que l'homme a largement exploré le monde où l'existence l'a placé et s'en est fait le conquérant, il se trouve désormais en présence de ces mondes complexes nés de son œuvre, de sa pensée et de ses artifices. Il se découvre face à des « territoires » d'une nature entièrement nouvelle, qui sont les siens et pas entièrement les siens, puisqu'il est encore incertain quant à la façon d'en avoir une maîtrise convenable et d'y bien progresser. Il doit les reconnaître, devenir l'explorateur et le pionnier de cet inédit et de cet inconnu qui procèdent de lui, de ses sciences et de ses techniques. Si certains de ces « nouveaux » nouveaux mondes sont encore liés à ce qui a façonné son expérience, à de la matière, de l'organique, du corporel, d'autres en sont déjà dissociés : ce sont les univers des « immatériaux » et du virtuel, ceux aussi des réseaux qui opèrent en la presque absence de l'homme. Ces mondes, que l'abstraction qualifie de mégasystèmes, peuvent accroître leur complexité en se connectant et en tirer un surcroît de puissance. Ils détiennent un pouvoir d'exclusion s'ils opposent une clôture totale à la connaissance et à la pratique ordinaires, et s'ils échappent finalement au contrôle de ceux qui parviennent encore à les gouverner. Ce sont ces univers artificiels qui composent les espaces maintenant destinés aux explorations inédites de qui veut les mieux comprendre et s'y mieux orienter. Après avoir conquis la « sauvagerie » pour donner tout son essor à la « civilisation », l'homme s'est mis dans l'obligation urgente de conquérir ce que sa civilisation produit, pour le « civiliser » et en réduire la sauvagerie potentielle.

Les métaphores utilisées désignent cette nécessité exploratrice et la nouvelle ambition conquérante, qui ne masque pas entièrement les incertitudes et la crainte de l'inconnu. Elles évoquent des *mondes* (de la communication, du virtuel), une *planète* (celle des images), des *conquêtes* (celle du vivant, notamment), des *frontières* à atteindre, dont certaines sont audacieusement décrétées ultimes. Les formulations savantes obéissent à une autre économie langagière. Elles n'en évoquent pas moins une exploration incertaine, un cheminement conduisant dans des dédales non repérés, une progression pour une part hasardeuse. L'avancée se risque à l'intérieur de *la complexité de la complexité*, à la façon d'une opération de reconnaissance, de décryptage de ce qui s'y manifeste, de recherche des manières de la dire et d'établir avec elle une relation moins aveugle.

Le *chaos*, dont les mythes les plus anciens ont exploité les virtualités, reparaît. Il redevient une terre d'aventure où la science s'engage avec les équipements d'aujourd'hui. Elle s'applique à trouver l'ordre caché dans le désordre, à établir un rapport moins méfiant avec l'aléatoire, à proposer une nouvelle compréhension de l'imprévisible. Elle réussit ainsi à produire une description du monde où la considération des dynamismes, du mouvement, des processus prend le pas sur les permanences, les structures et les organisations. La détermination des *possibles* fixe l'objectif de la connaissance exploratrice. Elle procède au repérage continuel des frontières mouvantes du réel. Elle découvre l'impossibilité d'accéder à celui-ci par un parcours suivant une droite ligne ; ni la nature, ni le monde façonné par les hommes ne relèvent d'un ordre linéaire. Il n'est plus concevable de pouvoir proposer de l'un et de l'autre une image « simple et claire ». La progression s'effectue parmi les possibles reconnus, en sélectionnant ceux qui seront retenus au risque du choix. Le recours aux concepts de *bifurcation* et d'*ordre par bifurcation* définit un autre mode d'accès au réel en mouvement, un autre parcours dans le champ des instabilités. Une lecture scientifique nouvelle en résulte, elle centre l'attention sur les « systèmes loin de l'équilibre », elle montre comment une variation mineure peut être amplifiée et permettre l'« attraction » vers un état différent — devenir créatrice. C'est ce moment crucial, ce point critique, qui produit la bifurcation. L'exploration d'ordres continuellement en voie de se faire conduit à une description inachevable.

Appliquée aux sociétés actuelles, à leur mobilité et aux *crises* qui caractérisent leur manière d'être présentes à l'Histoire immédiate, l'idée de bifurcation acquiert une valeur métaphorique. Dans des univers sociaux où ce qui prend forme n'apparaît plus clairement déterminé, où se succèdent les défis et les contraintes d'y répondre, où les repérages sont plus confus, l'avancée s'effectue de façon pragmatique ; elle procède en quelque sorte par étapes, par choix successifs qui s'accommodent des changements d'orientation. L'action elle-même se fait exploratrice, elle bifurque selon les circonstances et se trouve sous la dépendance de l'urgence. Les projets de société, épisodiquement évoqués, deviennent flous, adaptables ; ils s'accordent peu à un monde instable où l'événement brouille les chemins prévus et déjà tracés. Ils ne parviennent pas à enclore ce qui est en expansion continue, en mouvement et en tous lieux.

On voulait transformer le monde lorsqu'il changeait peu, trop lentement ; on croyait l'avoir compris et que la tâche historique était de le faire accoucher du bon ordre qu'il recelait. On en a aujourd'hui une tout autre image. Il se constitue par nous, sans nous, et pour une part contre nous ; il se transforme de lui-même, toujours plus vite, et il nous échappe d'autant plus que nous le comprenons moins. La priorité doit être inversée : le changement a l'avantage de la force acquise, il ne s'arrêtera pas parce que nous désirons du répit ; la compréhension a le handicap du retard pris sur le cours des choses, de l'inertie qui décourage d'accomplir la révolution intellectuelle nécessaire. C'est à celle-ci qu'il devient urgent de se consacrer, et, en cette urgence, *comprendre, c'est faire*. Nous sommes peut-être des nominalistes postmodernes, nous acceptons comme connaissance et maîtrise ce que nous piégeons par des langages spécialisés, des mots codés, des formules mécanisant les procédés, des signes foisonnant comme autant de jalons du réel. Nous sommes peu préparés à différencier celui-ci de ce qui en tient lieu, et dont nos machines à apparences, simulations et simulacres sont les génératrices, toujours plus actives et plus efficaces. Nous nous découvrons *dépaysés* parce que nous avons produit très vite, sans avoir eu le temps de les bien reconnaître, d'y accorder consciemment avec justesse et justice nos manières d'être, les paysages toujours changeants qui composent les lieux de nos rapports sociaux et de nos activités. Nous sommes encore sous l'influence de la nostalgie de l'autrefois, du connu qui rassure — et dont les manipulateurs du passé font usage en façonnant des leurres. Mais nous sommes embarqués, emportés vers l'ailleurs.

Plus grand est le défaut de connaissance, plus fort est le sentiment d'être engagé dans un labyrinthe dont les dédales et les impasses ne seront jamais relevés. L'errance, la catastrophe, la perdition informent le tragique qui pourrait faire irruption durant ce parcours aveugle ; et qui est attendu par les pessimistes, les désenchantés et par ceux qui ont déjà été les sacrifiés ou les exclus des étapes passées. Les autres accompagnent le mouvement, portés par la passion aventureuse qui se nourrit de possibilités inouïes, de performances, de succès et de profits, sans trop se préoccuper des obstacles, des accidents et de la méconnaissance des issues. C'est aussi une sorte d'avancée aveugle, mais en ce cas heureuse. S'il faut savoir agir en demeurant au sein des incertitudes et des doutes — car espérer leur dissipation, c'est laisser faire et subir —, il faut tout autant orienter le parcours en ordonnant ce qui est déjà connu et éprouvé, en étant attentif aux indices. C'est en ce sens que les chapitres précédents se présentent comme des guides qui résultent d'une pré-exploration, d'une reconnaissance conduite sur les terrains où les repérages sont les plus nécessaires. Dès maintenant, sans attendre que les fantasmes et l'inquiétude, qui accompagneront dans peu d'années la fin du siècle et du millénaire, viennent brouiller davantage les pistes de la compréhension. A l'aide d'un bref lexique, il est déjà possible de désigner des *points critiques*, sans la prétention de les avoir tous identifiés.

Encombrement. C'est l'excès, l'effet de nombre, d'accumulation, de concentration. Il affecte la population dans son effectif, sa composition, sa répartition, ses mouvements. Il s'exprime dans l'espace en produisant des zones d'agglomération expansive et des zones de dépression et de déshérence, en opposant les réseaux de circulation rapide aux lieux où les trafics se figent. La concentration résulte de la dynamique d'une économie qui opère par fusion des moyens, centralisation des ressources, recherche de la montée en puissance au détriment de la distribution diversifiée et dispersée des activités ; une économie qui s'entretient en exaspérant la demande, en multipliant continuellement l'offre. L'espace social à la fois se fragmente, devient propice à une sorte de socialité « moléculaire », et s'ouvre à la manifestation régulière des masses et des foules, à l'action de l'imitation, de la contagion qui donnent aux réactions collectives une dimension statistique peu prévisible. Ce sont là des illustrations simplifiées, et substituées à un inépuisable inventaire. Tout peut se considérer sous l'aspect de l'excès et des contradictions qui s'ensuivent. L'incidence inflationniste se généralise, s'étend par entraînement, n'épargne rien. Depuis les réglementations qui s'accumulent et sédimentent jusqu'aux productions culturelles industrialisées, jusqu'aux systèmes de conservation et d'exploitation de l'information et des connaissances. Certaines des conséquences sont connues parce qu'elles sont régulièrement éprouvées : ainsi, l'encombrement dans sa matérialité, ou les dédales des règlements et directives où les procédures s'égarent. D'autres effets restent moins repérables, bien qu'ils produisent de la déperdition, des blocages d'usage, des chutes d'efficacité. Ils sont autant de défis qui finissent par engendrer des réponses à effets secondaires d'abord ignorés.

Dans des sociétés du nombre, de l'ordre statistique capable de tout assujettir, les données foisonnent, définissent toute chose et tout être. Elles perdent leur signification en se multipliant et, restant dispersées, elles encombrent. La solution a été trouvée dans leurs regroupements systématiques, dans le recours aux techniques informatiques qui opèrent avec des codes et procédés « numériques ». A l'encombrement et à la dispersion, il est répondu par la concentration technicisée ; le processus conduit à une sorte d'*encodage du monde* et à un pouvoir de surveillance accru et généralisé. Le savoir, à un tout autre niveau, requiert des « navigateurs » devenus capables d'explorer les lieux où les textes et les documents sont rassemblés, par effectifs toujours plus vite grossis qui défient le conservateur et l'usager. La concentration est aussi en ce cas la réponse ; elle contraint à concevoir des structures matérielles nouvelles et à utiliser les techniques de mise en mémoire des œuvres. Le texte-livre se transforme en hyper-texte numérisé, il se contracte, il fait bibliothèque sur des petits supports, il est consultable à distance en apparaissant sur un écran. L'univers de la connaissance devient disponible grâce à l'aide du clavier d'un ordinateur. L'accès au savoir et sa dissémination en sont élargis, sans autres contraintes que celles imposées par le dispositif. Mais celui-ci porte en lui la possibilité de conséquences négatives : le petit nombre des puissants centres organisateurs-diffuseurs les rend vulnérables au contrôle centralisé. La concentration organisée des textes du savoir n'oppose plus de barrière aux éventuelles tentations totalitaires.

L'encombrement incontrôlable et l'organisation technicisée qui procède à sa *réduction* se révèlent en relation tensionnelle, ambivalente. L'un manifeste le désordre, où la liberté créatrice peut cependant résider, l'autre la rationalité organisatrice et instrumentale, à efficacité élevée, où le trop d'ordre peut s'insinuer. Ligne de partage critique à partir de laquelle le basculement hésite à se faire de l'un ou l'autre côté.

Complexité. Les univers de la complexité sont livrés à la découverte scientifique, et celle-ci la réinscrit dans les systèmes techniques qui l'exploitent. La complexité ne reste pas pour autant confinée, tenue à l'intérieur de ces domaines où elle devient peu à peu domesticable. Elle est un fait d'expérience individuelle et collective. Elle n'apparaît plus alors décryptable et exploitable, elle est éprouvée en tant qu'obstacle. Elle est la forme de ce qui rend les situations incompréhensibles, de ce qui enferme dans l'inextricable, de ce qui nourrit le sentiment d'incapacité. Il se façonne des configurations psychologiques sous l'épreuve de la complexité effective ou supposée. Elle affaiblit la volonté de savoir puisqu'elle est impénétrable avec le seul concours des moyens ordinaires ; elle décourage de décider et d'agir puisque l'ignorance empêche d'avoir prise sur elle et de négocier la relation au mieux. Le « c'est trop compliqué » est un inhibiteur. La *conscience de complexité*, telle qu'elle est communément vécue, désarme souvent la volonté ; elle conduit alors à accepter le cours des choses, à s'en accommoder et à en tirer le moins mauvais parti. Elle contribue au désengagement, à la versatilité, au repli sur soi à l'intérieur de l'enclos privé.

Les conséquences dans l'ordre politique prennent ainsi tout leur relief. La complexité donne un alibi au *sommeil de la responsabilité*, nul ne se reconnaît responsable et obligé si le monde lui oppose une opacité impénétrable, si aucune puissance transcendante ne lui indique la voie et le sens. Le risque majeur est bien là. Démuni par la rareté de ses implications clairement responsables, l'homme contemporain s'ouvre à la tentation de s'en remettre à d'autres en leur concédant le choix des grandes orientations et des grandes décisions. La faveur politique va à ceux qui semblent avoir l'exceptionnelle capacité d'assumer cette charge, de devenir les maîtres du labyrinthe. Ce n'est pas nouveau, mais la manière est nouvelle, modernisée. La perversion de ce dépôt de confiance s'accomplit lorsque les *simplificateurs* s'en emparent ; ils séduisent en effaçant la complexité avec l'affirmation, ils la dissolvent dans la dogmatique, ils illusionnent en reportant l'échec sur des coupables émissaires. Ils accomplissent une totale capture de pouvoir. Dans l'action politique actuelle, la complexité est l'épreuve constante, elle se manifeste par l'imprévisibilité élevée des effets de la décision, par la faible portée de l'intervention experte ou son inadaptation croissante. Le complexe peut alors devenir l'excuse de l'insuccès, et la forme imposée à ce qui, inédit, ne se soumet pas aux interprétations toutes prêtes. Jamais le décalage n'a été aussi grand entre la somme des savoirs, des talents, des moyens disponibles et la capacité effective de donner les réponses aux problèmes de ce temps. Le point critique se déplace entre complexité et impuissance.

Instant. On ne cesse de le dire, la temporalité est maintenant fragmentée en multiples instants, la durée rétractée astreint au régime de l'éphémère. Mais cette répétition exprime une obsession inquiète face à l'un des caractères dominants de la surmodernité. Elle ne laisse pas de temps au temps, elle a la *vitesse* pour principe moteur. L'immédiat, par saccades, rythme toujours plus les manières d'être et les façons de faire. Les sociétés sont toutes des « machines » employées à la domestication du temps, à la réduction des contraintes qui imposent de s'y soumettre ; elles le convertissent à leur service par des artifices, elles le piègent par l'imaginaire et les dispositifs symboliques. Elles ne parvenaient pas jusqu'alors à entamer grandement sa maîtrise. Les sociétés de la modernité exacerbée fonctionnent aujourd'hui comme si elles pouvaient le vaincre, l'abolir. Elles sont les premières à porter cette ambition. La performance mesure la progression de l'effacement. La séquence des événements, qui irriguent la conscience en continu, puis la débordent, substitue à l'appréhension d'une continuité celle d'une temporalité déjà décomposée, perçue *staccato*. L'imaginaire couplé à la techno-logique commence à produire les mondes virtuels où l'action humaine peut s'introduire, en se jouant d'un temps qui, à la fois, est et n'est pas.

Cette temporalité confuse, plutôt qu'abolie, rend les repères plus instables et donne une sorte d'irréalité au réel qu'elle entraîne dans son accélération et ses métamorphoses incessantes. Elle peut apparaître libératrice en laissant penser qu'elle détache des servitudes du continu, des contraintes de l'avant et de l'après ; mais elle ne le fait pas, elle multiplie les unes et les autres en entretenant le flux des exigences de chaque moment. Elle introduit une discontinuité qui segmente le parcours des vies, qui dépossède des moyens d'en reconnaître l'orientation. La préoccupation de l'instant rend plus vaines, moins recevables, les obligations qui exigent la durée et dont les effets sont différés. Le calcul utilitaire qui s'en tient à la jouissance immédiate révèle l'adaptation opportuniste à ce temps discontinu ; il ne suffit pas. La nostalgie naît de ce manque, mais aussi les passions à grands risques qui retrouvent la continuité en accordant aux références du passé la valeur d'un absolu, ou qui conduisent à s'en remettre aux fournisseurs de salut. Au-delà des préoccupations individuelles, toute responsabilité collective qui se veut gardienne et productrice d'un ordre valorisé affronte l'épreuve de la temporalité brisée. Le point critique est défini par la contradiction entre un temps que l'événement s'assujettit et un temps qui engendre de l'ordre et requiert, peut-on dire sans redondance, qu'on lui donne du temps.

Croyance. Le croire est le remède au malaise de l'incertitude, sinon l'unique, du moins le plus ancien. Il ne le guérit pas, mais il l'apaise. Lorsque l'incertitude affecte régulièrement les manières d'être, se transforme en menace omniprésente dans le cours ordinaire des vies, elle exaspère la recherche des croyances auxquelles s'attacher. Elle avive le besoin d'ancrage, et celui-ci peut paradoxalement entraîner dans une quête errante procédant d'insatisfaction en insatisfaction ; comme s'il n'y avait nulle part du *sens* à saisir. La crise de l'institution religieuse affaiblit sa capacité de proposer ses réponses ; la certitude intemporelle qu'elle apporte résiste mal à la charge des incertitudes actuelles, et nombreux sont ceux qui prennent la liberté de négocier leurs croyances. Celles-ci se privatisent, se construisent de manière individuelle sans apporter souvent ce qui en était attendu. Ce croire flou ne parvient évidemment pas à se bien définir, il est disponible, et, pour cette raison, il fluctue entre des objets multiples et changeants. C'est par lui que reparaît un animisme de facture moderne. Il contribue, sans qu'il en soit pris claire conscience, à une *fétichisation* du monde.

Le mouvement des croyances, induit par celui de la surmodernité, passe par plusieurs états critiques. Le premier résulte du détournement d'une demande forte — désignée par l'avènement proche du siècle annoncé comme celui de la spiritualité — vers des offres de croyance qui sont des leurres ; elles attachent à des objets trompeurs. Alors, ceux-ci se dégradent en marchandises et l'espace du croire n'est plus qu'un marché. Le deuxième état critique est le produit d'un tout autre détournement, opéré par les restaurateurs radicaux de la foi ancienne et de l'institution qui l'encadre. Ils donnent à croire en simplifiant le dogme, en l'épurant afin de réveiller la *vigueur disciplinaire de la croyance*. Ils affirment et n'admettent que leur certitude, ils excluent ou éliminent ceux qui ne s'y conforment pas. Ils sont des combattants au service d'un ordre à recomposer par régression théocratique. Le troisième état critique a pour origine le système de croyances qui engendre le *messianisme du rationnel* — antiphrase qui permet de nommer cet emballement où le pouvoir-faire ne connaît plus ni le doute ni les limites. Il illusionne, lui aussi, afin de mieux entraîner dans son avancée : ce qu'il accomplit ne peut porter la marque des valeurs négatives. Il n'évalue plus, il va plus avant, toujours plus vite, sans que la certitude se laisse entamer par l'exigence du raisonnable.

Violence. La violence occupe les scènes du monde contemporain, elle obsède bien qu'elle n'ait jamais été absente des sociétés humaines. Autrefois, elle paraissait localisable, identifiable, et moins insoumise à un traitement qui n'était pas seulement l'emploi de la force, de la répression et de l'intimidation. Ce n'était pas son éradication qui était recherchée, mais sa domestication. Elle se percevait comme une énergie partout présente, dans la nature et dans la société ; elle faisait partie des dynamismes inhérents aux processus vitaux de l'une et de l'autre. En ce sens, elle n'était pas d'abord reconnue en tant que menace fatale. Il fallait assurer sa conversion, la soumettre par un *travail* qui la transforme — auquel toutes les institutions concourent — et la divertir à l'aide des *ruses* qui lui offrent des exutoires. La violence s'appréhendait alors sous deux aspects, l'un positif, où elle se révélait domestiquée, maîtrisée par la machinerie sociale, presque « civilisée », l'autre négatif, où elle se montrait à l'état « sauvage ». La peur naissait davantage de la régression de la première, parce qu'elle avait échappé aux maîtrises et s'était dispersée dans la société, que de l'irruption de la seconde.

Aujourd'hui, la surmodernité paraît être une génératrice de violence ; elle semble la produire et la dissiper dans tout le tissu social, dans toutes les configurations culturelles — et jusque dans le for intérieur des personnes dont elle élargit la déchirure intime. Elle est partout présente, visible ou supposée cachée et en attente. Elle entretient une insécurité multiforme, insidieuse, perverse, à laquelle l'événement apporte du relief. Par l'intermédiaire des images, elle envahit les consciences et l'imaginaire. Elle nourrit une culture du paroxysme, du déchaînement, qui façonne la figure des nouveaux insurgés, qui fait de la pratique violente le substitut de la révolution disqualifiée. Sa dissémination, à la fois, la banalise et maintient une inquiétude latente dont tirent avantage les simplificateurs, qui allient à la promesse de l'ordre rétabli la promesse d'une solution de tous les problèmes. La réponse disciplinaire tient lieu de réponse à tout ; elle peut pourtant devenir crédible si le désarroi franchit le seuil à partir duquel ne se découvrent plus d'autres recours.

La violence est un *révélateur* de la société où elle se manifeste, selon les formes en lesquelles elle se réalise. Elle en montre avec rudesse les points critiques. Dans cette période de surmodernité, l'expansion de l'ordre technique et de l'ordre marchand s'accomplit indépendamment ou presque de ce qui leur est par nature extérieur, étranger. Ce qui contribue à attribuer au monde ses significations, et à s'y lier par une relation non instrumentale et non comptable, importe moins que ce qui en assure la possession et accroît la « mainmise ». Ce décrochage et les voies grandes ouvertes à la puissance et à la concurrence donnent plus de liberté à la violence ; elle exprime la réaction au déficit de sens, tout autant que la révolte contre l'exclusion du partage des conquêtes. Un autre point critique est désigné, il révèle un aspect différent du décalage entre technique et culture. C'est la première qui, par son extension en réseaux, compose les *totalités* d'aujourd'hui à l'échelle mondiale, alors que les totalisations du passé — religieuses et politiques, d'abord — se dégradent, alors que la société et la culture se fragmentent et se déforcent. Aux espaces de la puissance technique s'opposent les espaces réduits où la vie ensemble se trouve confinée. En ceux-ci, l'enfermement, le repli, la singularisation réactive entretiennent une dynamique défensive et offensive. Le langage ordinaire les désigne sous l'expression de néo-tribalisation. Ils sont les lieux où l'*implosion* peut surgir, et puis s'étendre par contagion. La tension entre incertitude et impuissance fait apparaître un point critique moins défini : celui que la *conscience d'insécurité* tente de localiser. La violence est une des formes de l'impuissance traduite en acte, du passage au désordre lorsque l'ordre se découvre sans issues. L'insécurité est un langage qui exprime bien davantage que la signification policière. Il est celui de la conscience désemparée qui doute de la possibilité de comprendre ce monde, d'en civiliser la puissance, de gouverner en ayant le pouvoir de résoudre vraiment ses problèmes.

Impuissance pourrait clore le lexique. Il est le terme dont il faut se désencombrer. Les itinéraires, dont ce livre est fait, manifestent le risque assumé de montrer que les univers de l'homme contemporain restent explorables, de chercher des passages après avoir repéré les chemins sans issue et les points critiques. L'ambition salutaire pousse à briser l'enfermement dans l'inextricable, même sans la certitude de pleinement réussir. Il faut, en revanche, identifier les conditions qui permettent de réduire les risques d'échouer. La première d'entre elles est de retrouver la volonté d'interroger l'époque, et non pas seulement d'assurer une gestion secteur par secteur d'efficacité déclinante. La deuxième impose de ne pas voir toute chose négativement sous l'aspect du mauvais désordre, d'admettre avec inconfort que le mouvement est générateur de devenir, de nouvelles formes d'ordre, vulnérables comme les précédentes. Ce qui conduit à une troisième condition : accepter que la production de la société n'ait pas d'achèvement, bien que la clôture totalitaire prétende y parvenir, et finalement échoue au coût le plus élevé. La quatrième condition commande d'élargir l'espace dont la logique techno-gestionnaire n'est pas la souveraine exclusive ; ce territoire que l'homme, par ses attentes et ses rêves, ses exigences de valeur, sa relation sensible et sensuelle au monde, désigne encore comme son *vrai lieu*. C'est le plus urgent et le plus redoutable des défis : il place dans l'obligation, en apparence paradoxale, de *civiliser* les « nouveaux » nouveaux mondes issus de l'œuvre civilisatrice.

Table des matières

Impression réalisée sur CAMERON par
BRODARD ET TAUPIN
La Flèche

pour le compte des Éditions Fayard
en mars 1994

Imprimé en France
Dépôt légal : mars 1994
N° d'édition : 8884 – N° d'impression : 1265 J-5

ISBN : 2-213-59220-9
35-10-9220-01/1